あるくみるきく双書

田村善次郎・宮本千晴【監修】

宮本常一とあるいた昭和の日本

19

焼き物と竹細工

農文協

はじめに

――そこはぼくらの「発見」の場であった――

「私にとって旅は発見であった。私自身の発見であり、日本の発見であった。書物の中で得られないものを得た。歩いてみると、その印象は実にひろく深いものであり、体験はまた多くのことを反省させてくれる。」これは『私の日本地図』の第一巻「天竜川にそって」の付録に書かれた宮本常一の「旅に学ぶ」という文章の一節である。これは宮本先生の持論でもあった。近畿日本ツーリスト・日本観光文化研究所に集まる若者の誰もが幾度となく聞かされ、旅ゆくことを奨められた。そして「どうじゃー、面白かったろうが」というのが旅から帰った者への先生の第一声であった。一生を旅に過ごしたといっても過言ではないほど、旅を続けた宮本先生にとって、旅は面白いものに決まっていた。それは発見があるからであった。発見は人を昂奮させ、魅了する。

この双書に収録された文章の多くは宮本常一に魅せられ、けしかけられて旅に出、旅に学ぶ楽しみと、発見の喜びを知った若者達の旅の記録である。一編一編は限られた村や町の紀行文であるが、こうして地域ごとに集めてみると、期せずして「昭和の風土記日本」と言ってもよいものになっている。

日本観光文化研究所は、宮本常一の私的な大学院みたいなものだといった人がいるが、この大学院は学歴も職歴も年齢も一切を問わない、皆平等で来るものを拒まないところであった。それだけに旺盛な好奇心と情熱をもった多様な性向の若者が出入りしていた。『あるく みる きく』は、この研究所の機関誌的な性格を持った月刊誌であり、所員、同人が写真を撮り、原稿を書き、レイアウトも編集もすることを原則としていた。編集者もデザイナーも筆者もカメラマンも、当時は皆まだ若かったし、素人であった。公刊が前提の原稿を書くのは初めてという人も少なくなかった。発見の喜び、感激を素直に表現し、紙面に定着させるのは容易なことではない。何回も写真を選び直し、原稿を書き改め、練り直す。徹夜は日常であった。素人の手作りからの出発であったが、この初心、発見の喜びと感激を素直に表現しようという姿勢、は最後まで貫かれていた。

月刊誌であるから毎月の刊行は義務である。多少のずれは許されても、欠号は許されない。特集の幾つかに宮本先生の古くからのお仲間や友人の執筆があるし、宮本先生も特集の何本かを執筆されているが、これらは欠号を出さず月刊を維持する苦心を物語るものである。

『あるく みる きく』の各号には、いま改めて読み返してみて、瑞々しい情熱と問題意識を感ずるものが多い。それは、私の贔屓目だけではなく、最後まで持ち続けられた初心、の故であるに違いない。

田村善次郎　宮本千晴

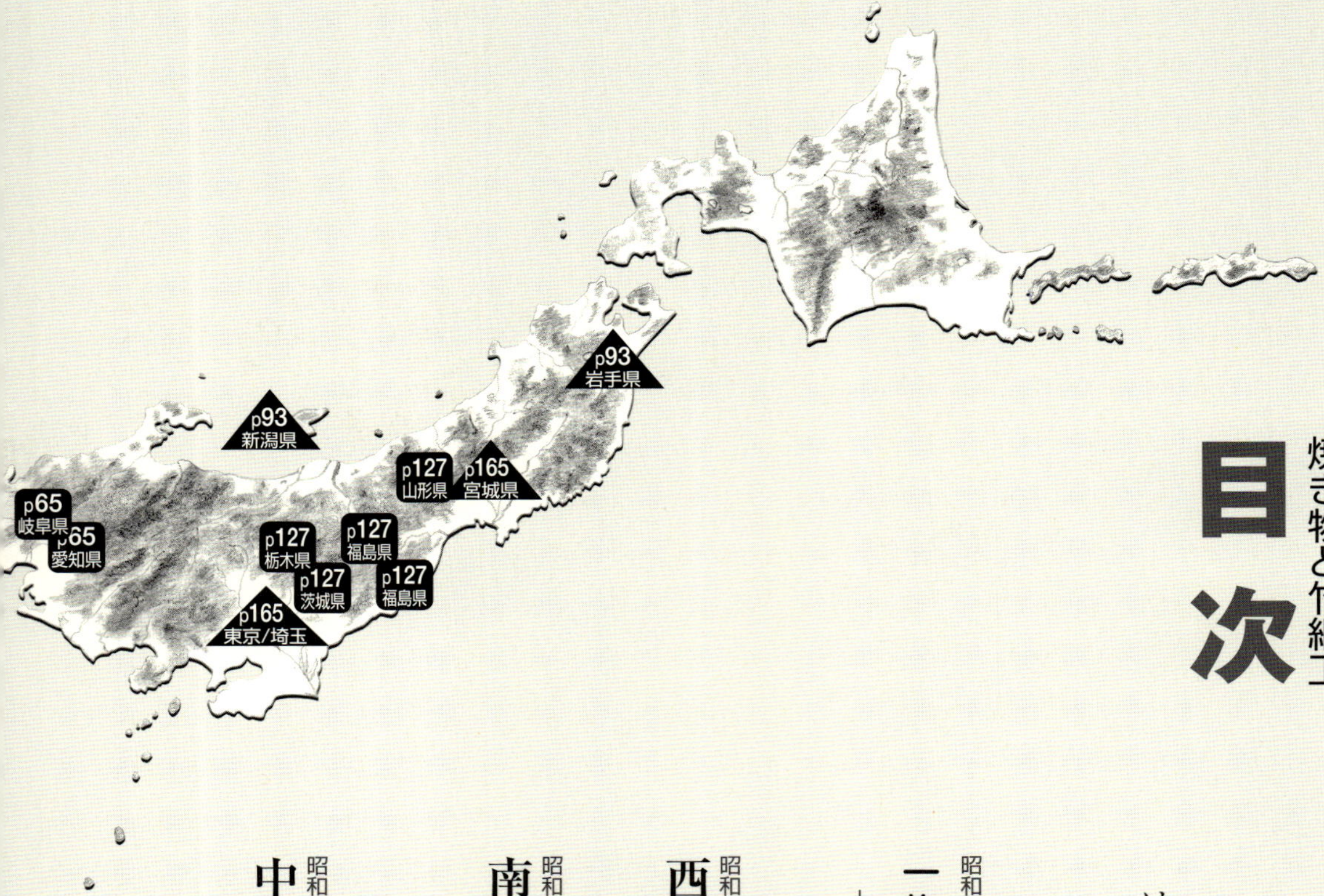
p93
岩手県
p93
新潟県
p127
山形県
p165
宮城県
p65
岐阜県
p65
愛知県
p127
栃木県
p127
福島県
p127
茨城県
p127
福島県
p165
東京/埼玉

焼き物と竹細工 目次

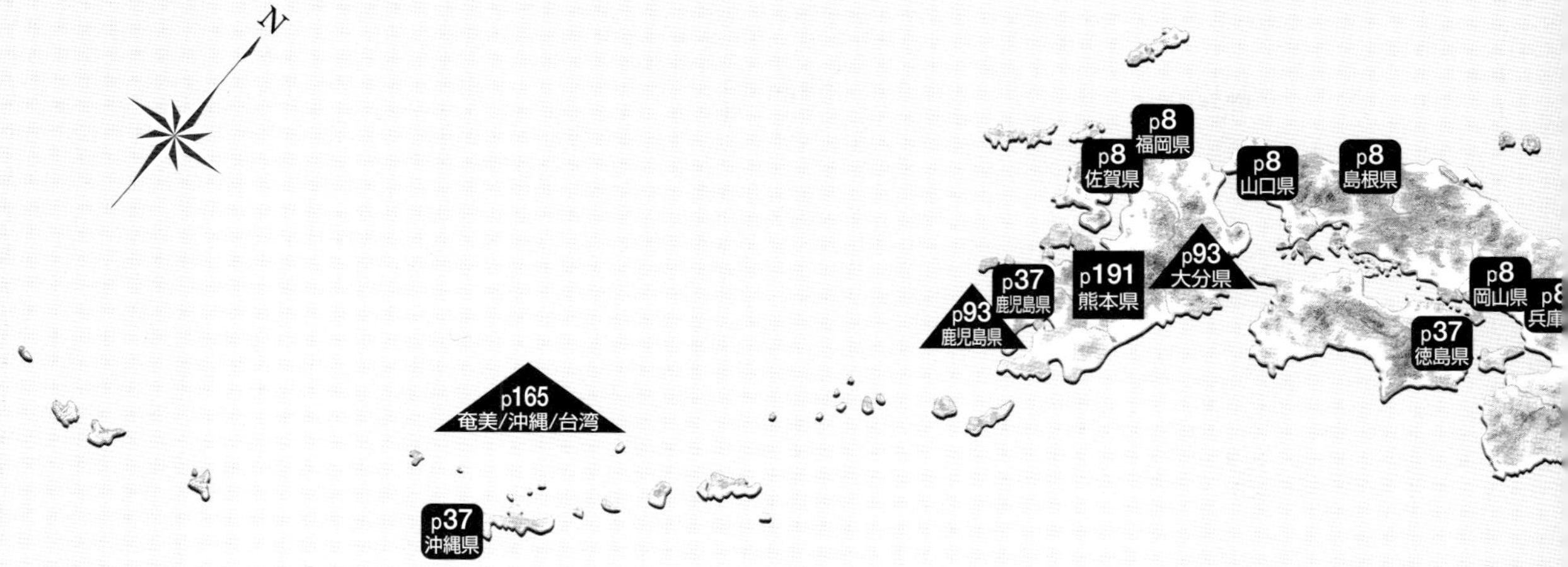
N
p8 福岡県
p8 佐賀県
p8 山口県
p8 島根県
p93 大分県
p191 熊本県
p37 鹿児島県
p93 鹿児島県
p8 岡山県
兵庫
p37 徳島県
p165 奄美/沖縄/台湾
p37 沖縄県

凡例

*この双書は『あるくみるきく』全二六三号のうち、日本国内の旅、地方の歴史・文化、祭礼行事などを特集したものを選出し、それを原本として地域および題目ごとに編集し合冊したものである。

*原本の『あるくみるきく』は、近畿日本ツーリストが開設した「日本観光文化研究所」の所長、民俗学者の宮本常一監修のもとに編集し昭和四二年（一九六七）三月創刊、昭和六三年（一九八八）一二月に終刊した月刊誌である。

*原本の『あるくみるきく』は一号ごとに特集の形を取り、表紙にその特集名を記した。合冊の中扉はその特集名を表題にした。

*編集にあたり、それぞれの執筆者に原本の原稿に加筆および訂正を入れてもらった。ただし文体は個性を尊重し、使用漢字、数字、送仮名などの統一はしていない。

*印字の都合により原本の旧字体を新字体におきかえたものもある。

*写真は原本の『あるくみるきく』に掲載のものもあれば、あらたに組み替えたものもある。また、原本の写真を複写して使用したものもある。

*図版、表は原本を複写して使用した。また収録に際し省いたもの、新たに作成したものもある。

*掲載写真の多くは原本の発行時の少し前に撮られているので、撮影年月は特に記載していないものもある。

*市町村名は原本の発行時のままで、合併によって市町村名の変わったものもある。

*収録にあたって原本の小見出しを整理し、削除または改変したものもある。

*この巻は森本孝が編集した。

一枚の写真から

宮本常一

—渚にて—

砂浜で保育園の運動会。山口県油谷町大浦。　昭和47年（1972）9月　撮影・須藤　功

大きな風が吹いて海の波立ったあとは、砂浜には大てい女たちが物を拾っている姿を見かけたものである。渚に寄ってくる物は土地によって違った。

日本も北の端の青森県下北半島の浜には、コンブやワカメが寄ってきた。すると村人が皆で出てそれを浜にひきあげて乾し、一通り乾くとそれを村の家の数ほどに分けて、それぞれ一軒前分をとったものである。そのとき拾いに出なかった坊さんや学校の先生たちにも、一軒前が割りあてられたという。半島の東北角にある尻屋《しりや》や尻労《しっかり》できいた話である。これには一つ例外があって、生活に困っている未亡人は朝早くに渚に出て流れついているコンブをひきあげることが許され、それはすべてその未亡人のものになるのだという。真白な砂の一ところが黒くなっていて、よく見るとコンブが乾してあるので村の人にきいてみると、未亡人のあげたものだとのことであった。皆で肩を寄せあって生きている姿をそこに見て、心をうたれたのであった。

日本海沿岸には難破船の積荷や船具などが漂着することが多かったというが、それも明治の終り頃であったらしく、それを拾いあげて届け出ると、十分の一だけは拾った者の得分として与えられるのが普通であったという。だが、中には届け出ないで自分のものにしてしまう例も少なくなかった。

　中にはまた大きな丸太などが寄ってくることもあり、引きあげられた丸太の一端に石ののせてあるのを見かけることがよくあった。これは拾い主のあることを示しているもので、そういう木に手をつける者はなかったが、そうした木を何本も拾って家を建てたという話も諸所で聞いた。

　それほど大きな寄り物でなくても木屑などはよく寄ってきて、それを拾って薪にする家も少なくなかった。寄り木を拾うだけで焚物に不自由しないという家すらあった。

　私は渚を歩くことが好きで、道が砂浜のあるところに出ると、渚を歩いたものである。乾いた砂はボコボコしていて踏みごたえがなく、歩きにくいものであるが、波が寄せたりひいたりする渚の砂は湿っていて、しまりがあって歩きやすい。しかし下手をすると波頭が足もとを洗うことがあるから、波の来ないところまで上らねばならぬ。そのようにして歩いてみても、私は渚にすばらしい寄り物のあったのを見たことがない。すばらしい寄り物がないということは、沖ゆく船がみんな平穏無事に通りすぎていったことを物語るもので、喜ぶべきことなのだが、半日歩いて何にもぶつからないと、何となくガッカリするものである。

　海岸に寄り物の多いところはほぼ決っていたようで、愛知県渥美半島の南岸の砂浜は特に多く、その中には瀬戸や常滑《とこなめ》の焼物も多く、鍬で砂を掘りおこすといくらでも出てきて、土地の人はそれを売って金にしたこともあり、伊良湖焼《いらこやき》などと名付けていたという。その伊良湖焼も今は砂の中から出なくなった。

　昭和十五年から二十五年頃までは難破船ばかりでなく、銃爆撃されて砕けた船もずいぶん寄ってきた。これも沿岸の人たちのよい薪になったものであるが、昭和三十年を境にして、船は木造から鋼船にきりかえられることになり、それには補助金も出ることになって、木造船の多くは焼きすてられた。しかし焼ききれずに捨てた船も少なくない。そうした船が渚に打ちあげられて、半ば砂に埋もれているのを下北半島の陸奥《むつ》湾の沿岸で何艘も見かけたが、下北ばかりでなく種子島の東海岸でも見かけた。家庭でプロパンガスを使うようになると、船の古材を薪にする者はいなくなったのである。そうして渚に寄ってくる物はめっきり減った。

　寄り物のなくなるのはよいことだと思ってみたが、寄り物のない浜を歩くのはわびしいものである。ただ海のみが青く、シュウシュウと風が吹きわたって、海は人間と何ら関わりあいのないように波だけが寄せているのである。

　ところが先年沖縄の島々を歩いたとき、真白な砂浜に真黒い丸いものがいくつもころがっている。きいてみるとオイルボールだという。沖ゆく船が廃油を海に捨てると、それがいつの間にか丸くかたまって海岸に打ち寄せられるのだという。渚に打ち寄せられる物も時代によって変っていくものだということを知った。

　自分たちの生活に何かの利益をもたらすような物の流れ寄る頃には、人も海岸へ出て見ることが多かった。漂流物の多い時代には魚もまた渚近くに寄ってきて、浜で時をすごす人も多かったのだが、魚が寄ってこなくなり漂流物が寄らなくなると、浜の人かげはずっと少なくなってきた。

　もう浜は人に見捨てられるようになってきたのであろうかと思っていたら、近頃はまた時折人かげを見るようになった。そこが子供の遊び場になりはじめたのである。近頃は私も渚を歩くことは少ないが、渚近くの道を自動車で行くと、子供の遊んでいるのを見かけるようになった。しかし子供だけが遊んでいるのではない。必らず親がついている。親にとっては海は子供には危険な場所としてうつるようである。あるとき子供たちが遊んでいる浜を通りあわせ、看視している母親に話しかけたら「ここは自動車が通らないから、一番安心して子供たちを遊ばすことができるのですよ」と言った。自動車のいない世界がもう浜しかなくなったのかと、深く考えさせられたのである。

荒波で根を離れて浜に流れ寄ってきたコンブを拾う
下北半島六ヶ所村泊　昭和51年（1976）8月　撮影・森本 孝

　このような話は多くは外海に面した海岸のことであり、それも都会に遠いところである。ところが大きな町の近くの海は、最近では埋立てや護岸工事が進んで、瀬戸内海の沿岸など砂浜のあるところは何程もなくなった。そしてそういう海では油脂製品の廃棄物が寄せて海は汚れきっているのである。渚ばかりでなく海底も廃棄物で埋まっているという。網をひいているとその廃棄物が網にかかって網を破る。その廃棄物をどうするのかというと、持って帰るわけにもいかぬのでまた海に捨てるという。

　このようにして、海は親しみ深い世界からむしろ荷厄介なものになりつつある。「われは海の子」という歌すら小学校の唱歌の中から削られようとした。

　この一枚の写真を見て、この子たちは仕合せだと思う。青い海と白い波がいつまでもその心の中にしみとおって消えることがないであろう。せめて渚が子供たちに存分に利用されてほしいものだと思う。そうしないと親しみ深い海が私たちの心の中から消えていって、詩を失った海だけが目の前にあることになるだろう。

西日本の窯場をたずねて

文・写真――神崎宣武

むかしむかしの大昔から
人々は土を練って
焼き物を作ってきた
それは日々の生活と
深いかかわりを持っていた
そういった焼き物を生み出した
窯場のいくつもが
名をあげることもないまま
いま　静かに
消え去ろうとしている

登り窯を焚く煙がたちのぼる大分県小鹿田皿山の窯場

誰もが日常の生活で使っていたような雑器に、なぜか私は心を引かれる。

それを見て「美しい」と感じるよりも「凄いなあ」と感じ入る。過去に恋々とした骨董趣味ではない。

これらの品々は、使われるために作り出されたもので、形にことさらの作為や気どりがない。すじが通っていて無駄がない。色もその土地の素材から出た自然なものである。

個人作家の芸術的意欲でなく、多くの人々が代々知恵を重ねて作り、多くの人々が長い間使ってきたものに力強い冴えを感じる。

そして、私はそうした雑器の素性を知りたいと思うようになった。作られた場所や技術、使われた社会や生活などである。

そこで、まず窯場《かまば》めぐりを始めた。

窯場の数は多い。しかも大半は西日本にある。今なお昔のままの手仕事によって雑器を焼いている窯場も西日本に多くあった。しかし、プラスチックなどの日用雑器が洪水のように全国津々浦々まで氾濫している現在、何とかこれまで生きてきた窯場の多くは、その長い歩みを止めようとしている。

ここでは時代の波に押し流されて消滅しようとしている窯場や、あるいは急激に変化しつつある窯場のいくつかを選んで、ささやかながらもその歩みを書きとめておこうと思う。■

備前《びぜん》の伊部《いんべ》

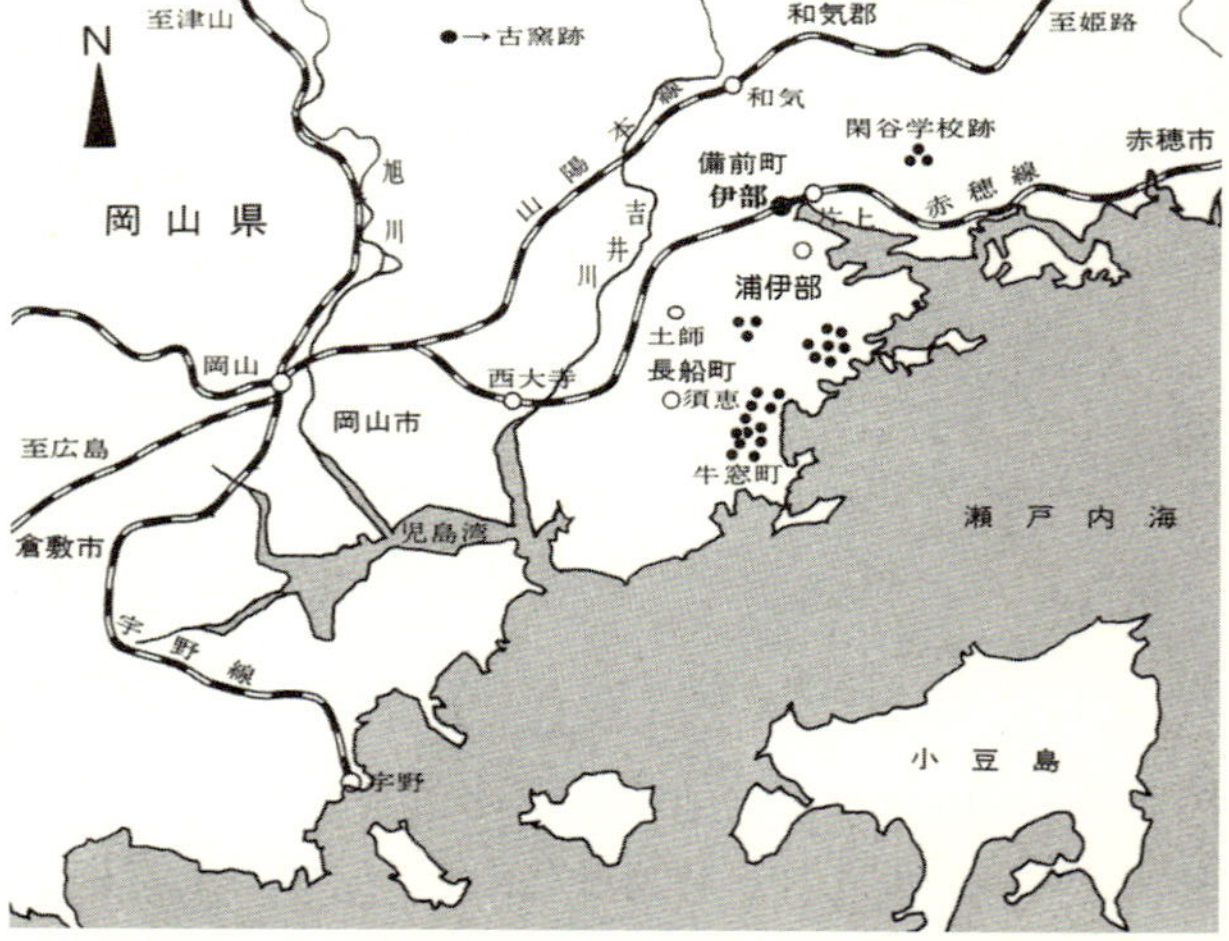

岡山県和気郡備前町伊部《いんべ》の備前焼《びぜんやき》の窯場を訪れてみると、窯の煙突が乱立し、仰々しい陶芸作家の看板や豪華なウィンドウが町筋に並んでいる。備前も、瀬戸、常滑《とこなめ》、越前、信楽《しがらき》、丹波と同じように古くから続いた窯場であった。

窯の人生

この窯場に一人の元気な老人がいる。金重逸翁《かなしげつとむ》、八三歳。まだ暇をみて土を練り、荷作りの力仕事もできる。その金重さんが言う。

「私の知っとる限りじゃあ、今ほど景気のええ時はなかった。作れば売れる。轆轤《ろくろ》さえ廻せたら金が儲かる。陶芸作家だと世間からもてはやされる。こんな調子で、ええんですかのう」

最近、備前焼は、茶道や花道の愛好者の間では最上の評価を受けているそうである。また古備前といわれる壺や置物や徳利は、京都などの骨董市でも異常な高価を呼び、とても一般の人の手に触れることができないようになった。

山陽道沿いの伊部には昔どおりの店が残っている

桃山時代の水甕。共同窯で焼いたので窯元の印をつけている

「私らは、生れてからつい二〇年も前までは、どっちかと言うと物が売れん時の方が多く、どうしたらええか必死に考えたもんですが、それでも実際に物を作る時は金の欲を出すよりも自然に従うた。自然に従うとは、土に従い水に従い火に従うことで、焼き物にはそういう態度が必要なんじゃないですか。私らは、どう考えてみても作家でも商売人でもなかった。それでも生きてきた。

もてはやされて名を売る面だけが窯場の歴史じゃあねえ、と私は思うんです。何とかして私らが泥まみれになって歩いてきた実際の歴史を残してみたいもんですなあ」

備前焼について書かれたパンフレットや書物の中には、茶道具や骨董古物にだけ目を向けているようなものが多い。それが、古備前や池田藩（岡山藩）の御用窯時代を直ぐに現在の好景気時代に結びつけてしまって、備前焼は古来変わることなく上等な焼き物を作ってきたという印象を強めてしまったようだ。

「私が生れたのは、明治二一年。父は、私の生れる前、明治一八年から従来の備前焼とは別に土管を作る工場を始めた。明治の末から大正時代にかけては、個人で窯を持っておるものはなく、みんな共同の寄合窯《よりあいがま》を使っていた。この寄合窯を使ったのは七、八軒で、これを窯組といった。もう一つ明治窯というのがあって、これを使っているのが四、五軒あった。この明治窯の窯組は、私の生れる前には今でも窯跡の残る天保窯を使うておったそうな。これらは山の斜面を利用した大きな登《のぼ》り窯《がま》だった。

明治末から大正にかけてポツポツと個人窯を持つものが出てきた。個人窯は、手窯《てがま》と言うた。窯組を構成していた窯元の他に、成形だけをしていた白地屋《しらじや》もあった。窯を焼く時は、自分のところで作ったものだけでなく、この白地屋から白地《しらじ》を買うてきて焼くこともあった。

土は、周囲の村々の田圃の土を買うた。田圃の上土《うわつち》を除いた底土は粘り気があり、この土が昔からええもんだから、備前焼は焼くだけで釉薬《うわぐすり》をかけなくても充分強く締っておる。この土掘り仕事をヒヨセと昔から言うておる。

私らの小さい頃には、轆轤《ろくろ》は地面を掘り下げてすえつ

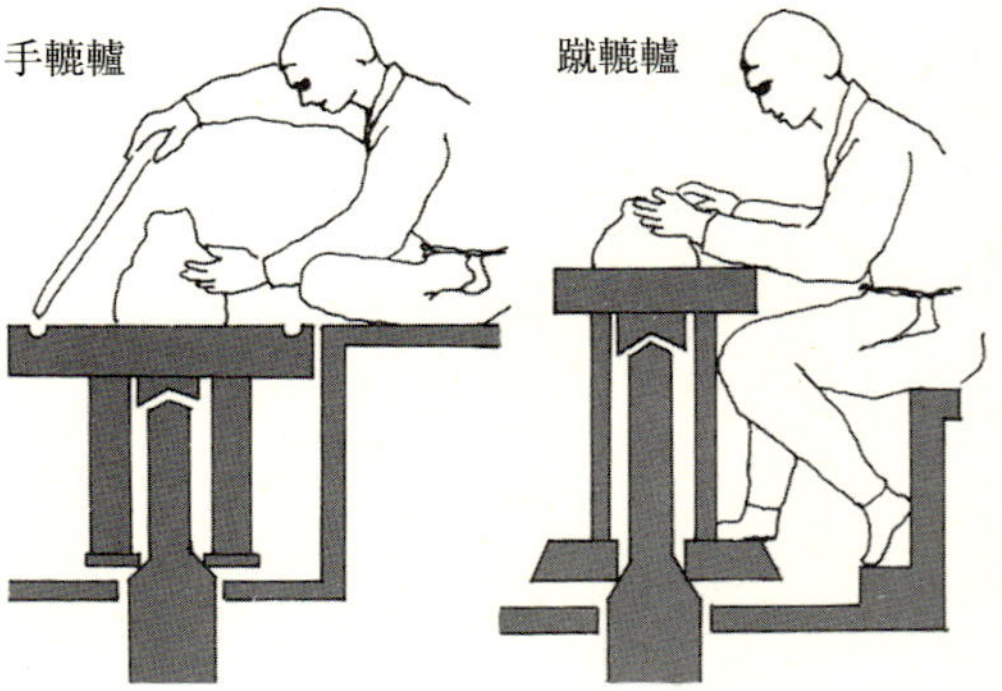

けられていた。これを廻すのは女衆の仕事で、職人の向《むか》いに座って仕事にあわせて轆轤のふちを押していた。それだから、女房づれで仕事に来る職人が多かった。出来高《できだか》制で賃金が払われていたからである。私の小学校の頃、手轆轤《てろくろ》が入ってきた。轆轤の端に穴をあけ、それに棒をさして自分で回転させ、それが廻っている間に成形も自分でやる形式のものだった。これを伊部に持ってきたのは、京都からの流れ職人であった、と私らはきいておる。手轆轤と前後して明治の末に蹴轆轤《けろくろ》も入ってきた。これは九州から来た職人が、持ち込んだのだろう。流れ職人は、戦前まではしょっちゅう出入りしていた。尾張、京都、石見、九州の生れの者が多かった。

昔は、大甕《おおがめ》をたくさん作っておるが、私らが知ってからは、茶碗や湯呑や徳利などの小物の方が多かった。水甕《みずがめ》などは作っても、丹波のものが安く入ってきていたので、採算がとれなかった。

品物は、明治末頃までは浦伊部《うらいんべ》の三軒の問屋に出した。手車や荷馬車で浦伊部か片上《かたかみ》の港に出して、そこから問屋の藤吉船《とうきちぶね》に乗せる。

その後は、窯も個人の手窯ができ、商売のルートも個人でつけることが多くなった。

また、今でもそうだが、昔から問屋に出す品物とは別に、自分の家の縁先でも雛壇《ひなだん》のようなものに品物を並べて売っていた。この伊部は、もともと山陽街道に面した町だから、人の往来があり客が多かった。明治二四年に山陽線が開通したのだが、私が子供心に覚えている明治末頃でも、白衣に、白ぎゃはんの伊勢参りの道中姿があった。また、東から下って来る客に金比羅参りの連中がいた。そういう人がみやげに買ってくれたわけだ。一月一四日の西大寺の会陽《えよう》にはこの街道に人が多く、二、三人がついていても飯を食う暇もないぐらい売れた。播州赤穂の祭の日も、往来が賑やかだった」

金重さんが実際に仕事にたずさわるようになってから昭和の戦争までの間、物が売れなくて窯場に危機が訪れたことが何度もあった。それをことごとく乗り越えて、窯の火を焚き続けてきたのは、そこに住む人の粘りと、不幸を嘆かないいさぎよい気持だったような気がする。金重さんの話を聴いていると、平凡な知恵に支えられた底抜けの明るさがみられる。

「私は、明治三五年に小学校を終えると直ぐに親父の土管《どかん》工場の手伝いを始めた。この土管は、当時の鉄道建設で線路の排水用に使われていた。備前では、私の家が最初にやり出した。職場のことを私らはヤと呼ぶ。そのヤの隅に粘土のかこい場があり、それをどういうわけか船先《ふなさき》と言う。唐臼《からうす》がヤの隅に数基並んでいて、ここで土を踏んだ。土管用は、普通の備前焼より少し荒い土でよかった。唐臼を腰巻を尻にからげた近所の農家の女衆が一日中踏んでいた。

伊部女は秋田の烏《からす》
晩にゃ来《こ》か来《こ》か　来《こ》にゃ　行こか

はたき唄が賑やかだった。こうしてはたかれた土粉を斗枡《とます》で計って帳面につけるのが私の役目だった。一石《こく》の粉がいくらという値段で決められており、一日六石分をはたく女が一人前とされていた。私が一八になった明治三八年、親父が土管を中心にやることになり、日露戦争の凱旋で物がよく売れだしたので、私はそれまで休み休みになっていた備前焼の仕事場をみることになった。私は、自分の腕がないので叔父の骨折りで京都から二人の職人を連れてきた。出雲からの流れ職人も使った。その職人達は、若い私の使用人というよりも師匠といった方がよかった。

　土管の工場の職人は、ほとんど常滑《とこなめ》から来ていた。多い時には一四、五人も居た。そのころは、他からの職人は女は買う博奕は打つわで嫌われていたが、おりおりにこの備前の人間になって、半分ぐらいはここで結婚して住みついた。明治四〇年、親父が取引に失敗をして土管の工場は人手に渡った。あんまり失敗が大きかったので親父は親族からも見放されて、私が立て直しに走り廻らなければならなくなった。私は、備前焼だけでは生計も立たないので、土管の注文を取りに中国、四国、九州の各鉄道局に行った。そのうちに、鉄道工事の土管を役所に収めるだけでなく、工事の請負業者に直接買い取らせた方が商売がうまいこといくんじゃあないかと考えついた。そうして土建屋の連中の間を奔走してみた結果、京都の西松組や和歌山の西本組や間組から注文が続くようになってきた。九州の八代から西鹿児島の間の鉄道工事にも土管を納めた。山陰線、四国、伯備線の入札も落した。

備前は土管も焼いた—その割れ片が町角の塀に残る

　昭和二、三年から全般的な不景気で備前焼も売れなくなった。白地屋を含めて三〇軒以上もあった備前焼が、たった一〇軒程になってしまったのがこのころである。これから戦後までが、活気のない時代だった。土管も、常滑方面のものが量産されるようになったので売れゆきが悪くなった。そのころ、私の土管を積んだ船が沈んだ。頭をかかえているところに、北九州の和気という陶器問屋から耳よりの話を聴いた。朝鮮にタイルを持って行ってみよう、というのである。そのタイルは、塩田の下敷用に大きく作る。塩田の下は土よりもタイルの方が海水の乾きも早いし、塩もよく乗るだろうというのである。土管や備前焼が不景気だからといって、全く海のものとも山のものとも解らないものに切り換えるのはさすがに勇気の要ることだった。見本を持って初めて朝鮮に渡ったのは昭和七年だった。次の年から本契約になった。片上まで馬車で送り、大阪から廻してもらった大型船で何度私は朝鮮に行ったことだろうか。朝鮮は、東京よりも近く感じていた。ところが一二年に、それもたまたま私が船と一緒に行かなかった時の抜きうち検査で不合格品が出て、契約を突然打ち切られた。

　失敗を重ねて借金が増えると、夜逃げをしろとすすめてくれる人もいたが、私には他で食う道もないように思えた。それで、人を使わないで、しばらく物を作るのも焼くのも自分でやり、花器を中心に岡山の後楽園の客などを相手に何とかかんとかさばいてきた。芸は身を助けるとはよう言ったものだ。借金は返せなかったが、食うことはできた。

そのうちに戦争になってきた。生産統制令が出て、窯は組合のもと取引を管理され軍用に茶碗やどんぶり鉢を作るようになったが、一般に物資不足だったからヤミで流すと高く売れた。また、終戦間近くなって軍からの命令で、各家に水筒や手榴弾や地雷の製造が割り当てられた。陶器でそんなものを作って威力があるのかないのか、疑いもせずただお国のために作ったわけで、それは大阪中ノ島の指令部に納めた。終戦の放送を聞いて、この備前の窯場の人はみんな動揺した。手榴弾などを作っていたので、進駐軍がやってきて家探しをしたり尋問をしてゆく。不安だった。軍の仕事の金は入らない。暗澹として、窯をやめようと言い出す人もあった。しかし、私はもう失敗には慣れていた。それで私は、失敗してももともとだと言うて、窯元を代表して終戦直後に残務整理をしていた大阪の指令部を訪ねた。そこで契約書を書き直して、終戦になってからでも軍からの支払いがもらえるようにして、小切手を受け取った。それを持って直ぐに引き返して、岡山の日本銀行に行ったがもう軍の信用がないので金にはしてくれない。それでも結局、銀行から無理に借り受けるような形で、小切手のうち八万円を換金した。今考えてみると、その金が終戦直後全く無気力になっていた備前の窯場を一時期にしろ救ってくれたような気がする。

戦後は、しばらくの間苦しい生活だったが、物資不足だったのでしだいに物が売れるようになってきた。周囲は反対したが、私はできるところは機械化をして量産してゆく方がええ、という考えになった。それで、焼き物の進んどる瀬戸、美濃や京都の窯場を見て廻り、石膏型や重油窯を取り入れた。

戦後も二〇年、何とか戦前からの借金も返せるようになり、私もいつの間にか年をとった」

年を感じさせないほど血色のよい金重さんの顔に、皺だけが深い。

丹波《たんば》の立杭《たちぐい》

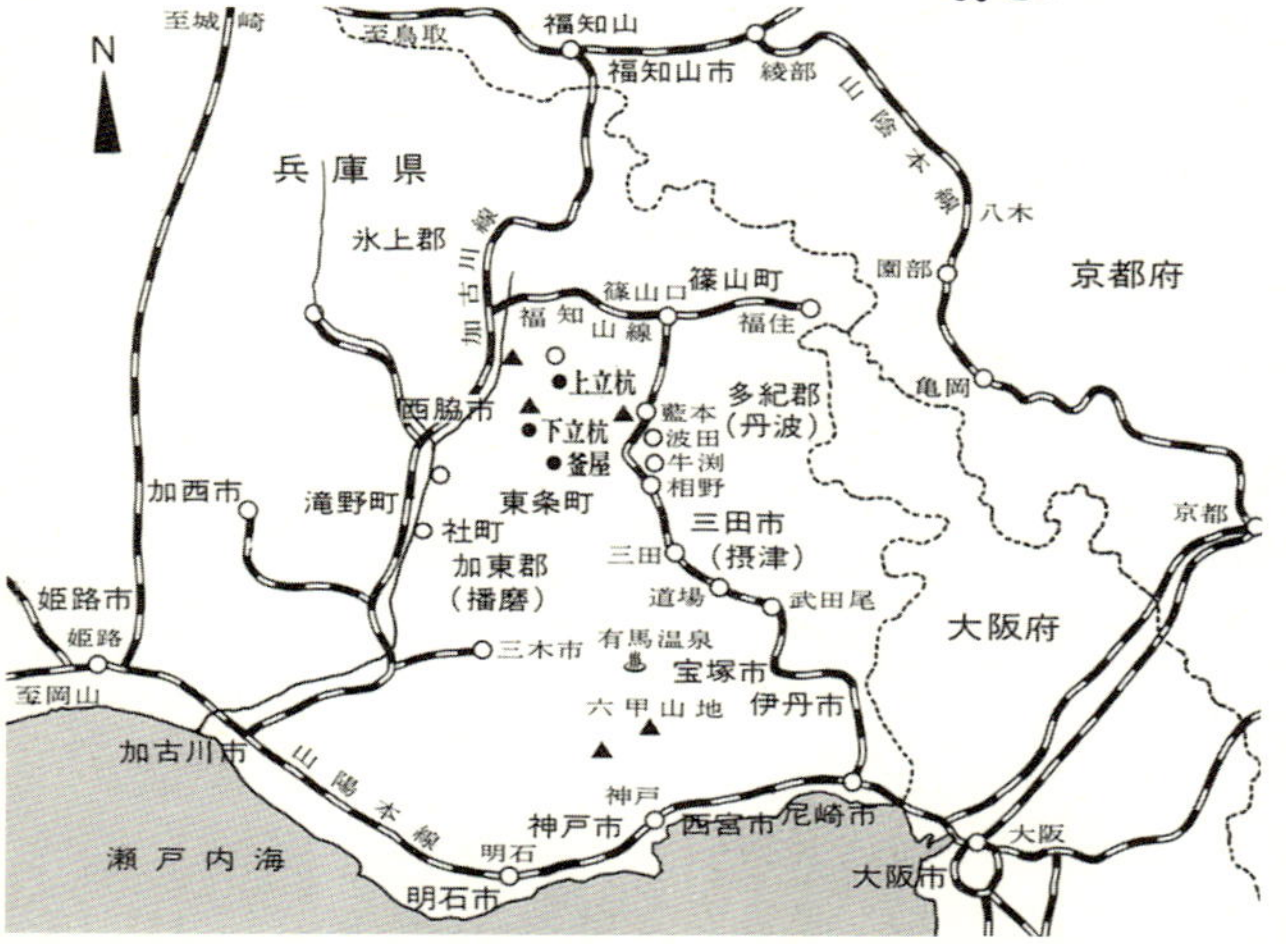

丹波には、古くから窯場《かまば》があった。現在、考古学上の発掘で明らかにされている中世の代表的な窯場が全国で六つあるが、丹波もその中の一つである。丹波一帯に古窯跡や陶片がたくさん出てくるし、水谷《すいたに》、陶谷《すえたに》、釜屋《かまや》などの地名が残ることからも古くから陶器の里であったことがうかがえる。

行商する窯場の人々

今、丹波で窯の煙がたっているのは立杭《たちぐい》の村だけである。立杭は、山に囲まれている。山は、そう深くも険しくもないが、小さな山が群がって周囲をかこっているので、立杭に行ってみるといかにも山の中に入ってしまったという感じがする。山波は、南と北にのびていて、その間を帯状に走る狭い谷の中に村はある。谷には小さな川と道路が一筋ずつ、耕地は少ない。人家は、谷の西側の大きな和田寺山の麓に石垣を積んで数十軒、ことごとく東向きに位置している。屋根は、ほとんど瓦葺になった。ほんの一〇年も以前には、全部の家が草葺屋根で、その母屋の土間が仕事部屋であったそうだ。今では仕事場も新しく別棟になり、陳列場の棟を持つ家も多い。

陳列ケースの中には、今風な民芸品が並んでいる。いわゆる抹茶々碗、花器、徳利や皿など。いずれもぼってりと厚手で、飴色と黒の釉薬《うわぐすり》がそれぞれに使ってあったり、混ぜて使われていたりする。こうした小さな装飾的な民芸品を焼き始めたのは、立杭ではごく最近のことである。手仕事の延長としての新しい民芸品へのモデルチエンジは徐々になされてはいるが、まだその風合が馴染んでいるとは思えない。

立杭の焼き物といえば、古くから甕《かめ》や壺《つぼ》と擂鉢《すりばち》が多かった。丹波の土は、堅くて粘りに欠け、焼き物の条件に適しているとはいえない。従って、小さな物を薄く仕上げてゆくことができない。見るからに頑丈な大物が多かった。それで、今でも主な生産品は、新作の民芸品ではなく、従来からの植木鉢である。その植木鉢は、石膏型の型抜きの技法が使われ、一つ一つ轆轤《ろくろ》を廻わさなくても簡単にできるようになった。

丹波で焼き物を作る仕事の規模は、ほとんどの家が昔どおりの家族内の労働力に頼っている。男が轆轤を廻し、女が釉薬をかけ、窯を焚く時には一家総出となる。また一方では、数年前から、量産を目的とした陶器工場も三軒できて、樽型酒器を作りだした。

立杭の村の中ほどに、大きなうどの木があり、枝はうっそうとたれ下り、丸く小さな葉がカラカラと鳴る。その下に、赤い鳥居を持つ社と、小さな不動明王の石像が立つ。窯場の人たちは、これを共通の焼き物の神様としてまつっている。そのうどの大樹の脇から山の斜面を利用して、長い登り窯が三基ある。ほかにも人家の脇や裏にも登り窯はいくつもあるけれど、いずれも窯の上壁が崩れかけたり、屋根が落ちている。ごく最近、近代的な重油窯や電気窯が入ってきたために、それらは無残にも放置されているのである。

ところが、ウドの樹の脇の三基の登り窯は斜面を這うように今でも煙をはいている。まるで大蛇が坂路を登っているようだから、この窯は「蛇窯《じゃがま》」と呼ばれている。

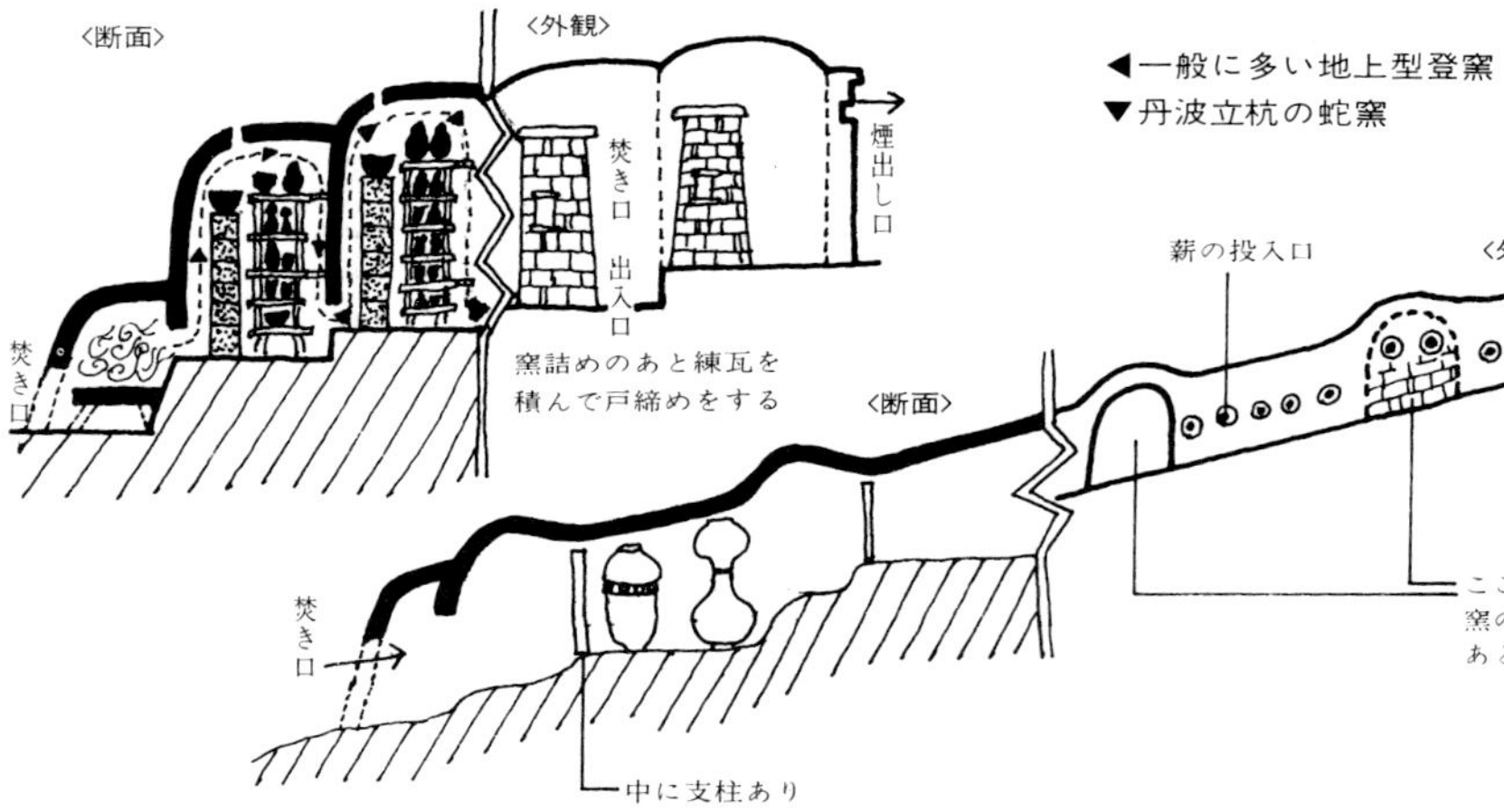

このように胴の細い登り窯は、他の窯場では見られない、非常にめずらしい形である。普通に登り窯といえば、側面から見れば斜面にそって個々のアーチ状の袋が、波を打ったようにでこぼこといくつか連なって登っているものである。窯を焚く時は、一番下の袋から焚いていって、その余熱が上の袋に伝わったところで、次の袋に焚き移る方法を取る。ところが、この立杭の登り窯は、側面から見ても、斜面上に一本の大きな半筒を置いてあるようなもので、袋の区別がない。しかも、半分は地下に埋められていて、半筒状の天井部分が地上に出ているのである。丈が極端に低く、窯に物を詰める時は身をかがめないと入れない。窯を焚くのには、窯の両側の天井の部分に一定間隔にあけてある小さい穴から、薪を投げ込んで焼き上げてゆく。窯が登りつめた末端の部分には、穴が蜂の巣状にあけてあり煙はそこから出る。なお、その昔大きな甕などを焼く時には、この煙出しの部分を壊して窯に入れたものだという。この窯の末端の周囲の木や草は、煙で真黒に染まり、小さな若芽が異様に光っている。

立杭の蛇窯。窯の半分が地下にあり、他では見られない形式の登り窯で、国の重要民俗文化財。左は蛇窯の煙出しの部分

立杭のこの登り窯は、国の重要民俗文化財の指定を受けた。窯の歴史上、最も原初的なものは、野天で焼いたものを除くと、崖や斜面を浅く掘って焼いた穴窯である。これが漸次、地上形式の登り窯に姿を変えてきた。立杭の登り窯は、地上形式に移向する時のごく初期のものと考えられているわけである。

立杭には上立杭、下立杭、釜屋と三つの集落がある。そして、戦前までは三つの集落とも立杭焼の窯場であった。ほとんどの家が何らかの形で窯に関係して生きてきた。しかし、現在、焼き物で生計をたてているのは上立杭だけである。上立杭集落では約七〇戸のうち、半数が家族労働を中心に焼き物を作っており、その就業の割合は昔とそう変わっていない。下立杭集落は、約三〇戸のうち現在陶器製造業者は三軒だけである。それも樽型酒器を作る会社組織の工場になっている。しかしここはもともと、窯場というよりは職人の多いところであった。以前は、職人として上立杭や釜屋に通っていたが、終戦後は勤め人となって三田市あたりの会社や工場に通うようになった人が少なくない。また庭石ブームに乗って採石業を始めたり、雑貨屋や運送屋を始めた家もある。釜屋集落の戸数は約四〇戸で、昭和のはじめ頃には二五軒もの家が焼き物を作っていた。窯も共同で三ヶ所に登り窯があった。それが今、全く焼き物には関係しない完全な農村集落になった。

上立杭と釜屋の集落が、窯場としての歩みを大きく違えたのにはいろいろな原因があるが、最も大きなものとして次の三つが考えられる。その一つは、上立杭には耕地が少なく、釜屋には耕地が多いということである。上立杭には一戸平均二六アールの水田しかないが、釜屋では一戸平均約八〇アールもの水田がある。これでは、一口に半農半工の村とは言ってみても、上立杭と釜屋では、窯場仕事への比重が違ってくるのは当然であるといえよう。釜屋ではほとんどの家が、昭和八年前後と、第二次大戦の不景気時を境に、簡単に窯の火を消していった。焼き物をしなくても、農業で食ってゆけたからである。

もう一つの原因としては、それぞれが主に生産した品物に違いがあったことと、その販売方法が異なっていたということがあげられる。

上立杭では、主として植木鉢や水甕《みずがめ》や徳利《とっくり》を作っていた。釜屋では徳利と針焼壺を作る家が多かった。針焼壺とは魚針を焼く壺のことで、針の産地の社《やしろ》（加東郡社町）へ出していた。この中で最も早く需要がなくなったのは、徳利と針焼壺であり、水甕であった。植木鉢の需要だけが変わらずに現在も続いているのである。また、上立杭は自製販売の方法を取る家が多く、釜屋では仲買を通す方法で売っていた。上立杭では、山を越えて篠山《ささやま》から京都府北部あたりの小売店や農家に行商で売って歩いたという。ところが、釜屋では逆に、三田市の陶器問屋を通じて、南の播磨や摂津方面に品物をよく出した。釜屋でも不景気な時は行商に出たが、せいぜい道場《どうじょう》（神戸市）や武田尾《たけだお》（宝塚市）あたりまでで、上立杭のように何日も費やして遠くまで売りに出るようなことは少なかった。

上立杭の窯場を支えてきた大きな力に行商がある。それも、窯場の人たちが直接行商人になって出てゆくものである。戦前まで上立杭の人々は、わずかの農業と、製陶作業と行商との三つを組み合せて一年一年を過してきた。特に、行商の中心となったのは、壺と徳利だった。いずれも、飴色の釉薬を使ったものが多い。荒い土の上に飴色が鈍く光り、その上に真黒な釉薬が数本、筋状に流れているのが最も立杭らしい特徴である。徳利の形態

江戸時代の甕には壺屋の名入りのものもある（立杭陶芸館所蔵）

の種類も多い。肩がずんぐりと張っていて、飴色のざらついた肌に白字で酒屋名が書いてある酒徳利は、別の名を貧乏徳利ともいう。江戸時代のものは、白釉で書かず、直接肌を釘で削って酒屋の名を刻んだ。白字が書かれるのは、明治以降のものに多い。筒書《つつが》きといって竹筒に白い釉薬を入れ、細筒を通して文字を書いたものである。肩が張らないで、灰色の地に白で波状模様がつけられているものはエヘン徳利といわれ、上客の接待に使われていた。底の安定した船徳利、瓢箪型の浮徳利、ローソク型のローソク徳利などもある。また、瓶型のものは丹波の地酒の桑酒や粟酒を入れた徳利である。徳利は、おもに飴色だったが、明治時代末からは白色の徳利も出てくる。これは、白い釉薬をかけたものだが、もともと丹波の土は荒くて色が黒いものだから、白色は磁器のような光沢は持たないで鈍い白となる。これに青色の文字が無作為に書いてある。

行商によって、徳利は全国的に広く分布した。

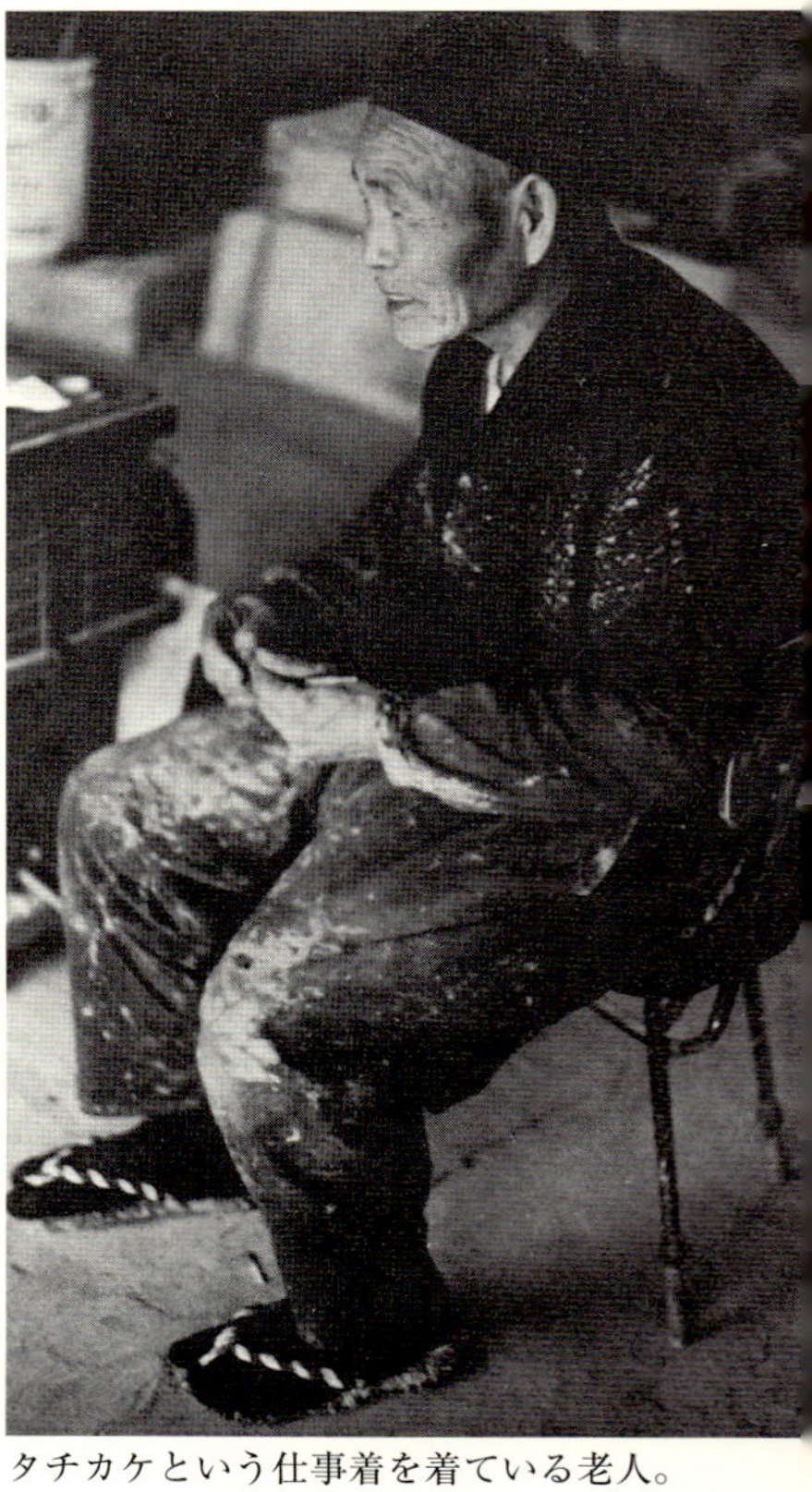

タチカケという仕事着を着ている老人。これを着る窯職人も少なくなった

現在八三歳の大上利吉郎さんは、二〇歳の頃から遠く鹿児島まで徳利を売りに出ている。利吉郎さんの父親が長く健在だったので、窯の仕事は任せておいて、利吉郎さんは以来二〇数年もの間、月の半分は家を出て西日本の目ぼしい町の酒屋のほとんどは廻ったという。最初は、九州の芋焼酎の徳利をねらった。歩くたびに酒屋から酒屋へ紹介してもらって歩いた。だいたい磁器や陶器の丁寧な作りの徳利は、上等すぎて酒屋でも嫌うような傾向が大正時代にはあったようで、丹波の徳利はそう上品でもなく値段も安いのでよく売れた。鹿児島の焼酎屋では大き目のものを作れと言われたし、有田の白磁徳利が出廻っている九州北部では白い徳利を作れといわれた。そういう注文をいくつか受けて帰ると、すぐ利吉郎さんと父親は轆轤を蹴って徳利を作り、それを鉄道便で送った。大上さんの他にも、上立杭で四軒ばかりが徳利専門で作り行商に出た。姫路、岡山あたりに出る者、京都から福井まで行く者、大阪から紀州に出てゆく者と、だいたい行く先が重ならないように歩いていた。一升瓶が一

般に使われ出したのが昭和一〇年前後で、それから二〇年までの間にだんだんと徳利の注文は減った。

また、徳利以外の水甕や擂鉢《すりばち》などを主に作る家では、やはり手の空いた男が行商に出た。戦前は、おもに自転車や肩引きの車で京都府北部に出てゆくことが多かった。肩引きの車とは、大八車のことである。京都街道に添って宮津、峰山、網野、豊岡と二週間ぐらいかけて歩き、農家や得意先の小売店におろして廻った。普通は、春のはじめ、五月、盆、暮と一年に四回廻り、集金は暮と盆にする方法だった。男だけでなく、女が行商に出ることもあった。これは、戦後もしばらく続いたそうで、モンペ姿に大風呂敷を背負って附近の農村を歩くのである。何人かで組んで行商に出てゆく場合には、肩引きの車に積んで出て、どこかの村で市をたてて売った。漬物用の壺や水甕や、植木鉢や擂鉢などが主な商品だった。戦前、終戦直後の一時期は、トラックを仕立てて、備前（岡山）や越前（金沢）、越中（富山）あたりに大きな水甕を売って歩いたという。その後は、祭などの市や縁日のある度に京都あたりまで植木鉢を出した。行商を全くやらなくなったのは、わずかに一〇年ほど前のことである。

こうしてたくましく働いてきた立杭の窯場の人たちは、特別の修業をして職人になったわけではなかった。家代々の窯場の仕事を、好むと好まざるとにかかわらず、見よう見まねで伝えてきた人たちが多い。特に耕地の少ない上立杭では、「兄貴は土練《ね》り、弟は丁稚」という言葉が残っている。この窯場では、一人前の男というものは、轆轤が使えた職人だけを言うのではなかった。徳利でも甕でも、求められれば一通り作れなくてはならないし、釉薬かけや窯焚きは勿論、それを売り歩くことまでできなくては一人前ではなかった。

上立杭は、家族みんなが働いて焼き物を作り、自分の足で売って歩いた窯場であった。

豊後《ぶんご》の小鹿田《おんた》

小鹿田《おんた》は、大分県日田《ひた》市の辺鄙な山中にある。ほんの一つ山を越えると、もう福岡県になる。小鹿田に皿山《さらやま》という集落がある。この皿山の窯場《かまば》は、宝永年間（江戸時代中頃）に小石原皿山（福岡県朝倉郡）から分かれて築かれたという。皿山という地名は、九州の窯場には多く

使われている。小石原皿山、上野《あがの》皿山（福岡県田川郡）、肥前白石皿山（佐賀県三養基郡）などがそれである。日田盆地につづく水田にかこまれた村里を離れて、しばらく山間《やまあい》の道を登ってゆくと、うっそうと繁った木立のむこうにわずかにぽっかりとひらけたところがあり、そこにかっきり一四軒の家が並ぶ。草葺き屋根もまだ見える。

小さな窯場の絆

その家々の庭先には、四角い穴が二つ三つ掘ってあり、溜った泥水が光っている。これは、土を水簸《すいひ》させて粘土をとるための穴で、溜《たま》り舟《ぶね》といわれるものである。

小鹿田皿山。山中の静かな窯場である

母屋続きに車座《くるまざ》といわれる仕事部屋がある。小鹿田では轆轤《ろくろ》のことを「車」と呼ぶ。その車座の軒下には素焼き鉢に盛られた粘土のかたまりが、所狭しと並べてある。

集落の中央に八袋の登り窯が一基あり、簡単に檜皮《ひわだ》で葺かれた屋根が斜面を這う。その脇を小さな渓流が流れる。この流れ水を利用した唐臼《からうす》がある。唐臼は一本の大きな木の端をくり抜いてそこに水が溜るように作ったもので、ギーガタンと規則的に水を落して原土を砕く。

戦後の民芸ブームで小鹿田焼は益子焼《ましこやき》（栃木県）と同じようにもてはやされ、愛好家の間では著名になった。全体に薄鼠《うすねずみ》色でボッテリとした肌ざわりの焼き物で、皿やどんぶり鉢には飛鉋《とびがんな》といわれる点々模様や、さざ波のような刷毛《はけ》目模様をつけてあり、それが飛ぶように売れる。休日には狭い山道をあえぎながら観光バスがやってくるようにもなり、もう小鹿田の焼き物は実用品とはいえなくなった。大皿なども料理を盛り合せるのに使われるものよりも、飾り皿の方が多くなった。小鹿田の家々も裕福になった。

小鹿田皿山では初夏は緑がはえ、冬には雪が舞う。元は気の遠くなるほど静かな山里だった。この窯場で、豊前・豊後（大分県）地方一帯の人々が使う大小さまざまな焼き物が生れていった。甕《かめ》、擂鉢、徳利、注ぎ口のついた雲助《うんすけ》と呼ばれる焼酎徳利など。また土瓶《どびん》、飯茶碗、皿などの製品も多い。中でも、緑釉一色の土瓶は小鹿田の特産品だった。また、細かい良質の粘土を釉薬に使った肌白い蓋付の壺に飛鉋模様の入っているものも小鹿田特有のものであった。飛鉋というのは、生乾きの土肌の上にトタンの切れ端を少し当てておいて轆轤を蹴ると、轆轤の弾力で飛び飛びに刻み目が付くという技法である。同じようなものに刷毛目という手法もある。これは皿に多い。皿を轆轤に置いて廻しながら、白釉薬《しろぐすり》を刷毛に付けて、皿の中心から端にかけてポツポツと断片的に刷毛目模様を付けてゆく方法である。

　戦前までは窯場がブームに乗るということはなかったので、小鹿田も昔ながらの流通範囲での必需品を売っていただけで、生活してゆくのが精いっぱいの状態だった。長男だけが皿山に残り、二、三男は小学校を卒業すると日田や北九州に左官や大工になって働きに出て行かなくてはならなかった。皿山では、家数を一四戸以上に増すことも分家することもできなかったのである。焼きものを継ぐ長男でさえも、充分な修業期間は置けない。父親のやる仕事をできるだけ早く身につけて、車座につかなくてはならない。父と子が二人で車を蹴って窯を焚くぐらいの仕事量であった。女は、粘土を練ったり、釉薬かけの手伝いをする。ましてや、小鹿田では、他からの職人を入れたり、子供を他の土地の窯に出して修業させる余裕はなかった。

　坂本忠蔵さん（八四歳）が東京に出た友達からの忠告で、長男を他国に修業に出そうと思い立ったのは、大正七年のことだった。それで、長男を連れて福岡市西新町皿山に行ってみると、弟子で五年、礼奉公三年の計八年間の修業期間が要るといわれた。村や家の状態からは、働き手の長男をとてもそんなに長くは出しておれない。肥前有田でも山口県宇部でも唐津でも、短い期間では弟

渓流の脇に原土を砕く唐臼があった（小鹿田皿山）

釉薬かけ。雑灰からできた釉薬をかけると薄鼠色に焼きあがる（小鹿田皿山）

子にしてくれなかった。やっとのことで、福岡西新町の一人の職人に、食糧と伝授料を出して、個人的に三年間だけ教わることになった。坂本さんは、その時つくづくと小鹿田の貧しさを思い知った、という。長男が三年たって帰ってきた。なるほどよく仕事をする。成形も窯焚きも普通の人の倍近い成果がでた。それで今度は、黒木さんや柳瀬さんも三年ずつ長男を信楽と福岡西新町に弟子修業に出すこととした。

原土は、この皿山の西に土取り場があり、そこから取る。これを掘るのは、一年に三回ぐらい日を決めて二、三日をかける。その日は、一人分、二人分と人夫料を決め、共同で出て仕事をする。窯の薪も共同で伐る。辺境にあり、周囲の村里の必需品だけを作り、細々と窯が続いていた小鹿田皿山。窯仕事の規模も耕地も山林も同じように貧しい家々が、生きてゆくのには共同で助け合う気持がなくてはならなかった。一軒だけが、群を抜いて財を貯えると、必ずどの家かがそのあおりをくって没落する。誰が富んでも誰が貧乏しても、小鹿田皿山は生きのびられなかった。お互いに助け合いながら平均した暮しの程度を守らなくてはならなかった。役所が記帳する財産や収入は多少違ってはいても、納める税金は分割で均等に払った。働き手の不足している家を互いに加勢をするのも不文律の取決めであった。

戦前までは一軒が一年に平均六、七回窯を焚いた。小鹿田の焼き物は、おもに豊前・豊後（大分県）一円に出された。日田の問屋を通じて国東《くにさき》半島の方にも出されたし、逆方向の吉井や田主丸《たぬしまる》（福岡県朝倉郡）の問屋からは熊本県北部にも出された。品物は、米俵につめる。これを馬の背にふり分けて運ぶ。田主丸には植木屋が十数軒あり、そこに大正末期まで、窯を焚く度に植木鉢を出していた。朝五時ぐらいに出て、乙舞《おとまい》峠を越えて大行司《だいぎょうじ》に出て、杷木《はき》を通り田主丸には昼の二時ごろ着いた。

大正から昭和にかけては、馬が牛に変わり日田方面に頻繁に出ていった。日田には丸金《まるきん》という大きな陶器問屋があり、そこに蓋付壺や皿や土瓶を納めた。その帰り道には、着物や魚を牛の背につけて小鹿田に持ち帰っていた。

ところが、昭和一四、五年に難儀な時代がやってきた。日田の問屋でも物が売れなくて金が払われてこない。小鹿田では生活ができなくなる。そこで、田主丸への道筋の宝珠山や大行司や杷木方面の農家に直接売って歩くことにした。各々が細々と行商に歩くのである。それでも売れなくて、何人もの人が窯場の仕事をやめて木挽《こびき》になって山仕事に出て行った。人々は、夜を徹して考えた。考えた結果、坂本さんらは、それまでに焼いたものをトラックに積んで熊本県の小国《おぐに》に持って出た。小国地方は不便な所だったから、焼き物が多く入っていなかった。それで、小国で家を借り焼き物を並べて売った。それでも売れなかったので、天秤棒でかついで行商にも出た。そうするうちに、小国近辺に住む竹細工の行商の人などが、阿蘇山中の農家から注文をとってきてくれたりした。その注文を持って小鹿田に帰って、また焼き始めた。木挽に出た者も窯場に帰った。日田や杷木の温泉地にもみやげ物で出したが、戦後までは暮しは楽にはならなかった。

苦しい時は、誰もが同じだった。それを乗り越えてきたのは、皆が同じ苦労をしているのだという気持と、景気がよくて儲かっても私腹を肥やすのではなく、その結果はまた同じように村の中で共有してゆく気持だったのだ、と村一番の長老の坂本さんは言う。

石見《いわみ》の温泉津《ゆのつ》江津《ごうつ》

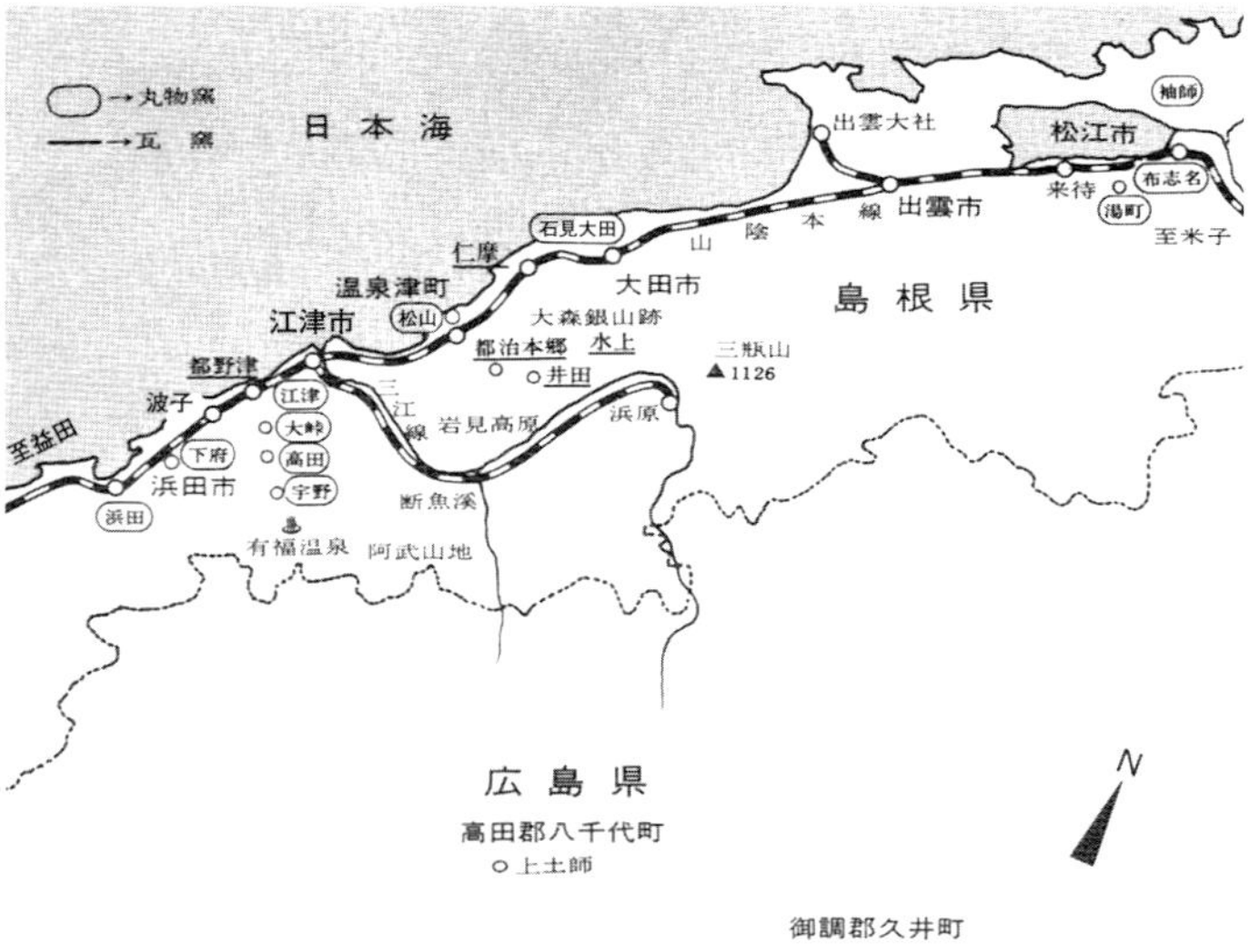

陶磁器の呼び名は、所により大きく二つに分れている。「瀬戸モノ」と「唐津モノ」である。これは古くから瀬戸地方と唐津地方が東西の焼き物の中心地であって、広い範囲に品物が流通しているからである。「瀬戸モノ」という言葉は、一般に東日本と表日本とで多く使われ、「唐津モノ」は九州と裏日本で多く使われている言葉である。その中間の瀬戸内海では両方の言葉が使われている。一般の生活雑器としてこの二つの言葉が広く分布したのは、海上運送ができたからに相違ない。同じように船を使って、広範囲に焼き物を出したところが石見の焼き物である。

優秀な職人の群れ

水道ができる以前の農山村や漁村では、飲料水は水甕《みずがめ》に入れられていた所が多い。食物の貯蔵や漬物にも甕が使われていた所がある。甕は、生活必需品の一つであったのだ。鉄道や自動車が発達する前であれば、運送力は人馬に頼る以外になく、道の悪いことも考えれば、甕を陸路で遠くまで運ぶことは難しかった。茶碗や皿などの小物に比べて甕は大きいので、数が運びにくく、しかも割れ易かった。従って、昔は各地方ごと、小さな地域の中に一つずつ甕を中心に焼いた窯場《かまば》があった。しかし、交通が発達して運搬が容易になってくると、従来の窯場がいくつか集まった範囲で、最も優れた物を焼いた窯場が残って他は消えてゆくことになる。昭和二〇年代までは、まだ方々の窯場で甕を焼いていたが、昭和三五、六年ごろを境にプラスチック容器などが出始めてくると経営が成りたたなくなってきたところが続出した。

そんなところへもどんどん出ていったのが石見の甕である。焼き物のさかんな九州の窯場さえも、甕では石見

温泉津の窯場。登り窯の屋根と野に積まれた甕が光る

に勝てなかった。比較的優秀な品質で残ってきた堀越（山口県防府市）、多々良《たたろう》（佐賀県武雄市）、塩田《しおた》（佐賀県武雄市）などの甕の産地が、その販売領域を石見に譲ってしまったのである。最後まで甕の生産地として生き残ったのは石見《いわみ》であった。石見には、良質の土が豊富にあり、職人のしっかりした技術があり、船を使っても輸送が容易であった。それが昭和四〇年代も後半になってくると、プラスチック容器と水道が全国津々浦々までゆき渡ったため、さすがの石見の甕もその新しい波には太刀打ちできなくなった。それまでの歩みが順調であっただけに、今や石見の窯場は危機に瀕している。潰れる窯場もここ二、三年で出てきた。

　石見に窯場は多い。同じような土と技術で甕を作ってきた窯場を拾ってみると、大田《おおだ》から益田の間の海岸沿いに連なって出てくる。いまも残っているおもな窯場は、大田、温泉津《ゆのつ》、江津《ごうつ》、高田、宇野、浜田などである。

　土は、このあたりの火成岩系と水成岩系を混ぜて使う。火成岩系は、火に強いがねばりがなく、俗に男泥《おどろ》とかまさ土とか言われている。水成岩系の土は、ねばりがあり女泥《めどろ》とか粘土《ねばつち》とかいわれる。この石見地方では砂地でないところの山を掘ると、ほとんど三分の一から四分の一の土はそのまま粘土として使えるそうである。この土は、どの窯場でもおもに近所の農家の女衆を雇って運ばせていた。この土を漉桶《こしおけ》で漉《こ》してから粘土に練る仕事も女がになった。この石見地方では、農家といっても耕地面積が少なく、冬期には積雪もあり、経済的には貧しい家が多かった。男は冬の間に出稼ぎに出たし、女は競って窯場の下仕事に出た。この仕事は、すべて土何貫目という単位で賃金が払われる。明治末期から大正時代にかけて少しでも多くの土を運んだり練ったりしようとして、病気になったり死んだりした女衆があちこちに出た。特に冬の間、重い土を背負い、冷たい土を踏み込むのは女にとっては苛酷な仕事であったのだ。しかし、土を準備する仕事は冬の間に多かった。山陰地方は冷え込みがひどく、冬の夜は水分を含んだ土が凍って割れるので、成形作業をすることができなかったからである。

　石見の甕は、丸物《まるもの》と呼ばれ、職人は丸物師《まるものし》と呼ばれた。石見の職人の技術は、たいへん優秀だった。土が良いことも第一の原因ではあるが、六斗から一石も入る甕を、薄く鋭敏に作り上げる技術は文句なく最上のものであった。このことは、瀬戸内海沿岸や九州の窯場で、そこに流れてきた石見の職人の評判を聴いてみてもよく解る。石見の職人は、弟子に入ってからの修業制度が非常にはっきりとしていた。それが石見の窯場での第一の特徴であるように思われる。九州の窯場でも、職人になるための弟子入りの制度ははっきりとしていたが、それもよくみると、有田や唐津の分業形式の進んだ大産地か名人芸を誇る上手物《じょうてもの》の窯場に限られるようである。

日常雑器を多種多様に焼いていた窯場では、弟子入りも修業期間も実質的にはさほど厳しくはなかった。親方と職人との分離がされてない窯は、家族で内職形式をとっていて、技術は親子代々見よう見まねで自然に伝えられる場合が多い。が、石見では、親方と職人の立場が同一でなく、一つの窯元で何人もの職人が使われてきた。また、明治以前の話を聴いてみても、それぞれ親方が独自の窯を築いており、共同窯の形式をとっている例がほとんどない。これは、他の土地の窯場に比べてたいへん大きな違いである。従って、石見の窯群では、早くから、小規模ではあるが窯の一つ一つが独立した経営形態をもっていたということができる。そういう意味では、職人の弟子入り修業が、明確な制度として出てきても不思議ではない。

現在も仕事をしている古い職人は、ほとんど小学校を出て直ぐ一四、五歳で弟子に入っている。職人になったのは、江津近辺の農家の二、三男が多いようである。従って、必ずしも親代々の職人というわけではない。弟子に入るには、誰かが心配してくれる。この地方での心配するという言葉は、世話をするということで、それは古い職人であったり地主であったりする。その心配してくれた人に連れられて窯に行く。弟子の年限は、普通六年で最後の一年は礼奉公になっていた。明治以前は九年であったという。弟子入りをすることを、職人の間では草鞋《わらじ》脱ぎという。草鞋を脱ぐと、親方は年配の職人を師匠としてつけてくれる。

しかし、最初の一、二年は土を練ったり、作られたものを乾かしたりの仕事をするのである。そうして二年目ぐらいに轆轤《ろくろ》を蹴《け》らせてもらえるが、皿や片口《かたくち》の小物を作れといわれるだけで手をとって教えてはもらえない。教えてはもらえないから、師匠のやる仕事を見て盗む。

弟子の間は、食べさせてもらえるが賃金はもらえない。盆と正月と祭の日は休みであり、その時少しばかりの小遣いをもらう。弟子年限を過ぎると、師匠から杓子《しゃくし》、延《ぬ》べ棒《ぼう》、鏝《こて》、鉋《かんな》などの道具一揃いをもらう。また、親方からは羽織とか袴とかを祝いに仕立ててもらう。

最後の一年は、世話になった窯で礼奉公をする。賃金は、一人前の職人より少ないがもらえた。礼奉公を終ると、今度は本当の一人前の職人であり、どの窯で働いてもよい。親方へも師匠へもその礼奉公で義理が済んだことになる。石見の窯場ではほとんどどこでもが、職人の賃金は日当制であった。それも職人の技術によって差があるので、職人は競って技術を身につけた。昭和初期までは腕のよい職人は引っぱりだこであった。窯場毎に親方は正月に集まって職人の賃金を取り決めていたが、職人は自分の腕一本でいくらでも金は稼げたらしい。一〇個作るといくらという出来高払いの方法は、技術的に粗末なものが出るというので親方がとらなかった。親方と職人の契約は四月から年末までを単位とした。だいたい旧正月をはさんで一二月から三月までは寒いので仕事を休むことが多かったからである。それで、冬の間に他の窯に移る職人も出てきた。職人の一日仕事というのは、朝から夕方まで日がある限りということだった。

　石見の職人は、石見の窯場だけでなく、西日本各地の窯場をよく歩いていたようである。丹波立杭でも備前でも、九州の上野《あがの》あたりでも石見から職人が流れて来ていたという話を聞く。これは技術が高かったことと、冬期に仕事ができなくて出稼ぎに出ざるをえないことや、親方との賃金契約の方法が終身的でなかったことなどの要因が考えられる。また、そういった職人が、各地で住みついて窯を築くこともあった。牛の戸窯（鳥取県）や出雲諸窯は、明治になってから石見の職人によって開かれた。石見の窯場でも、職人が逆に親方の窯を買い取って独立することも少なくなかった。このように石見の職人は、優れた技術を持って広い範囲の窯場にまで足をのばしているのであるが、どの地域の職人が他の土地に多く流れて出たのか、そういった流れ職人の群団があったかどうかの問題はまだ明らかにしえないままである。

　石見の焼き物は、昔から仲買商人を通して出していた。江津市波子《はし》は、海に面した集落である。古くから男は船に乗って陶器を売りに行き、女は近廻りへ行商に出てゆく商人の村である。今でも毎朝、波子の駅では大きな荷を背負った女の姿がみられる。これは、波子の女衆が浜田あたりで食料品や衣類を仕入れて、三江線《さんこうせん》に沿って中国山中の農村に行く姿である。

　波子三百戸のうち、三分の一は船を持った仲買商で、他の家も船乗りが多かった。船といっても昭和のはじめ頃までは帆船であり、風の具合で春先はおもに北方面に

石見の作業場と登り窯。トロッコで成形した甕や瓦を運んで窯に詰める（温泉津、川下瓦窯）

商売に出てゆき、冬は南に出て行った。北は境や米子（鳥取県）から但馬（兵庫県北部）や越前（福井県）あたりまで出た。遠いところでは、越後（新潟県）や佐渡のあたりまで行くこともあった。出雲方面に出た船は、帰りに宍道湖《しんじこ》畔の来待《きまち》から出雲来待《いずもきまち》という土粉を積んで帰った。これは、石見甕独特の赤茶色で光沢のある釉薬《うわぐすり》になる。南は、萩や九州方面の陶器店に甕や擂鉢を運んで行く船が多かった。福岡、唐津、伊万里、平戸、佐世保、熊本と順に荷を降ろしてゆく。明治から昭和にかけて、さかんに船が出ていたそうだ。

窯元と仲買、仲買と小売店との取引では、甕も擂鉢もすべて組み荷を単位とした。組み荷とは、六斗甕の中に四斗甕を入れ、その中にまた二斗八升甕、一斗五升甕、八合入、五合入、一合入までを藁をつめながら順に入れていって一つの荷にすることをいう。

石見には、瓦の窯場もある。この瓦は、甕と同じように出雲来待の釉薬を使って焼くので赤茶色の光沢があり、別に赤瓦とも呼ばれている。これも、波子の商人たちにより日本海沿いの農村や漁村に大正時代から売られていった。おもに裏日本一帯に分布するのは、この赤瓦が雪積によく耐えるからである。窯場で最も大きいのが、都野津《つのず》で、他に仁摩《にま》や温泉津、水上《みずかみ》や井田にも窯場がある。瓦を焼く窯場は瓦所《かわらしょ》といい、職人は瓦師《かわらし》と呼ばれていた。

現在は、丸物と瓦は全く別な窯場になっているが、もともとは同じところで同じ職人が丸物も瓦も作っていた所もあった。石見から来た職人によって始められたといわれている広島県御調《みつぎ》郡久井町芋堀の瓦窯《かわらがま》や、広島県高田郡八千代町上土師《かみはじ》の瓦窯なども、同時に丸物も焼いていたのである。

丸物師と同じように、瓦師も技術を持って他の土地まで出て行った。広島県西条や山口県厚狭《あさ》の瓦窯は石見の職人が明治中期に築いたものだし、九州の遠賀川《おんがかわ》流域（福岡県）や越前（福井県）の瓦窯にも石見から多勢の職人が出て行っているのである。

山口の 堀越《ほりこし》 須佐《すさ》 小畑《おばた》

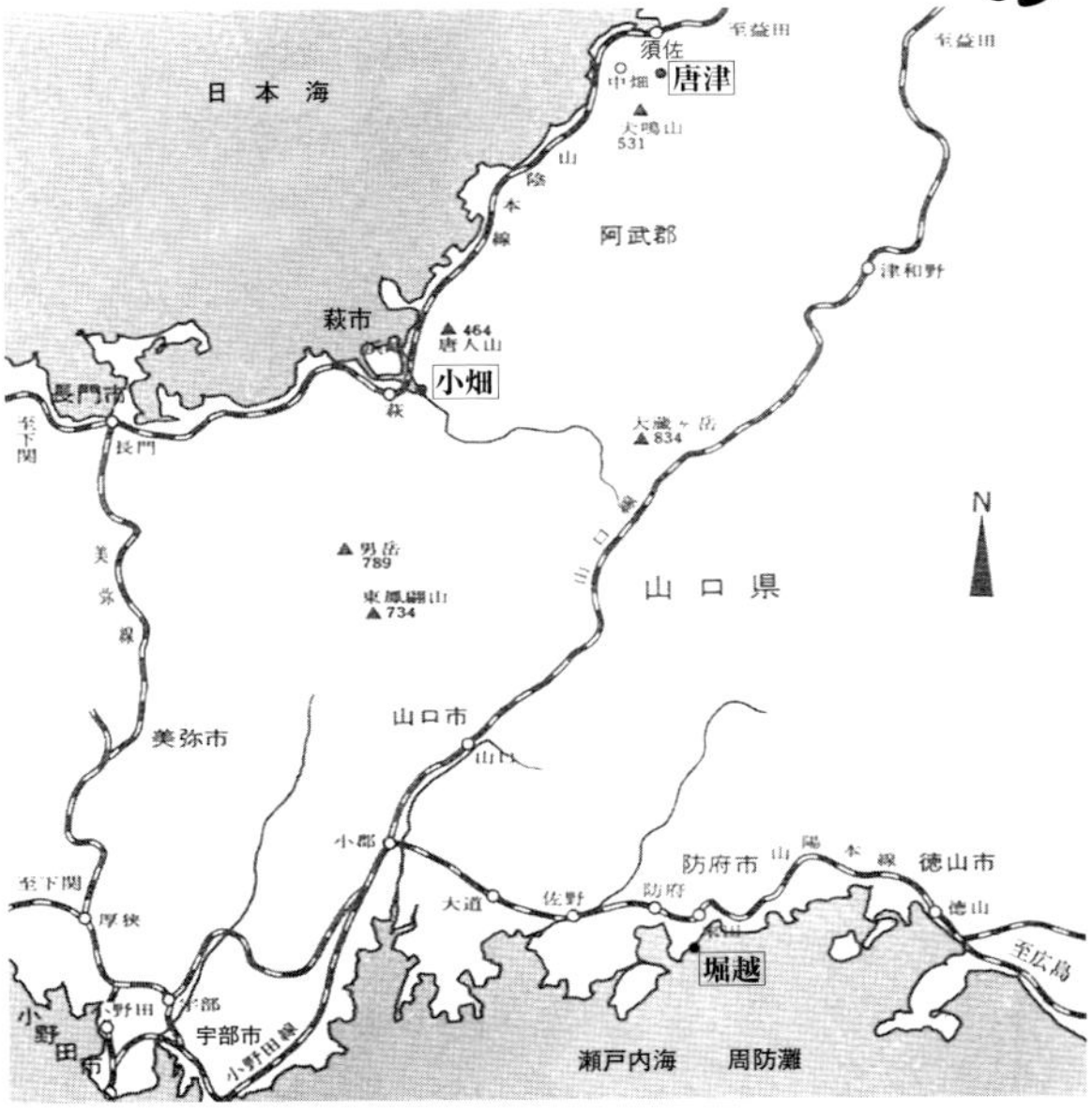

これまでは、昔どおりの手仕事を比較的残しながら日常雑器を焼いてきた窯場のいくつかのタイプを挙げてきた。しかし、最近ではそういう窯場は稀である。流行の

民芸品を模倣したり、愛好家に媚びるような茶器や花器を焼くか、さもなくば機械化して量産を計るか、いずれかの方向に転換しないと生きのびてはゆけないのが現状である。そういう中で、戦後、特に昭和三、四〇年代になってのプラスチック製品の開発などによる生活様式の急激な変化により需要が減ったため、なすすべもなく窯の火を消したところも少なくない。

消えた窯場

山口県の堀越《ほりこし》や須佐《すさ》や小畑《おばた》は、それぞれに個性的で立派な品物を焼いていた。それが、いずれも今ではその地方でさえすっかり忘れられようとしている。

堀越の場合●山口県宇部から防府にかけては、昔から陶器を焼くのに適した土が豊富に産出した。文献に残るところでは、享保年間から以降は萩焼《はぎやき》の原土もすべて大道《だいどう》（防府市）から運んでいる。また、小郡《おごおり》には須恵という地名が残り古い窯場があったと想像できるし、戦前までは宇部、堀越、佐野、大道と窯場が並ぶがごとくに点在していた。中でも堀越は最も大きな窯場であり、戦後もたくさんの品数を生産していた。

堀越は、防府の西の小さな入江に臨んだ小さな集落である。戸数、約六〇戸。そのうち海に近い方の一五軒が窯元だった。窯場の歴史は、そんなに古くはない。現在から三代ほど前に窯をはじめたという。最も窯場に活気があったのが大正時代で、以後だんだんと衰退してゆき、戦後には数軒の窯元になり、昭和三〇年代ではたった一軒だけになってしまった。今、堀越を訪れてみると、半分崩れかかった窯が数基、小さな丘の斜面にある。壁土を落してしまった仕事小屋から海が平ったく見える。湾に船もない。入江の内には細い道が一本、その両脇と小さな丘の斜面に瓦葺の家が建つ。それからしばらく歩き、ちょうど入江から小さな峠を越えて裏側に廻ると水田が開け、それが防府の町に通じている。

堀越では、親方と職人は分れていた。親方は、おもに商売の方に身を入れたので、轆轤《ろくろ》を廻すことが少なかった。それと、親方の一番大事な仕事は窯焚きであった。窯の火かげんは、必ず親方が見たものである。職人は、どの窯元も二〜三人かかえており、おもに末田から来ていた。末田は、東隣の集落である。

山陽線が開通する明治二〇年代に、鉄道の排水用土管《どかん》をこの堀越でさかんに焼いた。名古屋の方から職人を雇ってきて作り方を習ったのだが、そのうち末田から来ていた職人が、末田で独立して土管専門に焼く窯を築いた。大正時代の末には、従来の甕や徳利や蛸壺《たこつぼ》は堀越で焼き、土管は末田で焼くということになった。今や末田の土管は、すっかり機械化された工場で大量生産され一大企業地となっている。堀越の浜に出てみると、景気よく煙をはく大きな末田の煙突が何本も見える。

堀越の製品は、日用品とつまみ物とに分れていた。擂鉢や火鉢、水甕や肥壺《こえつぼ》、焼酎徳利や蛸壺などが日用品で、つまみ物は人形であった。特に堀越で他にない特徴は、漁具と焼酎徳利を焼いていたということである。漁具は、蛸壺やイワシといわれる網の錘《おもり》や、船徳利や船火鉢である。ほとんど素焼に近いものが多い。各家ごとにだいたい焼いていた品物が決っていて、漁具の生産を専門にやった家の窯が結局最後まで残った。つまり、水甕や擂鉢は戦後一〇年のうちに需要が減少したが、蛸壺は昭和三〇年代まで需要があったからである。

焼酎徳利は、一斗も一斗半も入り、黒く焼き締めた胴が丸まった形で肩口に注口が付いている。これは、おもに瀬戸内の大島郡や国東半島（大分県）の方まで船で出した。大島や大分県が芋の産地で、たくさん焼酎を作っていたからである。大分県の方では、この焼酎徳利を雲助《うんすけ》と呼んでいる。昭和一〇年頃に、この焼酎徳利はガラス製の一升瓶にとってかわられた。この焼酎徳利や酒徳利には、注文主の依頼により酒店の名や屋号を書いた。他の窯場ではどこでも「筒書き」といって、竹筒に白い釉薬を入れ、それを細筒を通して流し出して文字を書くのだが、この堀越ではメイボ〔カワハギ〕という魚の皮を使う。それを袋にして、それに釉薬を入れ、細い金筒《かねづつ》から流し出して書いたものである。

海のそばにある堀越の窯場

古い職人は自分の手と足で土を練る（堀越、賀谷窯）

堀越の窯場にとって決定的な打撃は、昭和初期の硫酸瓶《びん》の製造であった。大正時代から小野田の硫酸瓶として製造を始めたが、取引先の東京岩上商会が不況で何年も支払いがしてもらえなくなった。それで財産をなくして、窯をやめた家が二軒もある。

一番よく物が売れた大正時代には、五、六トンの船が沖で窯の焼き上るのを待っていた。商人は佐野の人で、おもに大島、愛媛県や広島県、大分県あたりに出た。船で出るのが多かったが、二級品は天秤棒でかついで歩く人を雇って行商に出していた。

堀越の土は、田土と山土を混ぜ合せたものである。田の底の土を掘り起したり運んだりするのも、それを庭先で漉《こ》して粘土にする仕事も、焼き上った品物を沖の船まで運ぶ沖仲士の仕事もすべて荒仕子《あらしこ》といわれる人夫を雇って使った。この荒仕子には、防府に近い牟礼《むれ》の大内から多勢が来ていた。大内という集落は耕地が少なく、昔から手間働きの多かったところである。このように土に恵まれ、労力を特定の集落から安く供給されて、窯元はみんな旦那気取で商売を続けてきた。従来の生活用具に加えて土管や硫酸瓶などの製造で景気のよかった大正時代は、窯場では連日飲めや唄えやの豪勢な生活がみられたという。それでも儲かったので、牛礼あたりの田圃を安く買い取って財を貯えた家も多い。

かつて、堀越は栄華をきわめた窯場であったのだ。

小畑の場合●萩のすぐ近くに小畑という所がある。今では、新しい萩焼の窯があり、萩焼の茶碗類を焼いているが、もともとここには萩焼とは別に小畑焼というのがあった。大正の六、七年まで焼いていた磁器のことである。今でも阿武郡あたりの農村を歩いてみると、まだその時代のやや緑味をおびた白地にコバルトの絵付けの燗徳利などが出てくることがある。

大正初期頃まで小畑には泉流山窯や素玉山窯や晴雲山窯があり、最も大きい素玉山窯では職人や人夫が三〇人もいた。明治時代には、南方窯とか天龍山窯とかいう窯もあった。小畑に磁器を焼く窯ができたのは、文政年間で、素玉山、泉流山、大向山、永久山、天龍山の五つの窯があったそうである（山本勉弥『萩の陶磁器』より）。そもそもの起りは明らかでないが、永照寺の過去帳には肥前国石から住人庄吉が天保元年に泉流山で歿している記載もあり、肥前有田系の技術がここに伝わってきたのではないかと推測される。

やや緑味を帯びた小畑の白磁器の燗徳利

明治末期から大正時代にかけて磁器を焼いていた年寄に話をきいてみた。

磁石《じせき》は、この小畑の山から出た。窯毎にサコンタといわれる水車を利用した唐臼《からうす》を小川にかけ、それで磁石を砕いて粉にした。これを水で漉して足で踏んで練った。小畑のそれは、焼くと真白にならず多少緑味がかるので、有田や瀬戸の磁器とは容易に区別がつく。

職人は、小畑の人と他国者《よそもの》が半々であった。他国者は、伊予の砥部《とべ》から来ていた人が多い。職人の手間賃は、ほとんど日当制であったが、絵付師は、徳利一本いくらという具合で描いていた。絵付師は、数が少なく、時々京都の方からも来ていた。日露戦争後、美濃の土岐から銅版転写法が入ってきて英国製のコバルトを使って絵付けをするようになった。

このあたりでは、小畑焼のことを白焼《しろやき》という。白焼ではおもに、燗徳利を作っていた。一合から五合までを、一合がん、五合がんと呼び、一升入りは徳利という。また、飯茶碗や湯呑や盃や皿も作ったが、直径六、七寸の火鉢以上に大きいものは作らなかった。

これらのものは、萩の浜崎にある陶器問屋に出していた。仲買人が窯出しの時にやって来て、焼きを見て買って行くが、浜崎まで車力で運ぶのは窯方の人夫であった。たまに、石見の浜田から商人がやってくることもあった。小畑の白焼は、ほとんどが山口県、島根県、鳥取県の日本海沿岸に売られていたようである。また農閑期に近所の農家の人が、小遣い稼ぎに籠で背負って行商に出てゆくことがあった。これは、阿武郡の山村が相手で

須佐の窯場、唐津へ続く川沿いの道

あった。

大正時代になっても、小畑の白焼には型抜きの技法も機械も入らなかった。全部手作りである。それで鉄道が開通してくると、もうすでに量産体制にあった瀬戸と有田の磁器が、東と西から安く入ってきて、大正の中ごろには小畑の白焼は値段が高くて問屋からも相手にされなくなってきだした。ほとんどが、一度は窯をつぶしてしまった。が、隣の萩焼の方が景気がよかったものだから、やがて萩焼風の陶器を焼きだすようになった。現在、小畑にある窯はすべて萩焼を焼いている。

須佐の場合●山口県阿武郡須佐町に、唐津という小さな集落がある。山陰線の須佐駅から山に向って小一時間も歩くと、小さな流れのつきるあたりの山中に八軒の家がかたまってある。細い山道と流れと狭い屋敷地だけで、そこには水田も畑もない。水の流れが山あいに響いてきこえる。唐津は、全戸が焼きもので生計をたてていた窯場であった。それが昭和一五、六年から次第に窯の火を消していって、一〇年ばかり前に全廃した。今、唐津は静かである。人声までが山に吸収されて寂しい。家屋敷はそのままにして、他所に一家を移したものもいる。土地に残った男も、みんな勤め人になった。

昭和四二年からこの唐津の窯場の歴史を残そうとして、須佐町教育委員会が中心になって古窯の発掘を二回行なった。その窯跡や発掘品から、この唐津窯の開窯期が案外に古いということが判った。また、須佐の唐津はその地名だけでなく、古い陶片に叩き手法のあるものがでたことから、当然九州の唐津から人が来てここに窯を築いたことも判った。益田家との関係も、文書で明らかにされた。それを機に、多くの人がそういう歴史に眼をむけて唐津の焼き物を評価しようとする気運が出てきた。しかし由緒ある歴史だけを追いかけて、つい二〇年も前まで歩いてきた人々の生《なま》の歴史が忘れられてゆくのでは何にもならない。昭和になって無造作に焼かれた雑器までが発掘品並の評価を受け、好事家の言葉からは、それがあたかも美術的名作品であるかのような錯誤をも周囲にふりまいているようだ。

須佐の唐津はまぎれもなく、日常の雑器を焼

須佐焼の徳利類。黒い光沢が美しい

いてきた窯場である。安くて丈夫で、誰もが使えるものを焼いてきたのである。江戸の一時期には益田公に献ずるものも焼いたし、中には偶然に美しい名品も出ただろうが、それは唐津窯の本流では断じてない。戦前までの唐津では黒い徳利や、黄色の小皿や飯茶碗、神前・仏壇用品や植木鉢を焼いていたのだ。もろい土の性質からして、大きいものは焼けなかった。かわらけの類《たぐい》が多い。特に他の窯に比べて目につくのは、船徳利や鯨皿などの船上生活で使う品々があることである。

仕事は、親代々の家内工業で男が成形を担当し、女が釉薬をかける。大正末期までは、共同窯一基であった。

唐津の品物のほとんどは、萩の商人と取引をした。大正時代から昭和にかけては、頻繁に問屋や小売商から注文の葉書が来ており、その一部がまだ残っている。それによると、鯨皿、小皿、汁碗のたぐいは俵単位で取引をしている。米俵に入れて出していたのである。葉書の最後には「荷物ハ萩浜崎大草デ和船次ギ」と書かれているのが多く、浜崎までは窯元が運んでいたことが解る。須佐の港までは中畑の人にたのんで馬車で出し、港からは帆船で萩に出していた。萩以外には、石見浜田や周防小郡などの店にも出していた。また、隣村の旧小川村（阿武郡田万川町）あたりまで峠を越えて、唐津の人たちが直接売りに行ったこともある。戦前からぼつぼつ窯を閉じてくるのであるが、これは、交通がひらけてくると九州や石見の焼き物と競争ができなくなってきたからである。また、手に技術を持っている人も唐津で焼くよりも、萩焼がどんどん新しい窯を開き出したのでそちらに職人として出た方が割りがよかったからでもある。

須佐焼を積み出した萩の浜崎港。松本川河口にある

肥前《ひぜん》の塩田《しおた》

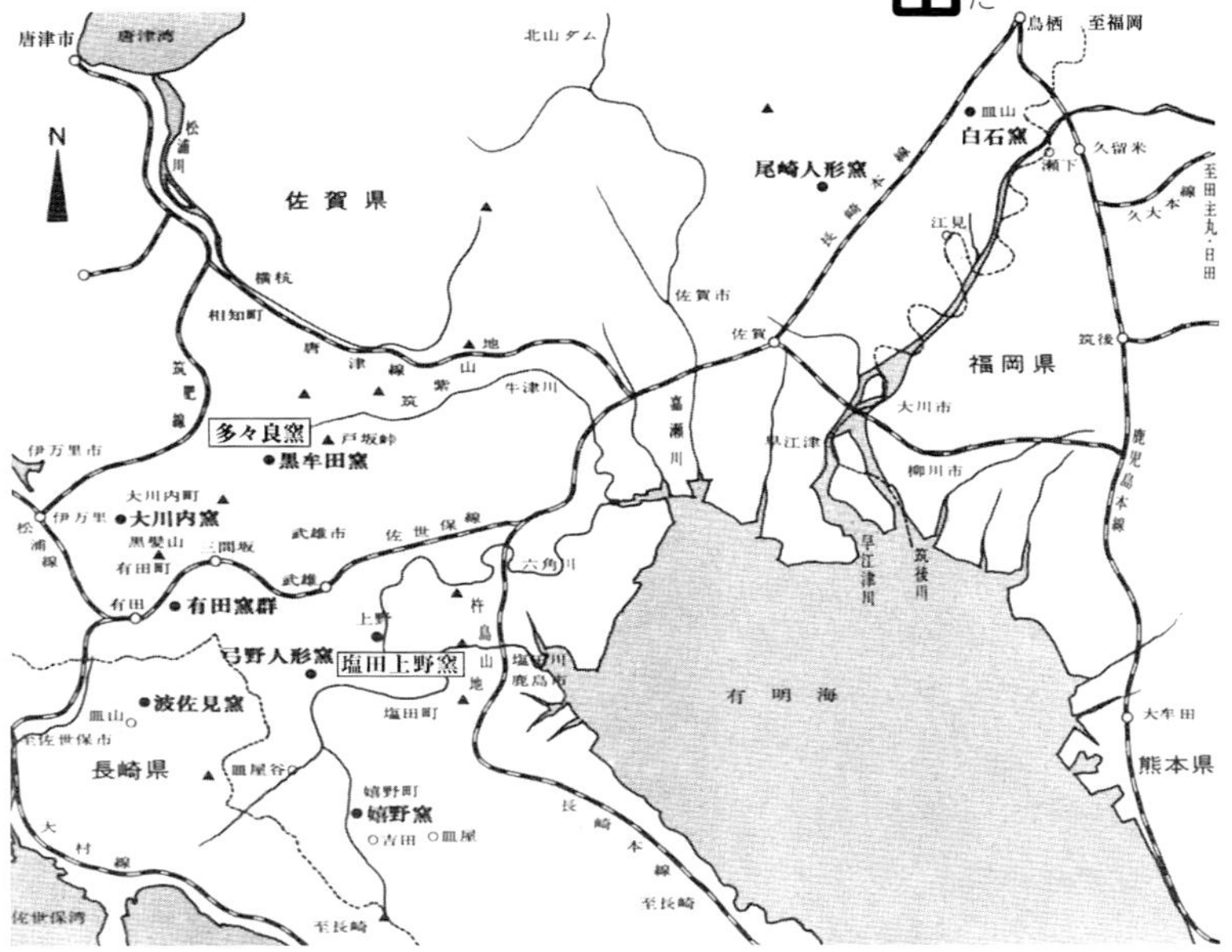

肥前平野を歩いてみると、いたるところで人の丈ぐらいもある赤黒い大甕に出くわす。田圃の脇に植えてあるのは、土甕《どがめ》といわれている肥壺《こえつぼ》である。化学肥料が出廻る以前は、人糞や魚粕が田畑の大事な肥《こやし》であった。それを生のままで使えば強過ぎるので、こうして甕に入れておいて腐らせてから使ったのである。

また、農家では納屋や土間にたいてい一つや二つの大甕は置いてある。これらには米が入れてあった。甕だと虫が入らないので、トタンの容器が出廻るまでは好んで使われたのである。これらの甕は、だいたい一石入から五石入までがある。五石ともなると米一二俵入るわけで、直径は三尺ばかりで高さは五尺以上にもなる。ほかにも、肥前平野の農家には甕がたくさんある。どの家でも味噌を仕込んだり、梅や漬物を入れるための一斗入から一石入までの甕が三つや四つはあった。いずれも赤黒い肌の陶器である。

その大きさといい、品数といい、まさに肥前平野は甕の里という感がする。

また、一方では熊本県や鹿児島県や沖縄の酒屋や醤油屋にも、四、五石入りの大甕が出ている。特に南九州は焼酎の産地であり、焼酎の仕込みには必ず大甕を使った。焼酎の場合、香りが逃げるので仕込み樽は使われないのである。さらにまた、このような大甕は久留米附近では久留米絣を染めるための藍甕《あいがめ》となり、天草や対馬などの島方では天水を貯えるための水甕となる。そういう具合に所によって使われ方は別々であったが、もともと作られたところは同じであった。この大甕の産地は、塩田の上野《かみの》（佐賀県武雄市橘町）と多々良《たたろう》（武雄市武内町）が中心だった。今は、多々良に一軒だけ窯が残っていて、あとはすっかりなくなってしまった。

大甕の道

塩田の窯場は、水田が豊かにひらけた肥前平野の中、小高い丘の上にその廃墟がある。箱棟で草葺の作業場が数棟、登り窯の跡には売れ残りの甕がころがっている。

窯跡からみると、さすが大甕を焼くのにふさわしく一つ一つの袋が大きい。このあたりの窯場は、需要がなくなってくる昭和三〇年代の後半に自然に消滅してしまった。ここでは、大きな甕や壺を中心に焼いていたので、時代の波に乗り移って小味な民芸品を焼くなどということはできなかったのである。

塩田で焼き物を始めたのは、甕棺《かめかん》を作るためであった。今の年寄が三代目だったというから、幕末ぐらいからであろうか。明治末期には八、九軒の家が焼き物を作っており、共同窯で焼いた。

九州の西北部一帯は、古くから土葬に甕棺を使っていた。塩田の甕棺は、佐賀県一円と長崎県、福岡県西部、熊本県北部に出された。佐賀県内部を除くと、いずれの方面へも川船で出されたのである。塩田川を一度、有明海に下って、それから風を待って六角川や嘉瀬川や筑後川を上ってゆく。筑後川を船で上ってゆくと、久留米、田主丸（福岡県）から日田（大分県）のあたりにまで行けたという。それくらいの地域で一日に十数人は死者が出ることになるので、甕棺を作るだけで窯場はやってゆけた。葬式にはどうしても必要だったから、少々高い値でも売れたそうである。明治末期までは甕棺が主体だったので、人の体の入るぐらいの七斗から一石入りの甕が主流となっていた。

ところが大正時代になると、桶を使ったり木棺を使って土葬する所が増えてきた。だんだん甕棺だけではやってゆけなくなってきた。ちょうどそういう時期の大正六、七年に、熊本県や鹿児島県の焼酎の産地から大甕の注文が来るようになった。そこでは商売として焼酎を醸造する酒屋が増えてきたのである。そこで、どうしても大きな仕込み甕が要る。昭和になってからは、沖縄の焼酎屋から注文が入ってくる。ほとんど同時期に、久留米近辺では絣の藍甕をそれまでの素焼甕から本焼きの大甕に切り換えようとする動きが出てきて、そこからも大甕の注文が来た。四石、五石入りの大甕は注文が来たからといって簡単に作れるものではない。焼酎屋も紺屋もいくつかの窯に当ってみたが断わられ、焼けるのは塩田と多々良《たたろう》だけということになったらしい。

塩田と多々良ではそれまでに一石入りぐらいの甕棺を作っていて下地があったし、土も技術も大甕製造が可能であった。土の腰が弱いととても大きなものは作れないし、土質が粗ければ火に弱く割れる。手だけによる轆轤の技術だと、大きなものの成形は不可能である。手の力では土がよく締らない。塩田の土は、田の底土であり腰が強かった。また、塩田でも多々良でもそれまでに「叩《たた》き手《て》」という手法で成形をしていたので、土はよく締る。叩き手というのは、粘土を巻いておいて内側に木製のあて木を当てて、外側から叩き板で土を叩いていって成形する手法である。荒仕子《あらしこ》という手伝い人が、寝て轆轤を蹴る。職人は、土を上手に巻いておいて、それを叩く。四石、五石の甕は八段ぐらいに継ぐ。土がやわらかいと崩れるので、甕の内には天井から鍋をつるしてその中で火を焚き、外からも火を焚いて乾かしながら上へ上へと土を巻いて叩いてゆくのである。叩く職人も、足台を立てて上から手を入れて叩ける位置につく。この手法では叩く前に土を上手に巻いて配分するのがコツで、窯の中で割れない甕というのは、口と底が厚手にできていて肩口が薄いものであった。

ここの職人は、窯場附近の農家の男で、明治以後は弟子入りなどということもなく、だいたい親も職人だったから息子も親から習って職人になるというのが多かった。しかも、家での百姓仕事を持っていた者が多かったから農繁期は休んだ。

生乾きの時に釉薬をかける。これは地薬《じぐすり》といい、灰泥《はいどろ》と、窯積みの時に割れた陶片を水に溶かして混ぜたものである。これで黒味のかかった茶色の甕が焼きあがる。

窯積みの時がまた難儀だった。大きい甕は、形が崩れないように縄を巻いて四人がかりで窯に入れた。二石窯までだと二段に積む。ところが、いずれにしても甕が大きいものだから窯の中に空間ができすぎて火廻りが不経済になる。そこで小さな甕や焼酎徳利を間に置いて焼きだした。肥前平野の農家では、形の不定形な大小さまざまな甕が味噌甕や醤油甕に使われているが、それは大甕の間で焼いたものと見当をつけてよかろう。

しかし、実際に焼いてみると、あまりにも形が大きすぎるために品物の半分は窯の中で割れてしまう。割れるといっても、甕の上体の重量と口の開き加減で、ほとんどのものが底がひび割れてくるのである。窯焼きとしては、半分もの不良品ができたのでは商売にはならない。

叩き手法① 粘土を叩いておいて丸く切り、甕の底を作る

叩き手法② 粘土を巻き上げていく

叩き手法③ 巻いた粘土を叩いて成形する（多々良の金子窯）

かといって、注文主には完全な品物を納めなくてはならない。そこで考えたのが、不良品を利用しての商売である。底の割れ目にセメントを塗ってふさげば、外観はまともなものと変らない。肥や米を入れるのには一向に差しつかえないということになる。そうして、窯場を中心に附近の農家に大甕が売られるようになってもきたのだ。

これにも川船が使われた。塩田川を下って有明海に出た船は、毎月一日と一五日の大潮をねらって六角川、牛津川、東庄川を上る。そうして、適当な所に荷を降す。船頭から連絡があると、窯元から人が大八車を引いて出むいて、それを農家に売って歩く。筑後川へもよく上っていた。筑後川は、昔から川船が発達していたから、所々に物資の集散地があり、問屋があり蔵がある。早津江《はやつえ》（佐賀県佐賀郡川副町）、君津（福岡県大川市）、江見（佐賀県三養基郡三根町）、瀬下《せのした》（福岡県久留米市）などは筑後川に沿って発達した物資の集散地である。そういう町で問屋の空いた蔵を借り、ひとまず大甕を置く。そうして、大八車を引いて農家を廻るのである。問屋には蔵敷料を払っていた。それでも、だいたい二石甕が米一俵、四石甕が米二俵でとぶように売れた。農家としても何かと便利な甕だったのだ。昭和四、五年からはトラックも使ったが、戦前まではだいたい川船が帆をかけて走っていた。焼酎屋に出す仕込みの甕も、農家に出す肥甕も終戦後、二四、五年までは売れていた。

この塩田の窯場に対して多々良には、戦前までは五軒の窯元があり、大甕も焼いていた。二石甕から四石甕あたりを多く作り、これはおもに島方に出した。それは、自営販売でなく、伊万里の甕問屋を通じてそこから北松浦郡の島々や、対馬や五島方面に水甕として出していたようである。多々良では大甕の生産だけでなく、自家醸造用の焼酎甕や、長崎方面や島方に出す蛸壺なども作っていた。

一般にこの大甕はその分布度からすると、肥前平野を中心に九州地方西北部にわたっているのであるが、少し離れて福岡遠賀川流域の鞍手郡一帯にも肥甕としての分布がみられる。大まかではあるが一通り肥前の大甕の出て行った先を追ってみると、同じ窯場で同じように作られたものが、仕込甕、米甕、水甕、肥甕などその行き先で、それぞれに違った用途をもって使われているのが、興味深い現象として出てきたわけである。

肥前塩田の甕作りをした草葺の仕事場。窯はもうない

南日本の窯場をたずねて

文・写真　神崎宣武

まだ器に余熱が残る窯出し作業（徳島県大谷の窯場）

阿《あ》波《わ》の大谷《おおたに》

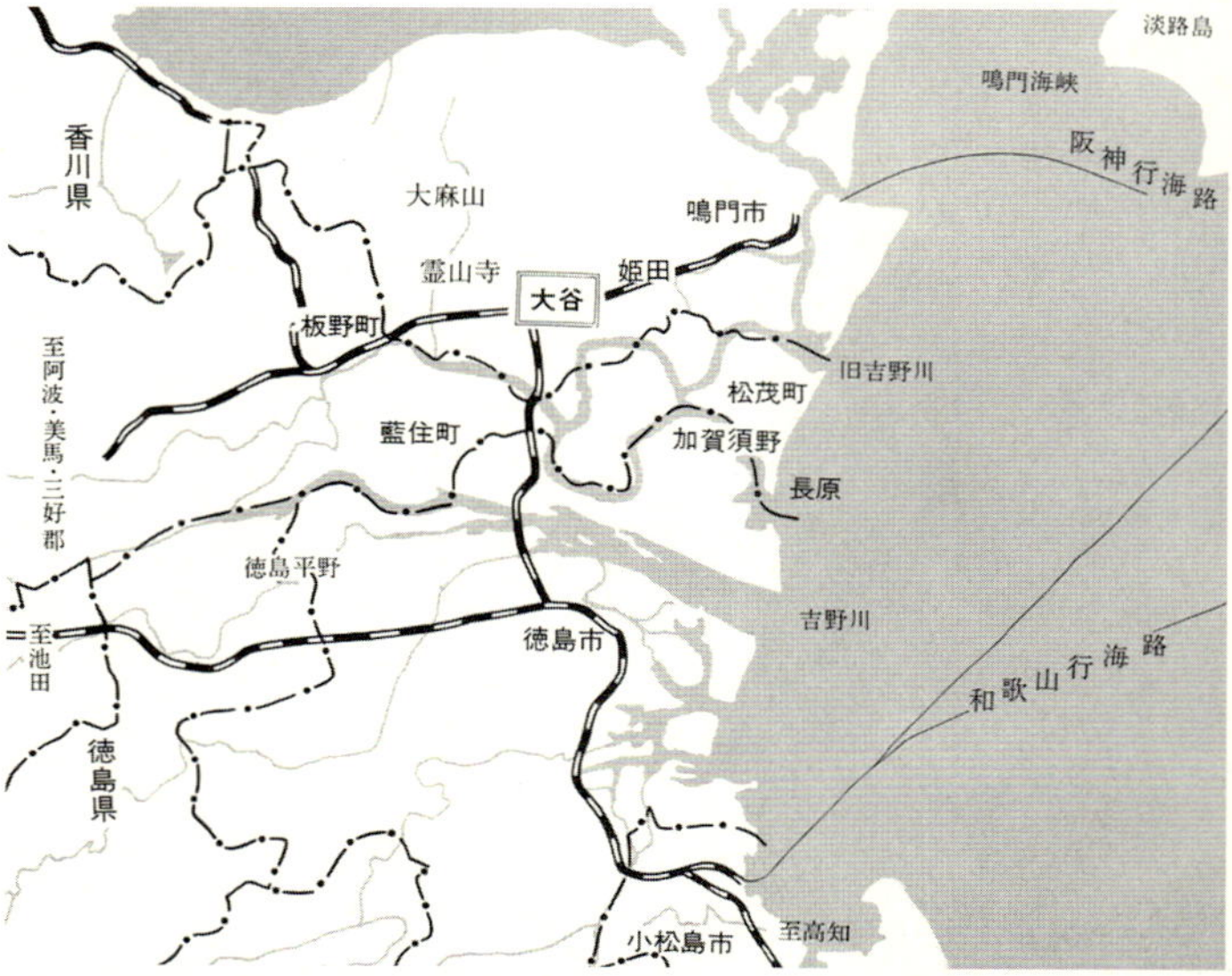

甕《かめ》といえば、かつての生活必需品であった。水を貯えたり、味噌や醤油を作ったり、漬物を漬けたりするための容器であった。そして全国各地の窯場《かまば》で、大小さまざまの甕が作られていた。その中で大きなものになると、一石（一八〇リットル）以上入るものがある。そのような大きな窯は、焼酎《しょうちゅう》の仕込みや藍《あい》染《ぞ》めに使われることが多かった。特に、それが西日本によくみられる。大きな甕を作るのが得意であった窯場として、肥前塩田（佐賀県武雄《たけお》市橘《たちばな》町）と阿波大谷（徳島県鳴門《なると》市）があげられる。肥前の甕は焼酎の仕込み窯として、また大谷の甕は藍甕《あいがめ》として、それぞれの業者の間には名が知られていた。

阿波大谷へ　肥前の大甕については以前、『あるくみるきく』四二号〔本巻八頁に収録〕で述べた。今回は大谷に足を向けてみる。大谷は、徳島平野のはずれにある。前にはどこまでも広い田圃が広がっているが、後はすぐに山が迫ってきている。

この大谷の集落のはずれに、東林院《とうりんいん》という真言宗の寺がある。東林院は四国遍路八八カ所の第一番札所霊山寺《りょうぜんじ》の奥の院である。松林に囲まれた静かな霊場である。境内のあちこちに、石塔や石仏が建っている。無数の無縁仏の石碑がピラミッドのように積まれている。そんな中に陶碑が一つある。飴色の釉薬《うわぐすり》のかかった砲弾型のもので、表に『阿波陶祖之墓』という文字が刻まれていた。元は小さな石の墓であったのが、昭和二二年に窯場の人たちによって陶製のものに作りかえられたそうである。裏面をみると、次のような文が記されていた。

「安永九年五月豊後国《ぶんごのくに》文右ヱ門ナル人各地ヲ遍歴シテ大谷村ニ来リ　創シテ陶器ノ業ヲ村人ニ傳《つた》フ　初メ旧藩ノ庇護ヲ受ケ製藍《せいらん》ノ盛ナルト共ニ大ニ発達スルモ時ニ盛衰アリ（後略）」

大谷の集落に入ってゆくと、そのほぼ中央部で大きな登《のぼ》り窯《がま》に出くわす。それは、まるで地面から三角形の小さな山が突き出しているかのようにみえる。普通に登り窯といえば、自然の山の傾斜面を利用しているものが多い。それがここでは、平地に土を盛りあげて人工的な斜

二人がかりの大甕作り。荒仕子が寝転がって足で轆轤を蹴って回し、職人が大甕を成形する

面が作られていた。巨大な芋虫のような窯が、その斜面いっぱいに這《は》い登っている。トタン葺きの屋根がそれを覆い、煙突が高くそびえる。

裏庭に転がる大甕　現在、大谷には四つの窯元がある。そこでは、今はやりの民芸品が作られている。湯呑茶碗、酒器、皿、花瓶など。全般的に形の小さなものが多い。色は化学釉薬《ゆうやく》でかなり自由に出すことができる。それらの品物が、新しく建てられた陳列室に並べられている。最近では、ここに観光バスを連ねた客もやってくるようになってきた。こういった流行現象は大谷だけに限ったものではない。全国の窯場のほとんどが、日常生活に直接必要な品よりも、装飾や鑑賞用の品を作るようになってきている。二〇年前あたりと比べてみると、窯場の表情が大きく変ってきているといえる。

　しかし、窯場の裏庭には以前作られた大甕がころがっていた。草むらの中にいくつもころがっている。口が広く、底が狭まった形のもので、丈《たけ》が一メートル以上もある。色は黒に近い茶紫色で、滑らかに光っている。そこで、窯元の一人が話してくれた。

「この大谷の甕はでんな、おもに藍甕《あいがめ》として作られたもんです。江戸時代の半ば過ぎやと思いますが、この阿波で藍作りがさかんになりまして、それでまあ大谷焼も繁盛したんでんな。へえ、藍というのは木綿《もめん》なんかを染める植物染料です。その染め甕をここで作ったわけです。ですから、ここでは甕の呼び名なども、藍染めの方法からつけられておるわけです。だいたい藍甕には大、小二種類ありまして、大きい方が一石八斗入り、小さい方は一石三斗入りなんです。それを私たちは、大きい方を七分《ひちぶ》といい、小さいのを一〇貫といってます。それぞれの甕に、藍玉《あいだま》を七分目とか一〇貫目とか入れるとちょうど染めやすいからです。

　私らの若いころは、この大谷に一〇軒の焼き物屋《もん》がありました。おもに藍甕を作っとったんですが、その合間にもいろんな物《もん》を焼いたもんです。みんな日用品の雑器で

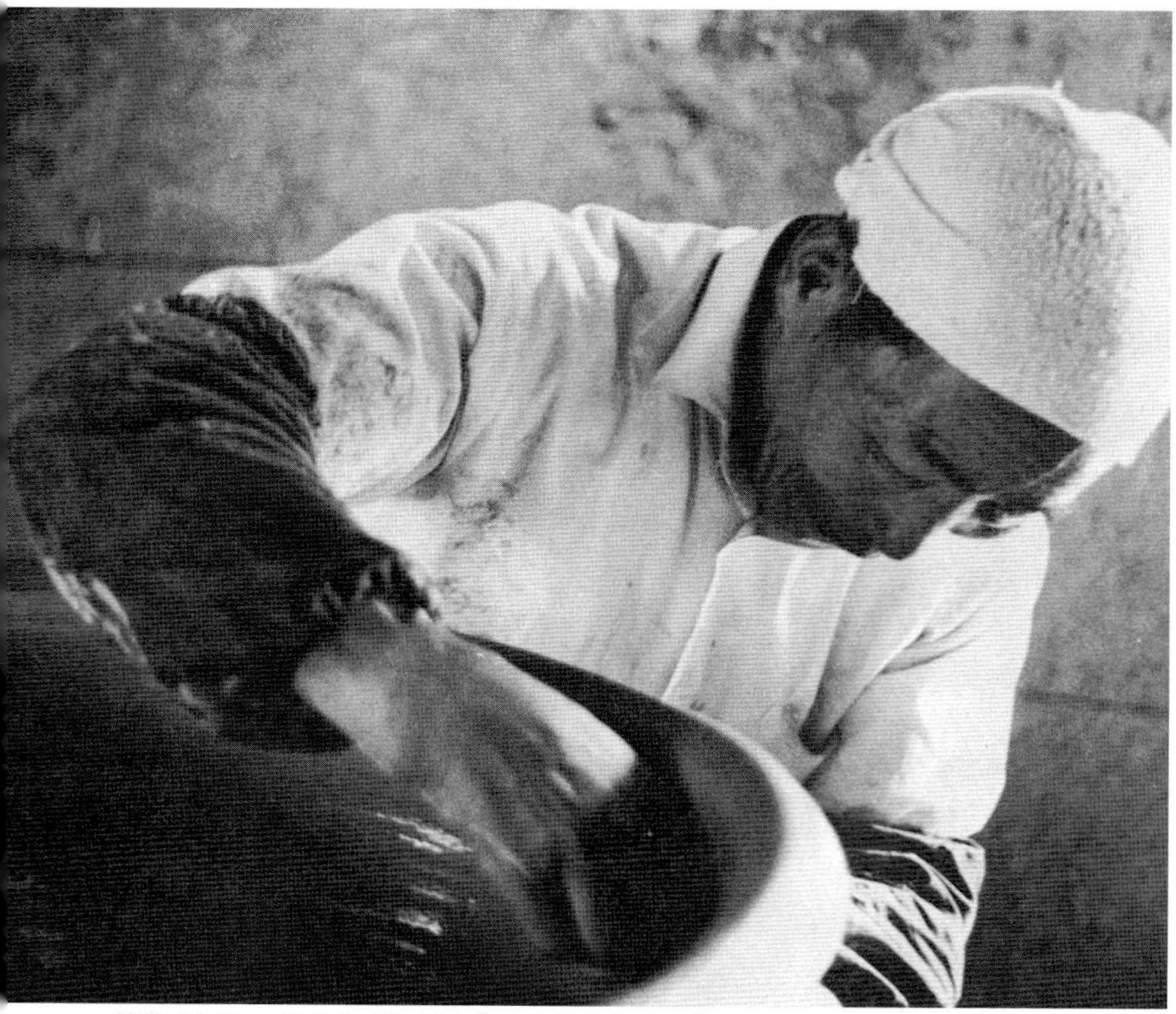

轆轤を回し、巻き上げた粘土を内と外から手で均していく。大甕作りには10年以上の修業が必要だという

んな。水甕は三升入りから三石入りぐらいの物までありました。徳利《とっくり》や醤油瓶《しょうゆびん》やなんかもよう作りました。ええ、洗面器のかわりに使った鉢から、ワンというていた便所甕までありましたなあ。終戦直後までは、そういった物がどこの家庭でも使われていたんやがね」

物置の隅から出してもらったそれらの残品をみると、すべてに茶紫色の釉薬がかかっている。飾り気のない形と、地味な色の陶器がかつての民家の台所などでは多く使われていたのである。

大甕作りの仕事場

大谷の窯や仕事場は、他の窯場に比べてみると広くて大きい。これは、形の大きな甕を作っていたからであろう。ある仕事場で、たまたま一石半入りという大甕を作っているのに出くわした。今はもうほとんど甕を作る機会はないのだが、製薬会社から、薬品入れの容器として特別注文があったそうである。

仕事場は壁が厚く、中は薄暗い。広い土間には、数本の屋根を支える柱が立っている。裸電球が、明り窓から吹きつける風にゆらぐ。大きな甕を作るのには、まずよく練った粘土を紐状に巻いて置き、轆轤《ろくろ》を廻して、それをのばして形にしてゆく。といっても、一度に全部の形が作られるのではない。三升入りの甕ぐらいまでは、一気に成形することができるが、それ以上のものになると何段かに分けて継いで作らなくてはならない。例えば、一斗入りの甕で三回継ぎ、一石入りの甕で五回継ぐ。まず最初に底の部分を作る。それが乾かないと、次の二段目を作ることができない。同じように三段目に継ぐには二段目がよく乾かなくてはならない。土を乾かすのにだいたい一日はかかるので、二石入り以上の甕を作るには一週間はかかることになる。

轆轤は蹴轆轤《けろくろ》が使われている。甕の二段目ぐらいまでは、だいたい職人が自分の足で蹴りながら作ってゆくことができる。しかしそれ以上高くなると、職人の足が轆轤に届かなくなってくる。そこで軸櫨を蹴る人が必要になる。職人は高いところになると、踏台に上って作る。

一人で回す方式の轆轤で甕を作る。二段目の上に紐状の粘土を巻きあげている

その下で、轆轤が別の人によって蹴られる。そのように職人の手伝いをする人を、荒仕子《あらしこ》とか若い衆とかいう。荒仕子は土間に寝て、轆轤を蹴る。一石五斗入りの甕といえば、最後の六段目が、甕の口になる。そこでは、ほとんど職人の背丈と同じぐらいになる。わずかな明り窓から入る光が、大きな甕と、踏台に乗ってその甕にしがみついたような姿の職人と、地面に寝て轆轤を蹴る荒仕子との影を作る。単調な轆轤の回転が、ゆったりと時間をかけて数個の大甕を作っていった。

荒物師と小間物師　この大谷では、職人を荒物師《あらものし》と小間物師《こまものし》とに分ける。荒物師とは、大きな甕などを得意とする職人で、小間物師とは、徳利や鉢など形の小さいものを得意とする職人である。現在では、もうほとんど荒物師がいなくなった。かつて甕作りの名人といわれた老いた荒物師が、静かに話してくれる。

「私は、小学校を出るとすぐに弟子に入りました。そのころは、藍甕やら水甕やらがよう売れておりましてなあ。百姓以外にまあ別にこれという仕事もありませんやろ、ですから職人や荒仕子がぎょうさん窯場におりました。荒仕子なんかは、この近辺だけやなく、淡路島や土佐あたりからも来ていました。はい、私はずっと荒物師として仕事をしてきました。職人には、他処《よそ》の土地の人はおりませんでしたなあ。

弟子の期間は、だいたい小学校を出てから徴兵検査までの間やから、五、六年でしょうね。最初の二年ぐらいは、使い走りにあてられまして、それから粘土《つち》を練るのから、窯焚きの手伝いからやりましてなあ、やっと轆轤を使わせてもろうたんです。そやなあ、一人前の職人というのは、三升入りから三石入りまでの、どんな大きさのもんでも作れることでしょうね。年期が終って一人前になると、戦争までは一個作ればいくらという出来高制で金をもらっていました。今は日当月給ですが、昔は腕がよければいくらでも儲けたもんです。

私は、昭和一、二年には他の土地で仕事をしてみました。他処の仕事を見てみようと思いまして窯元から暇をもらい、まず信楽《しがらき》（滋賀県甲賀郡）に行きました。そこで、火鉢などを作らせてもらい、少し金ができたので、今度は石見《いわみ》（島根県浜田市）に行きました。石見の甕は粘土もよく伸びて品《しな》がよいので、一年近く腰をすえて習いました。それから九州の福岡や佐賀の窯場を見て廻り、最後は天草《あまくさ》（熊本県天草郡）に渡りました。天草では肥前系の大甕を作っていましたね。はい、どこに行っても、腕に技術さえつけておけば置いてくれたもんですよ。そうして歩いてみて感じたことは、大谷の土はキメが荒いということでしたなあ」

上　大きな甕を焼く大谷の窯場風景。緩やかな傾斜のトタン屋根が登り窯
下　口を付ける前の半製品の甕が置かれた仕事場の土間

ここでは、粘土には附近の山の土を使ってきた。その粘土で作ったものを乾かして、釉薬《うわぐすり》をかける。釉薬には田圃の底土を使う。大谷の隣に姫田《ひめだ》という集落があり、そこでは瓦を焼いている家が多い。その瓦の粘土が田圃の土であり、大谷ではそれを水簸《すいひ》（水につけてよりわける）して釉薬に使っている。これに灰を加えるとよい釉薬になる。それには附近の農家の雑灰や、鳴門のワカメ干しに使った灰など集めてきた。それを窯で焼くと、茶紫色で光沢のある大谷独特の品物になってゆくのである。

船が運んだ大谷の甕

大谷の南の田圃の中を吉野川の枝流が流れている。幅が一〇メートルにたりないような小さな流れである。そこに石園《いその》の浜、西の浜、中の浜、渕が上という四つの船着き場があった。そこは、川の岸に杭が打ち立ててあったり、コンクリートで固めてあったりする。中の浜には今でも、一隻の朽ちた機帆船がつながれている。少し離れると、青々と広がる稲穂に豊かな水の流れは隠され、老船だけがいかにも場違いなところにポツンと置かれているようにみえる。しかし、そこはほんの一〇年も前までは大谷の窯場には重要な荷出し港であった。田圃の中の港である。大谷の焼き物は、おもに石園の浜から船で出され、後の三つの港からは、姫田の瓦が積み出された。

船主は、川下《かわしも》の加賀須野《かがすの》（徳島市川内町）や長原《ながはら》（板野郡松茂町）あたりに多かったようである。しかし実際に船頭だった人はもうほとんど亡くなった。かつて、船の仕事を手伝ったことがあるという老人が語る。

「船頭は、仲買人でもあります。窯が焼けた時、窯元に行って好きなだけ品物を買い入れます。それは藍甕だけでなく、一般の農家なんかで使う日用品も多くありました。姫田の瓦屋からも瓦を買いました。それで瓦を船底に積んで、その上に菰《こも》やら、藁《わら》を敷いて陶器を積んで出る方法が多かったようです。大きな藍甕なんかは、瓦とは別にそれだけ運んだこともあります。窯元から買う時には、前の回の支払もするわけで、船頭が行くと、窯元ではえらく酒をふるまってくれとりました。明治から大正、昭和のはじめごろは、月に一回ぐらいの割で船を出しとりました。窯もだいたい月に一回の割で焼いとったですからな。

右　窯に詰められた焼く前の器。器と器が接触しないように詰める
左　大型の睡蓮鉢の乾燥。釉薬を刷毛で塗ってから干す

船は二〇石から三〇石のもんが多かったなあ。船に荷を積んだら長原まで下るんです。大正時代までは帆を張る船やから、風が悪いと長原で何日も風待ちをすることもありました。おもに出した先は大阪、岡山、倉敷、福山、愛媛のあたりです。そや、淡路島や小豆島も通り道やからね、寄ってました。一番遠いんで、日向《ひゅうが》（宮崎県）にも出ましたなあ。行った先では、船に寝泊りして売って歩くんです。船を宿にするんやから金はかからんし、売れなんだら次の港に船を向けて行けば、ええのやから、結構儲かる商売でした。だいたい一石入りの甕で麦一石ぐらいの価だったと覚えてます。特に岡山方面にはよく出たんですが、帰りには備前のカボチャや、里庄《さとしょう》（岡山県浅口郡）の素焼のホーロクなどを積んで帰りました。素焼は、この大谷では土が悪いのでうまくできません。大阪からだと、呉服やいろんな商品を持って帰るんです。帰り荷がない時は石でも積まんと、船がよう走らんもんです」

　この田圃の港には、上流から焚木《たきぎ》を乗せた川船も下ってきた。焚木のことはソラ木という。ソラとは、美馬《みま》郡や三好《みよし》郡などの吉野川上流の土地を指す言葉だという。ソラ木は、窯を焼く燃料として重要だった。そして、そ

大谷焼きの積み出し用の運河

れらの川船もまた帰り路に陶器を積んでいったのである。

岡山と広島の農村にて　大谷から多くの焼き物商売が出たという岡山県から広島県にかけての地方を歩いてみた。

その地方では、たしかに大谷の焼き物が分布していることが、確かめられる。しかも、全般的に海岸や川に近い農村に多くみられる。特に多いのが、三升入りから一石入りまでの甕である。大谷の甕は、比較的に見分けがつきやすい。口が広く底が狭まっていて胴の膨みがなく、土が荒いのに釉薬が滑らかである。そして、肩口に黄土色の釉薬が流れているものが多い。それらは、一般の家庭では水甕や味噌甕に使われていた。また便壺になっていたところもある。特殊な例としては、高屋《たかや》（岡山県井原《いばら》市）や神辺《かんなべ》（広島県深安《ふかやす》郡）に一石以上入る大甕が多いことである。この地方は織物が盛んであったことから、染め物用の甕として多く入ってきているのであろうと思われた。

また、岡山県の吉井川流域の農家などには、大谷の甕の他に形の異なる甕があるのもおもしろい。備前焼《びぜんやき》（岡山県和気《わけ》郡）の甕と、丹波立杭焼《たんばたちぐいやき》（兵庫県多紀《たき》郡）の甕と、大谷の甕の三つが重なって同一地方から出てくるのである。しかし、よく確かめてみると、それぞれに入ってきた時代が異なるように思われる。備前では江戸時代中期以後には、あまり大きな甕は作っていないので、備前焼の甕はずっと古いもののようである。交通機関の未発達な時代には、そのあたりでは一番近い備前から甕が運ばれたと考えられる。丹波立杭焼の甕は、その次の時代に入ってきたものであろう。二年前に丹波立杭を訪れた時、九〇歳になる年寄りから、ずっと前には、備前や美作《みまさか》地方に甕や徳利を売りに歩いたという話を聞いたことがある。そうしてみると、大谷の甕が入ったのが一番新しいことになる。事実、土地の老人も、四国の甕が川船で運ばれてきたことを、よく覚えているのである。

もうほとんど日常の生活で使われなくなった焼き物であるが、こうした歩みを追ってみると、想像以上に広く出廻っていたことに驚く。そして、ただ焼き物が作られたということだけでなく、交通が不便な時代にも、広くその焼き物が出廻っていることが、本当の窯場のエネルギーを物語っているように思われる。

薩摩《さつま》の苗代川《なえしろがわ》

苗代川焼前史

鹿児島に、苗代川焼《なえしろがわやき》とよばれる陶器がある。一般には竜門司焼《りゅうもんじやき》（鹿児島県姶良郡《あいら》）とあわせて、薩摩焼《さつまやき》ともいわれている。苗代川というのは、古い地名である。そこは現在では、鹿児島県日置郡《ひおき》東市来《ひがしいちき》町美山《みやま》という。苗代川は、今から三八〇年ばかり前に薩摩藩主に連れてこられた朝鮮の陶工たちが住みついて、陶業をはじめたところである。

約三八〇年前というのは、豊臣秀吉が朝鮮に出兵した文禄・慶長の役（一五九二～一五九八年）を指す。その時に従軍した西国の大名たちは、朝鮮の陶器が優れてい

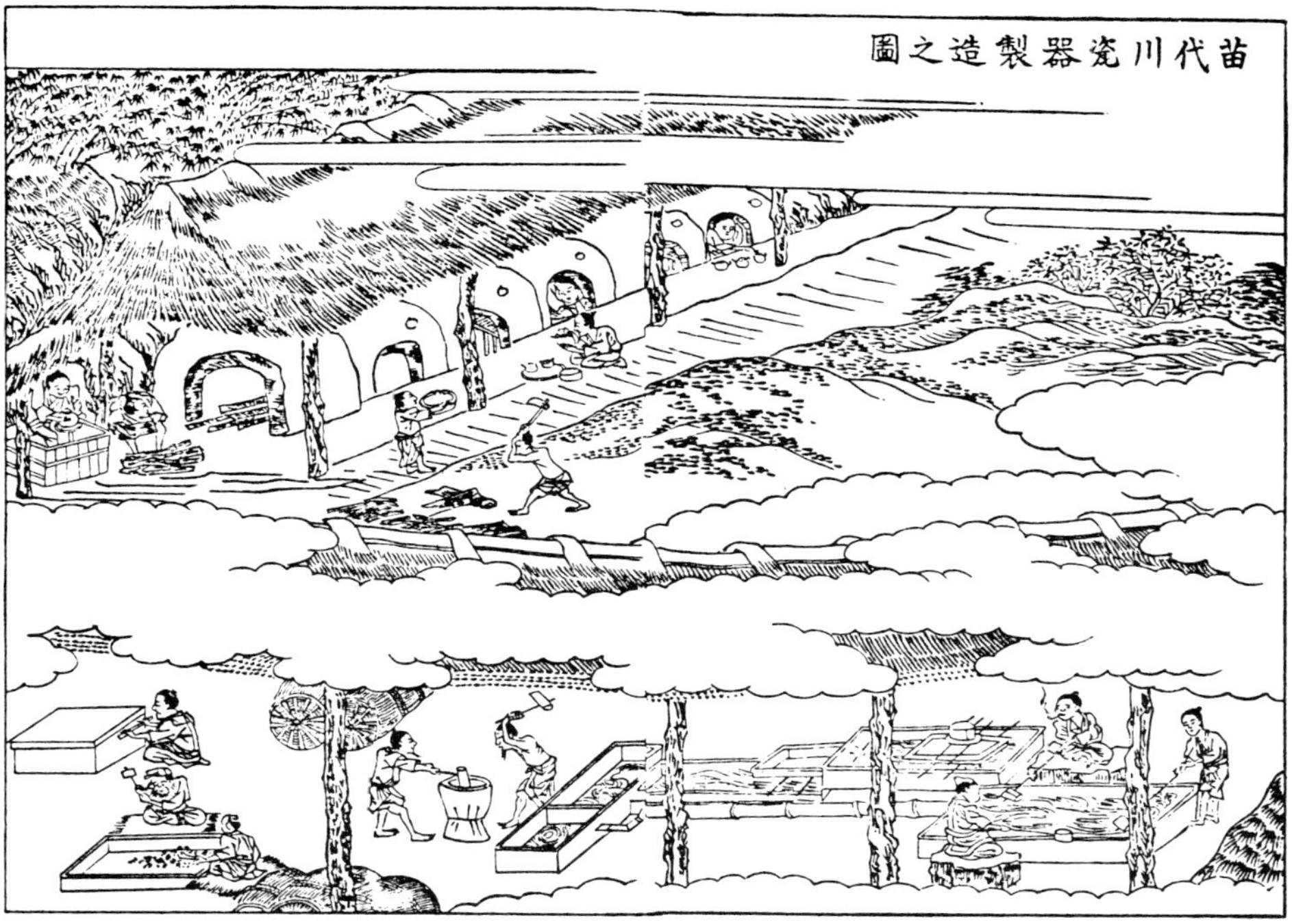

天保14年（1843）の「三国名勝図會」に描かれた苗代川の窯場のようす

ることに目をつけて、自国でも陶業を興《おこ》させるために陶工を召し連れて帰った。長州毛利藩の萩焼《はぎやき》（山口県萩市）や、豊前《ぶぜん》細川藩の上野焼《あがのやき》（福岡県田川郡）や、筑前黒田藩の高取焼《たかとりやき》（福岡県鞍手郡）などの起りがそれである。

　薩摩島津藩の苗代川焼もその中の一つである。そして苗代川では、その史実が最も明らかに残されている。他の窯場では、朝鮮から渡ってきた陶工たちがやがて日本人として扱われたのに、苗代川の陶工たちは明治になるまであくまでも異国人として扱われたからであった。それは、島津藩独自の政策によったのであろう。とかく島津藩の内政は、とかく琉球や中国との密貿易などにからんで複雑であるので詳細にはわからない。文政六（一八二三）年に書かれた『立野並苗代川焼物高麗人渡来在附由来記』などで見ると、苗代川の者は一般百姓や町人とは別の身分になっていた。姓ももとの朝鮮の姓を名乗り、他との縁組や転職が許されていない。しかし、そういう規制は受けたが、身分的には高く扱われた。藩主じきじきから特別な厚遇を受け、武士なみの屋敷や門構えが許され、扶持米《ふちまい》をもらっている。そういう扱いの中で、苗代川では江戸時代を通してずっと藩に納める陶器を焼いていたのである。そのあたりの事は、土地に残っている文書や、文人の紀行文にも記されている。

　やがて時代が新しく明治になってくると、異国人としての規制がなくなったけれど、藩からの保護も一切なくなった。それで周囲の社会に孤立しては生活もなりたたない。しかし、長い間隔離されてきた苗代川の人たちは、なかなかすぐには周囲の社会に受け入れられなかった。そこで、明治以後は苗代川の人たちにとって苦しい生活が続く。それでも、

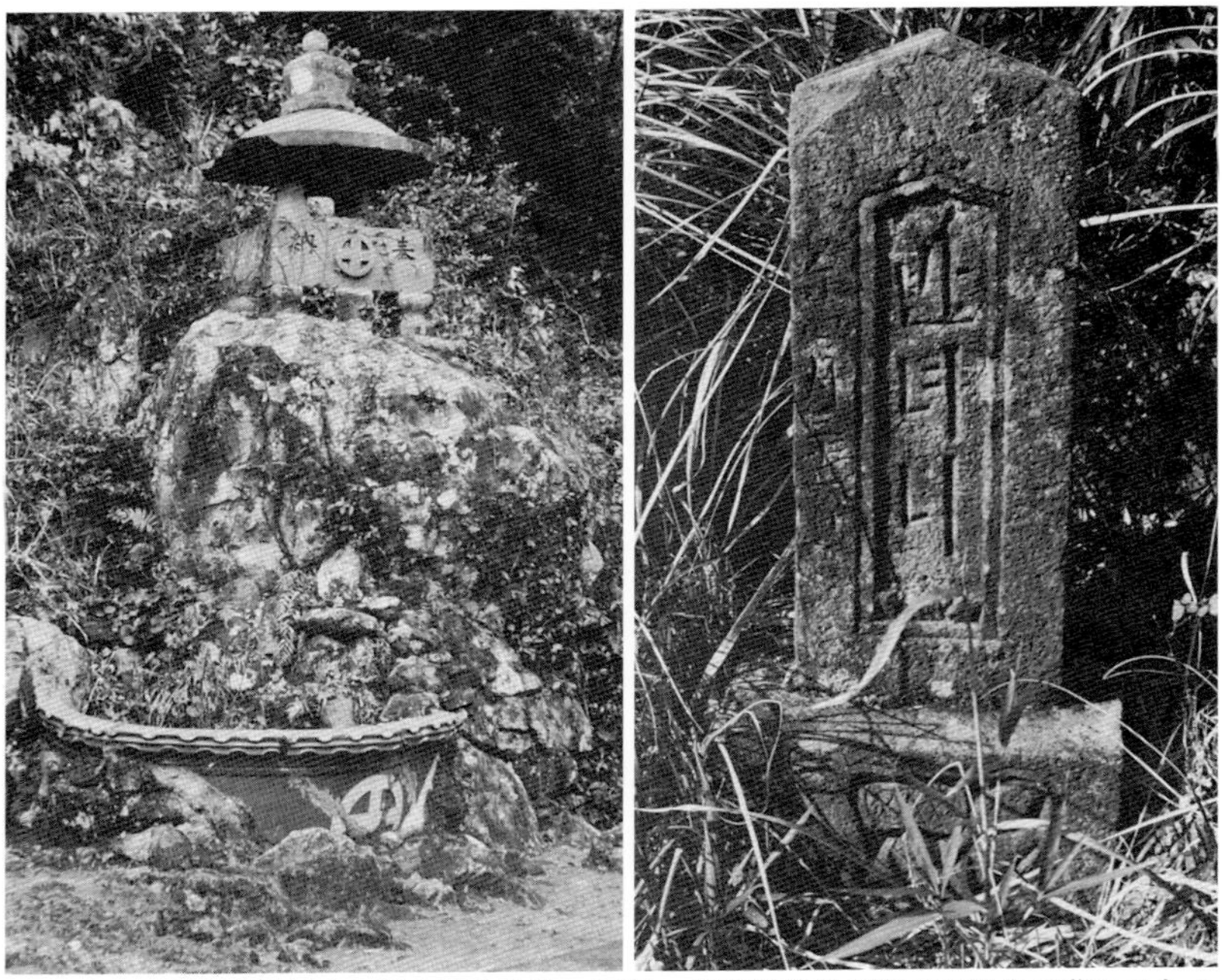

陶工の始祖「檀君」を祀る玉山神社の灯籠。右は苗代川の陶工の祖先の墓のひとつ

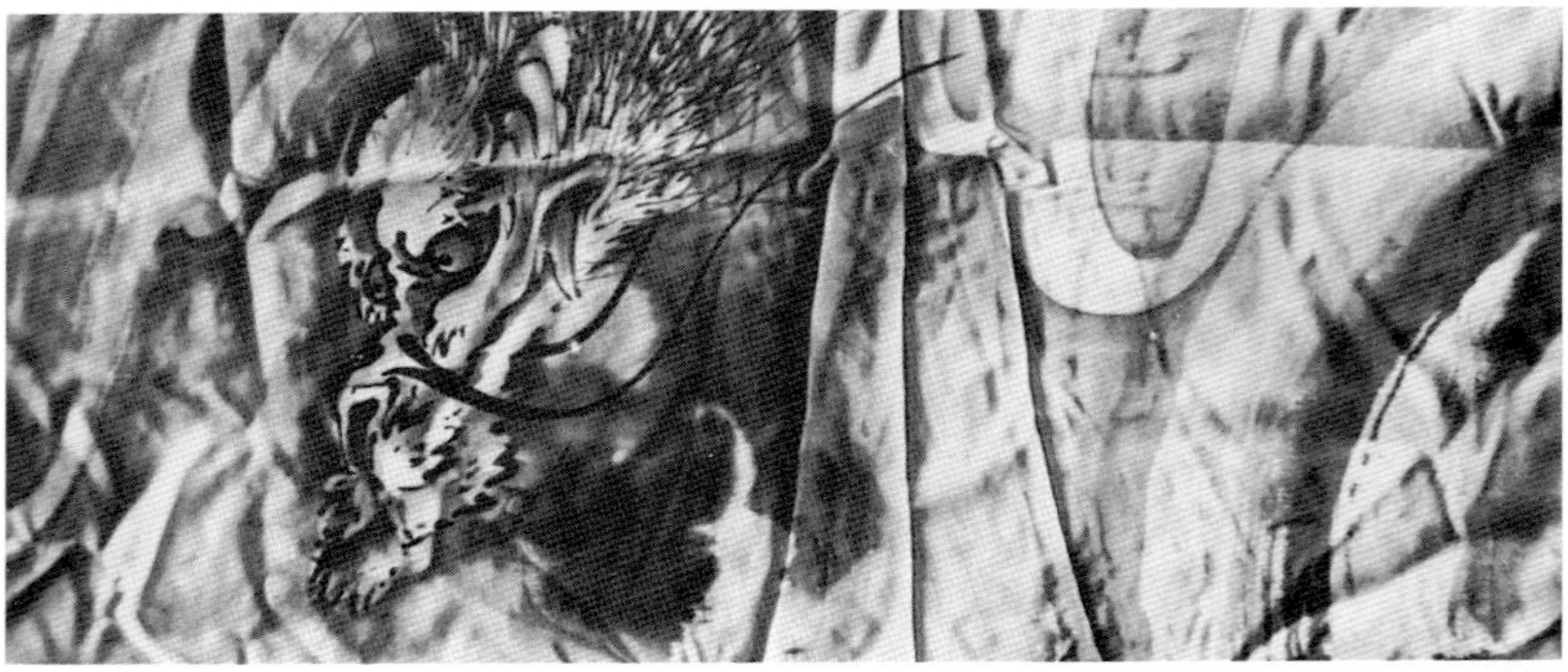

高麗神様の祭りに使われる長旗

村の人たちは窯場の火を消すことはしなかった。それは、その土地と仕事を愛し、先祖の歩みを大切にしてきた何人かの人たちがいたからである。

陶祖たちの墓碑

苗代川は、薩摩半島の西側で、海岸線にそった平地の中央部にある。そしてその集落だけが、小高い丘の上にある。斜面を松や杉の木立に覆われた丘の上には、田畑がほとんどない。家々は竹藪や樹木に囲まれており、その間を溝のような小道が折れ曲って続いてゆく。現在、ここには一二〇軒ばかりの家数がある。草葺屋根の家も多い。椿や梅の花も多く、静かで美しい集落である。

丘の上は、中央部が平で、東西の端がひときわ高い。その西側の高いところに墓地がある。笹竹の群生している斜面に、階段状に一軒、一軒の墓がある。それらを一通り見て廻ったところで、時代により墓の形式に変化があるのに気がついた。

まず最も古いと思われるのに土を円形に盛りあげただけのものがある。また、古い平石に稚拙な文字で「李氏元祖李□□夫婦墓　生年十八歳而当国来　寛永九壬正月二十日死」と記されているのもある。江戸時代の墓には、屋根がピンと張った厨子型のものが多い。それらには「浄山善遊居士」とか「春梅荘逝大姉」とかの六文字の法名が刻まれている。そのことからも、身分的には武士と同格であったことが知られる。それが明治時代になると、おもに四角柱の墓石になり『朴怒雲之墓』などとだけ記されるようになる。ここで村全体に、仏教から神道へと祭式が変ったことがわかる。これは、明治初年に特に薩摩地方で強かった廃仏棄釈の運動によるものだそうである。さらに大正、昭和の年号のものになると、

竹藪や生垣に囲まれた陶工の家。庭先にはクスリブネ（釉薬甕）が置かれていた

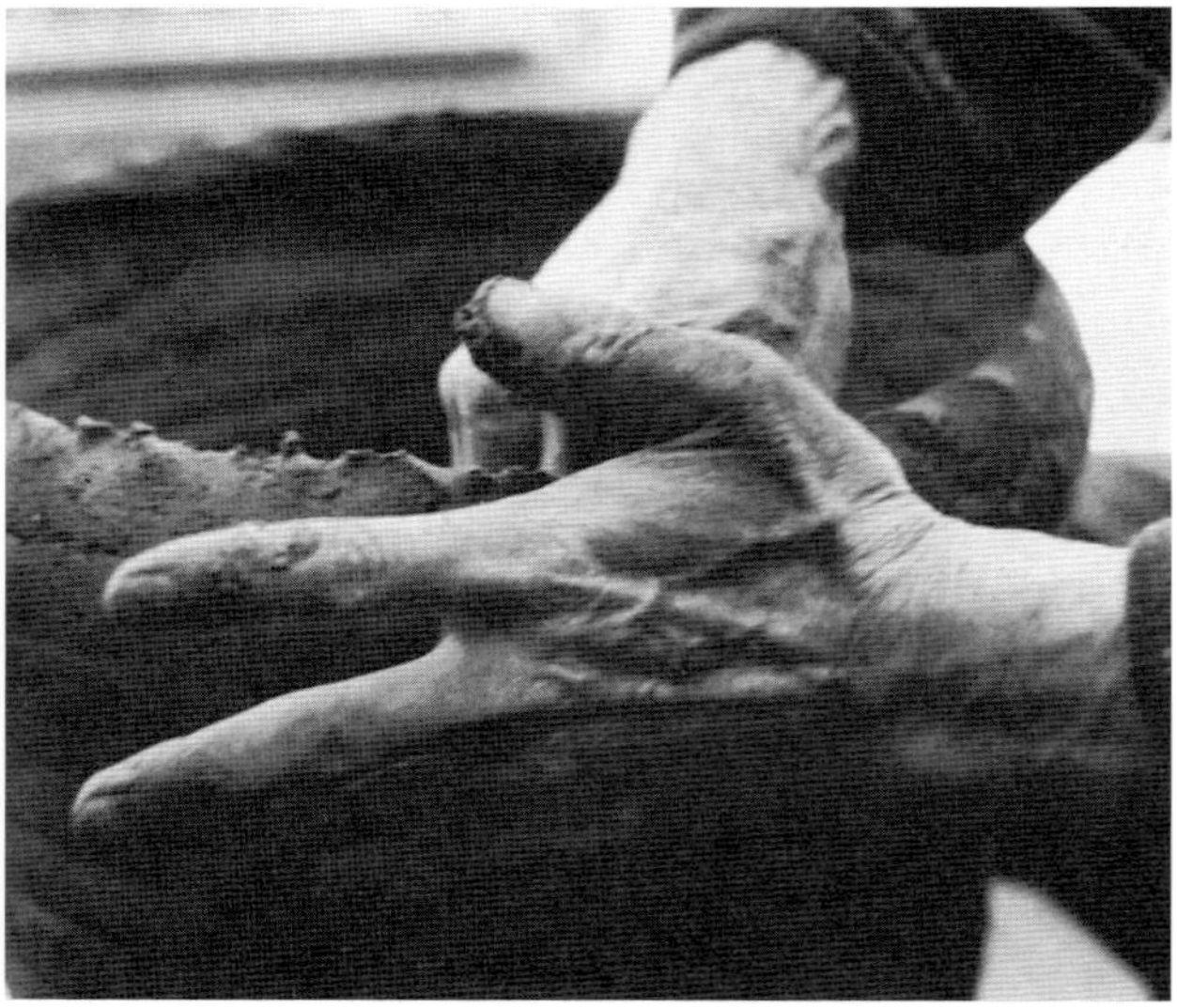

上　叩き技法の細工人。苗代川では陶工を細工人と呼ぶ
下　クイマ（轆轤）を回しながら紐状の粘土を巻きあげる

今度は姓が変ってくる。例えば朴という一文字姓が、鈴木というような二文字の姓に変っているのである。そういった変遷はそのままこの村の歴史を物語っている。

　村で一番の年寄りが、しみじみと語る。

「朴とか金とかの私たちの先祖の名は、高麗《これ》の国のものです。この村では、昔はみんなそうした名を使っていました。江戸時代には、島津公に召しかかえられて土地や扶持米をもらっていたから、高麗人《これじん》のままでも村の中だけで生活もなりたっていったのだと思います。

　それが明治から後の私たちの時代では困りましたねえ。焼き物《もん》を周囲の村に売り歩いてでも生活しなくてはなりませんし、子供たちは学校へも行きますのでどうしても村の外の世界とつながってきます。兵隊にも出ますしね。そんな時、姓が一文字であったり、生活の習慣が違っていたりすると辛いことも多かったものです。私たちは、もう何代も何百年も日本に住み、日本人のつもりでいても、周囲の村の心ない人からは、いつまでも高麗人だと指さされることもありました。私たちの若いころはせっかくまとまりかけた縁談も、それで壊されることも多くありました。生活が苦しいことと、そうした周囲の眼に耐えられなくなって、村を出た人もあります。明治はじめのころには三〇〇戸以上もあったのが大正時代に二〇〇戸ぐらいに減りましたからね。村に残った私たちは、何とかあたりまえの日本人として暮せるようになろうと考え、まず姓を変えました。それも簡単には変えられませんから附近の村の身寄りのない年寄りや後家さんなどのところに、強引に養子に入ったりしたのです。大正から昭和にかけては、役場の戸籍係の人にたのんで、無理矢理の戸籍の上だけの縁組みもしました。そのために、一時は、一軒の家で親子兄弟みんな姓が違っているような面倒なこともありましたが、終戦後になってやっと落ち着いたところです。私たちは、子供のころから日本人でした。たしかに祖先は高麗人だけれども、何代も後《のち》の私たちは日本人です。そういうことも、あらためて考えなくてはならなかった私たちの気持が、わかってもらえますかねえ。お国のためといえば、こぞって志願兵を出してまで、日本人であることを必死に示したものですよ」

轆轤を回して水で湿らせた皮で表面を均したり（右）、板で削って装飾をつける（左）

高麗神様の祭り

墓地の脇の石ころ道を登りつめると、玉山《ぎょくざん》神社がある。森の中の神社の境内には、焼きしめられた狛犬《こまいぬ》や、陶碑がある。その他にも人型だの馬型だのの置物や、陶製の奉納品がたくさんある。それは、いかにも焼き物作りを生業としてきた村の神社らしい。

村一番の物知りといわれる神主さんに話を聴く。

「この玉山宮の御神体には、朝鮮の始祖の檀君《だんくん》を祀ってあります。それだから私たちも、このお宮のことを高麗《これ》神様《がみさま》ともいっています。この高麗神様には、附近のどの村にもみられない独特の祭りが伝わっておりました。

大祭は、旧八月一四日の夜でした。その中心になるのは神社でなく宿《やど》です。宿は一般にいう当家《とうや》ですね。まず神主や氏子総代が夕方に神社で、檀君の御魂《みたま》を呼ぶ祭りをします。その時使う祝詞《のりと》には、朝鮮語のものを使いました。そうして呼んだ御魂は、宿にオクダリをします。オクダリというのは、御魂が村に降神することですが、私たちは竹竿に長旗《のぼり》をかけて、その上に御幣を立てて神社から下ります。オクダリが宿に着くころには、そこに村の人がみんな集まっています。

宿では、フトマンと神舞《しんまい》がありました。フトマンというのは神主が行う占いのことで、その道具として高麗餅《これもち》を使います。高麗餅は、蒸した米を搗かないでそのままかためたものです。それを神主が陶器のセイロに入れて頭上に揚げ、裏に返して下に落とすのです。下にはバラとよばれる竹籠が置いてあります。そこに餅が形を崩さないで表を上にして落ちれば、吉運になるのです。もし餅の裏が出たら、またやり直します。ええ、餅は占いをたてて欲しい人が、それぞれに作って供えるものです。このフトマンの時に、神主は呪文をとなえます。『アボラン　ナンナン　イクマド　コクサオ　ヘイガラ　ヘイウチ　オオミサ　トラセセン』と言うのですが、どういう意味なんでしょうかねえ。

神舞というのは、踊り手と楽人《がくじん》にわかれて、芸を伝えていました。衣装は山水画などでよく出てくる支那の古い着物に近いものです。舞い手は、手にハフライとシンカルを持ちます。ハフライは鈴でシンカルは剣のことです。楽器は、大小の太鼓と鐘の他に、シバ笛がありました。シバ笛は木の葉を折って、それを唇に当てて吹くものです。

こうした古い形の祭りも、明治以後はだんだんと形をかえ、いつの間にか曖昧《あいまい》になってきてしまいました。私たちの時代になってからは、むしろそういった形式を積極的に変えてゆこうとする気持も強くありました。高麗人の習慣を日本のものに直してゆき、周囲の社会に対して同じようでありたいと思ったからです。

明治初年には、祭神に霧島神社（鹿児島県始良郡）からニニギノミコトの分御魂を呼んできて祀るようになり、同時に祝詞も日本文になりました。それから神舞も

上　巻き上げた粘土を内側に当て木をして外から叩いてのばす
下　紐状の粘土を巻きあげてのばしていく

やらなくなり、衣装も変りました。最近では、オクダリの時も長旗のかわりに神輿《みこし》をかつぐようになってきまして、もう古い形は全くみられません。

はい、今にして思えば、由緒ある祭りをなぜそのまま残さなかったのかと残念でもありますが」

白物《しろもん》と黒物《くろもん》

苗代川の焼き物は、大きく二つに分けることができる。白い色の焼き物を白物といい、黒い色の焼き物を黒物という。白物は、もともと藩主に献上するために作られた上手物《じょうてもの》である。従って、花瓶とか香炉とか置物とかの、鑑賞用の陶器が多い。これは、明治以後も輸出用などにつくられた。一方黒物は、一般の家庭生活に使う日常雑器である。これは江戸時代中期に献上品と区別するために黒の釉薬を使うことで、藩から許可されたものである。特に明治以後には、よく作られた。その他に江戸時代末には、肥前から職人を呼んで磁器を作らせたがそれは長くは続かなかった。

江戸時代には、村の家のほとんどが陶業に従事していたらしい。藩用の窯と細工小屋が村の南にあり、そこに通っていって仕事をしていた。そのことは天保一四（一八四三）年に作られた『三国名勝図會』をみると、よくわかる。

明治時代末は苗代川の家数も二〇〇軒ぐらいに減り、その中の七〇軒ぐらいが焼き物を作っていたそうである。窯は、四つあった。一〇人から二〇人が共同で所有して、使っていたのである。それが戦後になってくると、日常生活用の陶器の需要が減り、しだいに焼き物作りから離れる人が多くなった。最近では共同窯の組織も崩れ、残った一一軒の家が、それぞれに個人の窯を持って焼いている。

今でも、古い細工小屋《せっくごや》で、昔どおりに黒物を作っている老細工人を訪ねてみた。その家は、笹竹の垣根の中にあった。草葺屋根の母屋の前庭には、大きな植木鉢が並んでいる。粘土で作ったばかりのものを乾燥させているもので、まだ土肌が水分を含んで光っている。

細工小屋は母屋の西側にある。瓦とトタンと両方で葺かれた屋根が低い。周囲の土壁が厚く、天井も竹簾《す》の上に土が塗られている。それで冬期の寒気を防ぐ。寒ければ、粘土が凍ってしまうからである。土間に立つと、冬でなくてもひんやりとする。その土間はテカテカと光るぐらいに固められており、埃《ほこり》もたたない。土間の表入口の板戸が一枚と、ビニール布を張った古障子が一枚たてかけてある。その古障子に近い土間の地面が掘下げられて、その穴に轆轤がすえられている。

地面に板を敷いて、それに腰かけた一人の老人が、轆轤を足で蹴る。まず、一握りの粘土を轆轤に置き、それを木槌で平らに叩く。それが鉢の底になる。それから上に紐状に練った粘土を巻いて置き、内側に木製のあて木を当て、外から叩き板で叩いて成形してゆく。轆轤の廻る音と、粘土を叩く音が快く響く。トントントン、トントントン。

老人は、わずか三〇分ばかりで、直径が一尺以上もある植木鉢を作りあげた。そして土のついた手でキセルをとり出して、煙草に火をつけた。

黒物（黒い色の焼き物）。種々の生活雑器。
中でも焼酎入れの黒物は種類が多い
下は叩き細工の道具類。朝鮮語の呼び名
が残されている

「ええ、仕事のことですか、ここではセック（細工）といいますよ。同じ具合で、職人のことがセックニン（細工人）で、仕事場のことがセックゴヤ（細工小屋）です。轆轤のことも、私らはクイマ（車）といっています。クイマのすえてあるとこが、クイマアナ（車穴）です。道具にも名前があります。みんなめいめいで作ったがらくたのようなものですが、昔から伝わっているものです。さっき見ていただいたように、物を叩いて作る時、内側に当てるのをトケイといい、外から叩くのをシュレといいます。仕上げに土を削るへらをフッテと呼び、底切りのへらをピーコセと呼びます。また、手水鉢をブッサといい、粘土の踏み台をバンコともいいます。正確な意味は、私らにはもうわかりませんねえ。

　そうです。タタキというのは、さっきのように巻いた粘土を、トケイとシュレで叩きつけながら形を作ってゆく方法をいいます。それに対して、粘土を手の指だけでつまんでのばす方法をヒキといいます。だいたい甕とか鉢などの形の大きいものにはタタキを使います。私もヒキよりはタタキの方が得意です。タタキで直径が二尺以上もある鉢などを作る時には、その中に天井から炭火を入れた火鉢を下げて、鉢の底の方を乾かしながら上を作ってゆきます。そうしないと重みで形が崩れるからね。

　こうしたセックは、自然と親から子供に伝わっていったものです。修業というほどのものもなく、親の手伝いをするうちに、粘土掘りから窯焚きまでを全部覚えるのです。ここでの仕事はほとんど家族内のもんですから、男がセックをしておれば、女、子供が粘土を練ったり、釉薬《くすり》を掛けたりしておるわけです」

白物の置物。薩摩藩は幕末、磁器を苗代川でこっそり焼かせ、高麗焼と名づけて長崎で売った

老細工人《せっくにん》の皺の深い手が、たえずかすかに震える。軽い中風にかかっているという。それでもセックをする時にはぴたりと直るんだといい、顔をくしゃくしゃにして笑った。

苗代川焼の今

「私らが仕事を始めてから、終戦直後ぐらいまでは、この黒物は結構売れました。だから明治以後は苗代川焼といえば、黒物がほとんどです。ハンズ（水甕）、擂鉢、壺、大根おろし、蒸籠《せいろ》（蒸し器）、徳利、黒チョカ（酒器）、それから尿瓶《しびん》、湯タンポ、カスメ（蚊いぶし器）まで作りました。とにかく、ほとんど何でも作りましたねえ。それを、みんなで陶器組合を結成して、そこから鹿児島市内など各地の店に出していました。しかし組合では一級品しか引き取ってくれないし、儲けも少ないので、みんなそれぞれに家族で行商に出てゆきました。行商といっても市《いち》に持って行ったのが多かったです。串木野《くしきの》（串木野市）や伊作田《いさくだ》（日置郡吹上町）や樋脇《ひわき》（薩摩郡樋脇町）などでよく市が立っていました。焼き物だけでなく、竹細工も金物《かなもん》も呉服も出ていたので、附近の農家の人がよく買いに来てくれていました。市はだいたい冬に多いので、秋から冬にかけてはまるで市に出すために品物を作るようなものでした。さあ、もうそういう売れ方がなくなってから一〇年以上もなりますかねえ」

この話を聴いた後、鹿児島県の西北部の農村を廻ってみた。宮之城《みやんじょう》（薩摩郡宮之城町）や川内《せんだい》（川内市）近辺の農家では、苗代川の焼き物が焼酎を入れる甕や徳利によく使われていたようである。まだ縁の下や納屋の片すみにころがっているものもある。ハンズ（水甕）も多い。そして、土地の老人などもそれらは串木野あたりの市で買ったものである、という。

さらに北部の大口《おおぐち》（大口市）や出水《いずみ》（出水市）あたりになると、苗代川の焼き物よりも、肥前有田（佐賀県）系の磁器が広く分布している。尋ねてみると、それらは、熊本県水俣《みなまた》市の八幡神社の祭市で買ったものが多いようだ。こうしてみると苗代川の焼き物は、おもに市を通して日置郡一円と、川内川《せんだいがわ》流域の農村に出たようである。

今、苗代川で焼き物を作っている人は少ない。それも、鹿児島のみやげものといったふうな小さな民芸品が作られることが多い。

老細工人が言う。

「まあ、それはそれでいいじゃあありませんか。さびれるというのでなく、これは時代の流れですから。ただ、私はもう年だしこの古い方法でやってゆきます。ええ、食べるぐらいの銭にはなりますよ。大きな蘭鉢《らんばち》を作ってくれという人もありますし、先日は鹿児島市の菓子屋から、菓子の粉を練るのにはやっぱり昔どおりの焼き物がええといって、大きなカルカン鉢（練り鉢）の注文がありましたよ」

沖縄《おきなわ》の壺屋《つぼや》

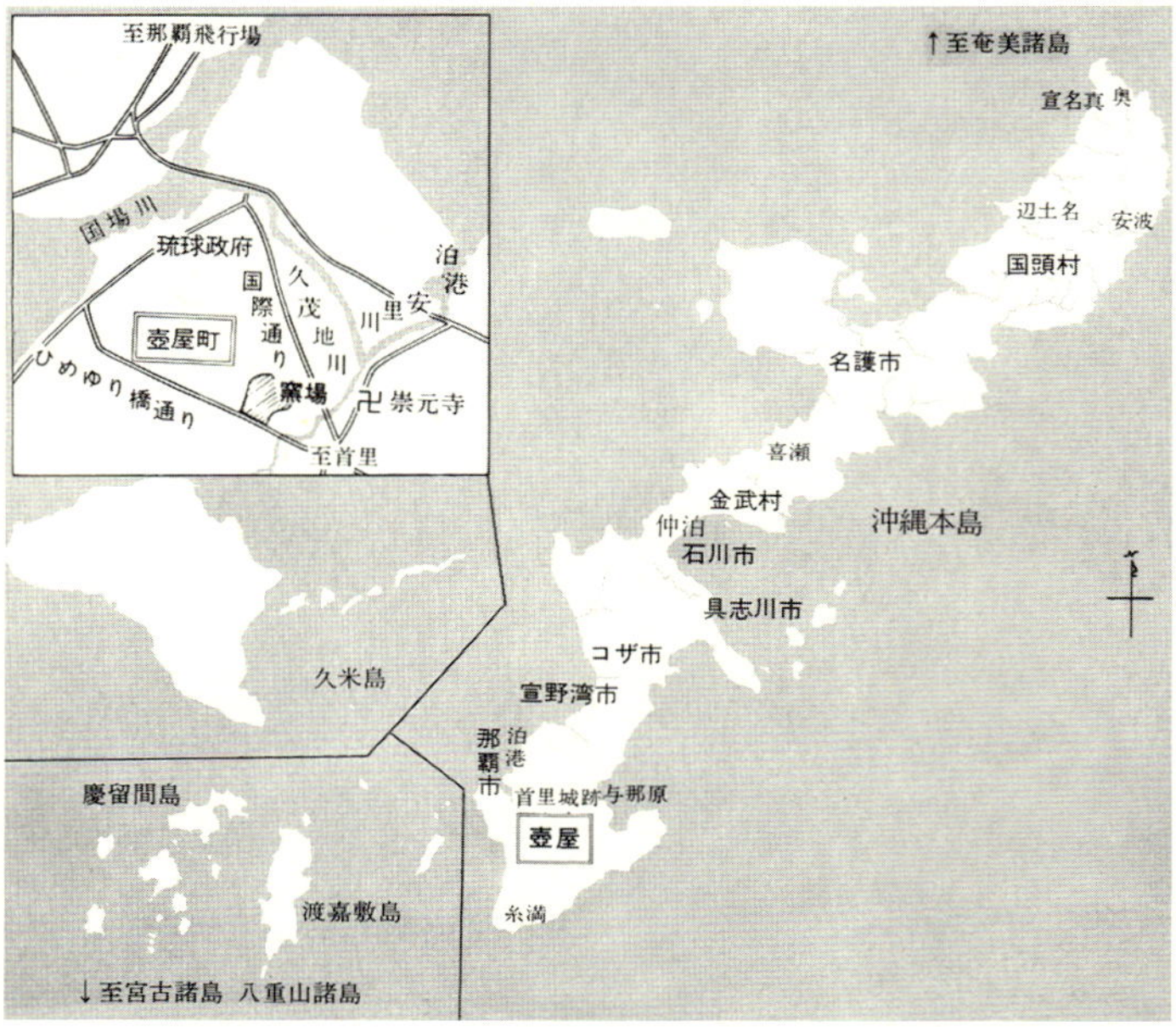

そして最近、この老細工人のところに弟子が入ってきた。その人はこの村に生まれたのだが、学校を出た後、一〇年以上も東京に出て会社勤めをしていた人である。それが都会の忙しいだけの生活に満ち足らなくなり、妻子を連れて故郷に帰った。そして、この村の支えてきた仕事をやってみようと思ったのである。

老細工人の隣で、その若い細工人もクイマを蹴り、粘土を叩く。

トントントン、トントントン。

戦時・占領下の壺屋

沖縄の空と海とは、完璧なまでに青く、美しい。そしてひとたび陸の上に眼を向けてみると、いうまでもなく戦後の沖縄列島は、複雑で割り切ることのできない表情をみせている。

しかし、そこに住む人たちの多くは、臆することもなくその土地の文化を守って生きてきた。

ここにあげる壺屋の人たちもそうである。壺屋というのは、窯場のことである。その壺屋で、焼き物を作っていた老人が語る。

「なんといったって、あの米軍の上陸には驚きました。その前の日まで、日本軍の注文でガイシや食器を作って、窯に火を入れていたんですからね。それで急いで、わずかな食糧と着物を持って、はい、壺屋の人はほとんどが国頭《くにがみ》村の山に逃げてゆきました。山道ばかりを歩いてゆくのです。それで国頭の山の中に木の枝や葉で小屋を作って、住みました。

食糧はないので、山で木の実を採ったり、ソテツの芯などを食べました。それも食べ方を知らないので中毒を起したりして、さんざんな目に会いました。わずかの期間の逃亡生活でしたが、そこで私らには焼ち物《もん》を作る他には何も能がないことを知りました。

そうしているうちに米軍につかまって捕虜になりました。親兄弟を山の中の生活で亡くした者もおれば、生き別れになった者もおります。捕虜になってからは、私たち壺屋の人間は中部の金武《きん》に集められ、瓦と食器を作るよう命じられました。しかし、私たちは焼ち物を作るなら自分の家に帰りたかった。そこで、金武では作れない

クイマ（轆轤）は地面に穴を掘って据えられている。右足で蹴って回す

といって焼け野が原の那覇に帰りました。それから昭和二六年までの間は、米軍の指令どおりの焼ち物を作りました。それは、物資が不足しているので各村に配給で送るための日用品ばかりです。

　昭和二六年になってやっと米軍から解放されて、自分たちで自由に仕事ができるようになりました。この時は嬉しかった。さあこれからやってやるぞっ、と思いました。壺屋をきっと元どおりにしてやるぞっ、とね。今、考えてみると、終戦後しばらくの間が、最も緊張していて元気が出せた時ですねえ」

上焼《じょうやち》と荒焼《あらやち》

　壺屋は、那覇市街のほぼ中心部にある。しかし、そこは戦前までは田畑に囲まれた郊外地だった。記録によると、一六八二年の尚貞王時代に、美里《びざと》郡知花《ちばな》村や首里宝口や那覇湧田《わきた》などに散在していた小さな窯を、この土地にまとめて移したとされている。そして、そのころ薩摩の苗代川からも職人が渡って来て、朝鮮の技術を伝えている。そのことは、苗代川《なえしろがわ》の文書にも残されている。

　壺屋の焼き物は、上焼と荒焼とに分かれている。上焼とは釉薬をかけたものであり、荒焼とは土のまま焼きしめたものである。上焼と荒焼とでは、その土の質や技術でも大きな違いがある。

　歴史的には、荒焼の方が古くからあったのであろう。これはナンバンとも呼ばれるところから、南方から伝ってきた焼き物とされている。荒焼では、生活雑器の中でも特に形の大きなものを焼いた。ハンル（水甕）やトックイ（焼酎壺）や厨子甕《ずしがめ》などである。土肌をむき出しにしていて何も飾り気もない。あくまでも実用一点張りのものである。

　現在では、荒焼の窯元は一軒だけになった。それは、那覇の目抜き通りから壺屋に入ってゆくと、とっつきにある。長い登り窯があり、その脇に大きなガジュマルの樹がある。ガジュマルは、熱帯常緑性の巨木である。無数の太い枝葉がうっそうと繁り、そこからまた無数の枝根がたれ下っている。その樹の下には、一面に焼き損じた陶器が堆積している。

　登り窯や仕事場の屋根は、沖縄独特の赤瓦で葺《ふ》かれている。その瓦は一枚一枚が漆喰《しっくい》で止められている。赤い瓦と白い漆喰と、青い空が実に美しい。

　仕事場は、壁が少なく、吹き抜けの土間である。地面に穴を掘って、蹴轆轤《けろくろ》がすえられている。轆轤のことは、ここでもクルマ（車）と呼んでいる。荒焼の粘土は、田畑の底土と山の土を練り合せたものである。附近から島尻《しまじり》（南部）にかけて掘ってくる。その粘土で品物を作る時に、ここでもタタキという技法を使う。タタキというのは、紐状の粘土を巻いておき、内にあて木を当て、外側から叩いて成形する技法である。その技法は、九州の唐津《からつ》や多々良《たたろう》（佐賀県）と苗代川（鹿児島県）の窯場にもみられる。これは、特に形の大きいものを作るのに適しているようである。タタキに使う道具にも一つ一つの名前がある。底の部分を平らに叩く槌がブイといわれている。巻き上げた粘土の内側に当てるものがティジクンであり、外から叩く板がイビラである。

ガジュマルの木陰にある沖縄壺屋の窯。厨子甕や植木鉢や焼酎甕などの生活雑器を焼いている

　つい最近まで仕事をしていたという、元気な老人の話である。

「昭和のはじめごろには、十数軒で荒焼を作っていたと思います。はい、そのころ窯は三基ありました。共同で使っていたわけです。といっても、窯の所有者は一人の人ですから、他の人は使用料を出して一窯を借りて焼くわけです。

　はい、一人前の手間というのは決っておりました。一斗入れの甕のことを、壺屋の中ではジューロクグワァーといいます。これは一人前なら一日に一六本作ることができるということなのです。同じように、二斗入りがジューニグワァー（一二本）、四斗入りがハチフヌ（八本）といわれています。それが一人前のセークの一日分のツーテマです。セークは職人のことで、ツーテマは日当分の仕事ということです」

上段　沖縄の農村では、水瓶などの陶器がまだ日常に使われていた
　　　撮影・西山昭宣（左）、伊藤碩男（右）
左中　パナリ焼きの壺類（石垣市竹富島）　撮影・伊藤碩男
左下　骨を収める厨子甕（沖永良部島）　撮影・伊藤碩男

　上焼は、壺屋が形成されてから、新たに釉薬を使って作られたといわれている。上焼も、もともとは生活の実用品として作られた。茶碗や皿、茶入れ壺、塩入れ壺、油入れ壺や、カラカラと呼ばれる酒器などである。荒焼に比べると形の小さいものが多い。これらの焼き物の中で碗や皿のたぐいには、淡く白い釉薬がかけられており、それに赤や黒や青の釉薬で絵が描かれているものが多い。その絵は草花の模様から、幾何的なものまである。線が太くて素朴な絵柄である。絵付の他に、土肌に線で模様を彫ったものもある。壺のたぐいには、黒くて光沢のある釉薬がかかっているものが多い。

　特殊な例として厨子甕がある。これは、家の形をしたもので屋根が蓋となっており、中が空いている。屋根にいろんな装飾がついており、色も多彩である。沖縄では、洗骨《せんこつ》という儀式がある。死体を、死後ある期間は木棺に入れて墓に入れておく。墓は、斜面に石やコンクリートで家型に作られており、中は部屋になっている。決った期間を過ぎると、家族の手で死体が出され、洗った骨がこの厨子甕に入れられるのである。上焼の厨子甕は、寺《てら》厨子《ずし》といって、もともとは身分の高い人の埋葬に使って

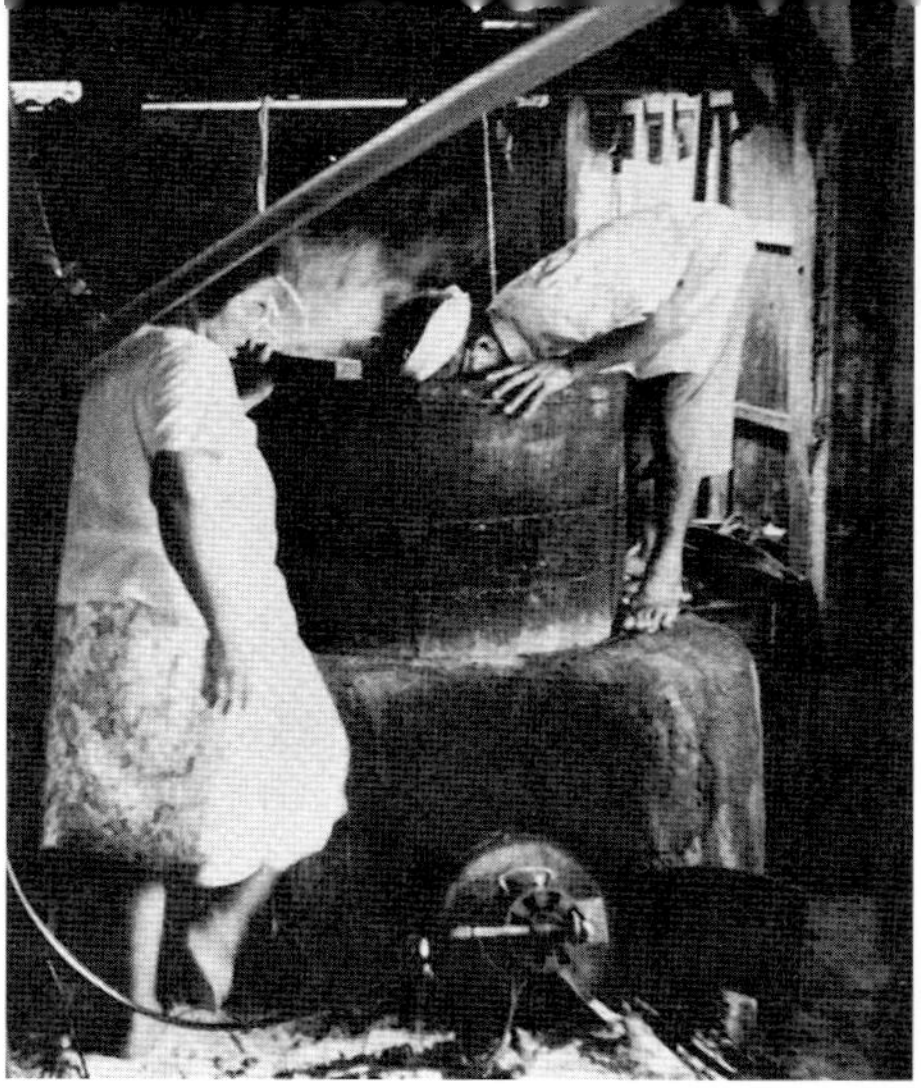

右上　焼酎を入れて売った壺。割れないように縄を巻いている
左上　泡盛用の米を蒸す釜　撮影・西山昭宣
左下　沖縄焼酎（泡盛）を仕込む壺　撮影・西山昭宣

いたらしい。一般用には、荒焼の筒型の厨子甕が使われていた。

ダチビン（抱瓶）も沖縄でなくてはみられない。三ヶ月型の酒瓶で、肩から水筒のように下げて携帯したものである。遠くの山仕事や畑仕事に出る時には、暑い沖縄では水よりも焼酎を好んで持って出た。その時に下げて歩いて、脇腹に安定して接する形がこれであるといわれている。

上焼の成形技術では、荒焼のタタキ技法は使わない。ヌビルといって、クルマ（轆轤）の上の土を手の指で引きのばしてゆくのである。あるいは寺厨子などでは、粘土を板にして張り合わせて作ってゆく。

上焼の土は、中部の仲泊《なかどまり》や喜瀬《きせ》あたりから持ってくる。ヤンバル船といって、沖縄で古くから使われた帆船が、戦前までは泊《とまり》港まで土を運んできていた。そこから伝馬船で川を上り、崇元寺《そうげんじ》で荷物をおろしていた、という。

壺屋焼の販路　壺屋の焼き物のほとんどは、つい最近まで日用の雑器として売られて出ていっていた。その出た先は、おもに沖縄本島全域と周辺の島々である。厨子甕などは、洗骨の習慣のある奄美《あまみ》大島諸島（鹿児島県）あたりまで出たという。

壺屋で聞いた話をまとめてみると、大きく三つの販路があったように思う。一つは市《いち》であり、一つは北部や島方から那覇に来たヤンバル船であり、もう

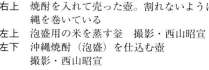

一つは泡盛《あわもり》の輸出である。

市のことは、ここではマチという。マチは戦前まであった。場所は何度か変ったが、那覇の中心街にあった。壺屋が品物を並べて売ったところを壺屋マチといい、漆器を並べて売ったあたりを若狭《わかさ》マチといった。このマチには、毎日、女などが頭上に品物を乗せて運んで、出していた。またこのマチには、他にも米や肉や魚を売る所も多くあったという。盆と正月前の一週間ぐらいは首里《しゅり》にも露店を出した。首里は那覇から少し離れた小高い丘の上の町で、以前は王城のあったところである。こうしたところに、食器や味噌入れ壺やカラカラなどの生活用具が出されており、那覇や首里に出てきた地方の人たち相手に売られていたのである。

かつては、北部国頭《くにがみ》や島々と那覇との交易も、ヤンバル船によりかなり頻繁にあったようである。国頭や島々からは木材や燃料用の焚木を那覇に運び、その帰り荷で逆に那覇の物資が運ばれていった。特に壺屋では、大量の土と焚木を必要とする。上焼の粘土は、中部から運ばれて来る。また窯を焼くための焚木は、北部国頭からたくさん運ばれて来ていた。そうした船が帰る時、おもに壺屋の焼き物や首里の焼酎を積んでいった。この話は壺屋から聞くだけではない。実際に北部国頭村を歩いてみると、どこの集落でもまだその話が聞ける。

沖縄本島の北部は戦火を受けておらず、古いままの草屋根の民家が多い。戦前までの那覇への交通は、特に荷物のある場合は船を使うことが多かった。辺土名《へんとな》や宜名真《ぎなま》などの西海岸からは泊港に運び、奥《おく》や安波《あは》などの東海岸からは与那原《よなばる》まで運ぶのである。そして泊や与那原からは、馬車などで壺屋まで運んだという。また沖縄本島に近い久米島《くめ》や渡嘉敷島《とかしき》でも、焚木を壺屋に持って行って焼き物と交換したという話も聞いた。

こうして、壺屋の焼き物の出廻った先を歩いてみると、どの村でもそれらは特に台所の生活の中で重要な役目をもっていたことがわかる。

北部や島々の村は、ほとんどが農業か漁業で生活をたてている。そして半農半漁という家も多い。そういうところではまた、つい二〇年も前までは自給自足的な食生活が多かった。そこでは、自然から採った食料だけでなく、いつでも使えるよう食料を加工して確保する。例えば、味噌である。どの家でも自家製のものを数個の壺に入れていた。漬け物もある。しかし、桶や樽が少ないのと暑さの関係で、野菜の漬け物は少ない。そのかわり壺に漬けることのできる小魚の塩漬けが多い。それに、油を入れる独特の壺も目につく。これは、正月などに一軒で豚をまる一頭殺して食べる習慣などがあり、その時の油をとっておいたものだという。豚一頭の油が、一軒家の一年分の食生活をまかなったという話も聞けた。そういうことからして、一軒の家で持っている陶器の量は少なくないのだ。

ところで、村々の台所をのぞいてみて一つだけ疑問に思ったのは、魚をダンゴにしたりカマボコにする習慣があるのに、擂鉢が少ないことである。聞いてみると、穀物や魚は擂《す》ってつぶすのでなく、臼で搗《つ》いてつぶすのだという。なるほど、木臼や杵は多くある。

流行に染まらぬ壺屋焼

さて、もう一つの販路である。首里では、泡盛という焼酎がたくさん造られている。昔は今よりもっと酒屋の数が多く、戦前には四五軒もの酒屋があった。その泡盛は、おもに一斗入りの壺に入れて出されたのである。もちろんその壺は、壺屋で作られた。

首里の酒屋で聞いた話である。

「特に昭和一〇年代というのは、よく酒壺を使いました。そのころは、本土方面に砂糖に次いで輸出することが多かったのです。首里の酒屋のうち半数は、本土向けに泡盛を出していました。そうですねえ、私の家なんかで年間一〇〇〇石ぐらい本土に出しておりました。そうすると一斗壺が一万本必要になりますね。二〇軒の酒屋が輸出していたとして、年間二〇万本も壺を使っていたことになります」

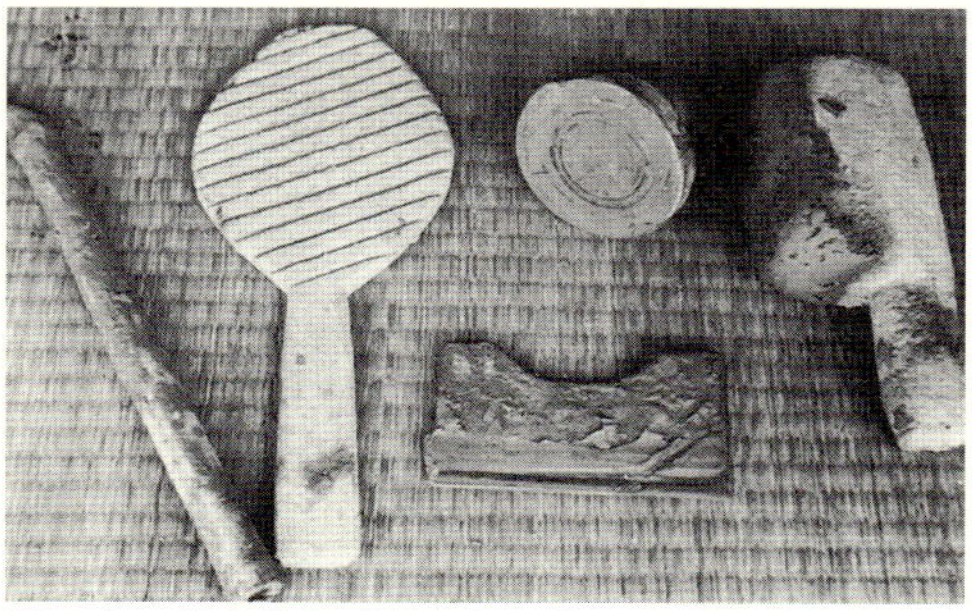

屋の窯の仕事場と「叩き」の道具。ブイ（底を叩く槌）、ティジクン（当て木）、イビラ（叩き板）など

たしかに壺屋でも、昭和一四、五年ごろは、首里の酒屋に納める壺を作るのに追われていたという。そして泡盛を入れた壺は、沖縄だけでなく、本土にもかなりの数が出ていっているはずである。

今も壺屋で作っている焼き物は、ほとんど昔と変りない状態である。作る人や量は減ったけれど、厨子甕もダチビンもカラカラも作られている。ただこれらが市場では、だんだんと従来の機能を失ってきているのである。通りの店などでは、みやげものや、鑑賞用の民芸品として売られている。それは、本土の多くの窯場の例にあるように、実用性を失った陶器の歩んでゆく新しい流行のような感じがする。

これからは、本土からの観光客が急激に増えるであろう。そして、そういう人たちのうち何人かは窯場に押しかけて、無理な注文もするであろう。そうした人たちの好みにあわせた焼き物が生れるかもしれない。

壺屋は、これからどう変るだろうか。たまたまそういう問題を口に出した時、話の相手をしてくれていた三人の老いたセーク（職人）が口をそろえて、きっぱりと言った。

「たしかに民芸ブームで陶器は売れる。それはそれでいい。しかし、この沖縄の人たちや、料理屋や酒場でこの焼ち物を使ってくれる限り、私たちは、本土の流行や観光客にてらうことはしない。沖縄の色と形を、できるだけ頑固に守ってみたい」

草戸千軒町《くさどせんげんまち》

中世陶器の道

文・写真　村上正名

●幻の町　中世に栄えた門前町が、そっくり川底に埋れて残っていました。

ベスビアス火山の爆発で灰の中に埋れていたポンペイの街、沙漠の流沙の中から掘り出されたトンコウの街、さては黄河の洪水で黄土の底に埋れていた殷墟、世界には点々と例があっても、まさか日本に——草戸千軒町はまさに幻の町の出現でした。

瀬戸内海の中央、広島県福山市の西郊を流れる芦田川の川口に近く、みどりの山を背景に朱の堂塔がそびえています。現在は明王院と呼ばれて、鎌倉時代から南北朝時代に再建された日本で最も古い和様新派の観音堂（国宝）や、日本で五番目に古い和様建築の五重塔（国宝）は中央文化をしのぐ優秀さをほこり、さらに山門、庫裏《くり》、書院等全ての建築も重要文化財に指定されて、地方ではまれに見る高い水準の建築群が見られるのです。

この寺の門前を流れくだる芦田川、広い川幅の中洲、草ぼうぼうの川床敷、この底に今なお門前市場町「草戸千軒町」が埋れていたのです。

江戸時代の郷土史書「福山史料」という本に、

「往古、芦品郡安那郡まで海にありし節、本庄村青木が端の辺より、五本松の前までの中嶋に、草戸千軒町という町ありけるが」と記して、「寛文十三年（一六七三）の大洪水に土手を切って千軒の町屋を押し流し、今は人住まずなりたり」

と伝説的な記事が出ています。しかし、この町が、いつ頃あって、どんな性格の町であったかは杳《よう》としてわかりませんでした。

ところが大正の末に芦田川がはんらんして福山市を水びたしにしたことから、この川の大改修がはじまり、今まで中島をめぐって二股に湾曲した川すじを、一つにまとめて中洲を一直線によぎる川床のつけかえが行われました。

この工事のとき、中洲の土中からぞくぞく焼物や古銭、墓、そして井戸などがでてきたのです。特に驚かされたのは、おびただしい中国の青磁や影青《いんちん》の鉢、壺の類の出現です。その後も新川床が出水の度に浸食されますと、川水の中に陶器の破片がちかちかとひかり、洗いだされた井戸わくがやがて水勢に流されて浮び出ては消えてゆきました。

戦後、昭和三十二年福山市が亡びゆく文化財を保護するため条例を施行した機会に、この流れ去る運命をかこっていた幻の町の調査が実施されることになりました。その後十数年、毎年国の補助金を得て発掘調査は実施されています。

今年〔昭和四十六年〕も水の枯れる夏休みか

芦田川の中洲から鎌倉時代の門前市場町が現れた。街路にそった町屋の遺構には多量の全国各地、中国、安南の陶器片が埋れていた（62頁写真も）

らつい先日まで、川の中洲に鍬をふるいました。

木と土と紙でつくった日本の家、残りようがないと思っていたこの町は、どうでしょう。明王院の門につづく一条の道路、そしてその両側に次々と町屋の跡が掘り出されてきました。

「ここは鍛冶屋だ。昔草戸に住んでいたと伝える法華一乗という刀鍛冶の家なんだ」

「うるしぬりの道具がこんなにたくさんこの井戸から出てくる。この近所におわんやが住んでいたんじゃないか」

「この備前の大甕がならんだ家はきっと染物をやる紺屋だったにちがいない」

町並は一条だけではありません。両側に小溝をつくり、小石で舗装された道はこの中洲の全体に縦横にめぐらされていました。四角に板を組んだ共同井戸は掘りあげたものだけでも数十、流砂の底に確認されたものは百個所以上にのぼっています。まさに千戸にもなんなんとする町が存在していたのです。

土師《はじ》の茶わんや皿を焼いた窯をもつ工房、未完成の刀、ふいごの火口、鍛冶場の跡。奉献物に付けた木簡《もっかん》や玉垣のならぶ一画は神社だったのでしょう。五輪の塔が群在するあたりは寺の境内とも考えられます。そうした遺物や遺構で刀鍛冶の集団が住んでいたことや、家の性格の確認もすすみ、だんだんと町の様相がつかめてきました。

数層にわかれた砂や、遺物包含層が、度々洪水が町をおそっては土砂に埋め、再建がくりかえされたことを語ります。各層の遺物を見ると町は早く平安時代の末頃に発生し、鎌倉時代にもっとも栄え、その末頃に大洪水におそわれて、当時常福寺と呼ばれていた明王院の堂塔も崩れさり、町はすっかり流砂に埋もれてしまったもののようです。

元応三年（一三二一）に再建された銘のある現在の観音堂は、解体修理の結果、堂の下に再建前の建物の柱穴が見られ、五重塔は貞和四年（一三四八）再修の銘が伏鉢に刻まれています。いったん流砂に埋まってしまったものの、故郷すてさりがたく南北朝時代には町も寺もどんどん復興されて、やがてもとの姿に立ちかえったのでしょう。いや倭冠の本拠をひかえ、動乱の中にもより栄える町であったようです。遠く元、明の海岸から大量の物資を持ち運んだ海賊大将軍村上氏は瀬戸内海の中央をおさえ、草戸千軒町はその市場となりました。

しかし、芦田川の流す土砂は福山湾を埋めつくし、やがてその河口はこの草戸千軒町の洲にも達しました。洪水は何度か町を水没させつづけ、寛文十三年の悲劇となったのです。

●散りしく陶磁　この町が再び太陽を仰ぐようになったのも、水の流れに、川底に散りしくおびただしい陶磁の破片があったからです。

年に二、三度の出水は、川床をけずって中洲を侵食してゆきます。そうするとこの千軒町の一角は洗い出されて流れてゆくのです。

深くえぐったときは平安時代の釉薬が、鎌倉時代の層まで達すると古瀬戸の壺が、備前の大甕が、いやおびただしい中国の青磁の鉢、影青と呼ばれる青白磁の皿がちかちかと川底に散っているのです。

町をおおう砂の中には、江戸時代初期の伊万里や絵唐津や志野までとびだしてきます。

先日も鎌倉時代の井戸の底をさらえていましたらベトナムの青磁の平鉢が出てきました。

そうしますと、この遺跡出土の陶器は、時代では平安末期から江戸時代初期に及び、その製作地は日本の各地から朝鮮、中国、安南《ベトナム》にいたる広い地域だと知られます。もっとくわしく見てゆきましょう。鎌倉時代の洪水で全滅した遺構のある青い粘土の当時の生活平面に、深くくい込んでいるのは、中国の唐三彩をまねて日本各地でつくられた釉薬の焼物です。これにも種類があって、かたい須恵器《すえき》のようなよく焼きしめられた肌にあわい緑の灰釉のかかったもの、赤い粘土に緑の鉄釉のかかったものなど、現在平安緑釉陶といわれるほとんど全てのものが出土しています。

勿論、須恵器も多く、備前焼の平安時代のもの、瀬戸の猿投窯の陰刻花文の皿破片などは珍しいものでした。

鎌倉時代の町屋が建ちならんだ床面にはりつ

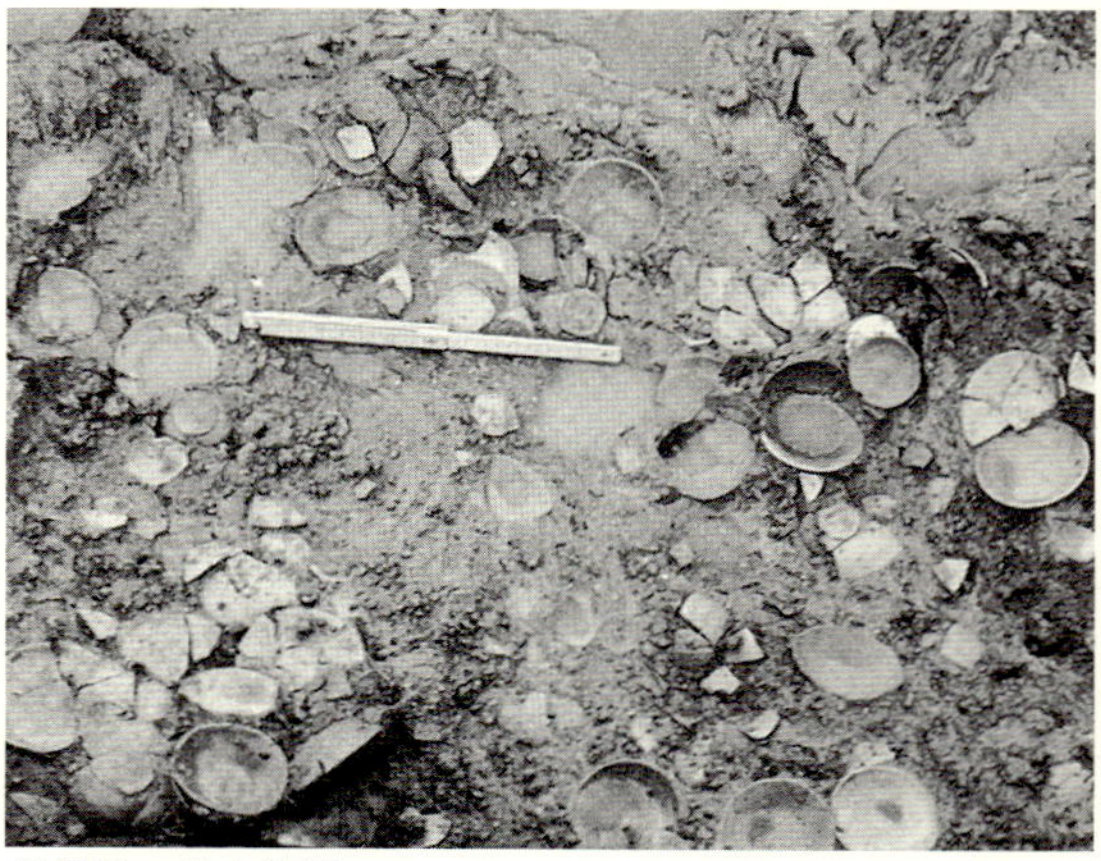

発掘品の出土状況

いて出てくるものは、洪水のときに使用していたものでしょう。おびただじい宋銭も出てくるところからみますと、よほど急に水が出て、身一つで逃げた人々のことが思われます。台所にころがる茶わんや皿、それにくどやお釜、土なべなど散り敷く家を掘っていますと、その頃中国から運ばれてきた陶磁器がこなごなに割れて床にころがっています。その数はおびただしいもので、すでに何万個に及ぶ破片が出ているのです。

ところでこの中国の陶器のお里がさっぱり知れません。いや中国製品だけではありません。もっと多くの破片が出てきます。大は人の背たけほどもある水甕から、小は小壺や小皿にいたる、それこそ何十万点にも及ぶ陶磁の破片をかかえて、私達は途方にくれました。おとなりの岡山県にある備前焼は判りました。でもそれによく似た粘土をもってN字状にまわった口づくりの水甕が常滑焼《とこなめやき》であったことを知ったのは、愛知県知多半島の常滑をおとずれて、中世の窯場を発掘している現場でそっくりの破片を手にした時でした。

古瀬戸の瓶子や仏華器は古陶磁の写真集で度々見ていましたが、同じ菊や蓮華の印花文でも瓦のような黒い質の焼物はどこで焼かれたものかかいもく判りません。

種類をましてくる室町時代、江戸初期のものは一層判らなくなってしまいました。

そこで私の古窯巡礼の旅がはじまったのです。

●焼物のお里　古窯巡礼に鈴をふりふり、草戸の破片をリュックに、兄弟を求め、父母の地を探ねる旅路は遠い永い道でした。

まず手近かな郷土の作品ですが、この草戸でも鎌倉時代に焼物が作られたことが判りました。家の台所にころがる数十万点の土師の皿、それを焼いた窯と工房が遺跡の中から見つかったのです。

皿を成形する木の道具もみつかりました。現在わずかに古い伝統を伝えている京都府木野のかわらけ窯に出かけ、陶技を伝える最後の一人のおばあちゃんに教えられ、道具も鎌倉時代以来かわらないものを用い、ろくろのかわりに粘土を肘にはりつけるようにしてだいたいの形をつくり、木の型で成形してゆく方法も判ってきました。

備前焼には鎌倉の層と室町では形に変化があって、大甕の口づくりでは立ちあがった丸い玉ぶちが時代が下るほどべっちゃりと広くなっています。すり鉢の縁も平たく切りっぱなしのものは鎌倉時代で、折りまげてすじを入れたのは室町にくだり、中の櫛目も鎌倉時代には荒く力強い六、七条の線が間かくを置いて刻まれていたものが、室町時代には乱れてきます。これも草戸での層位出土の遺物と、備前の現地の窯を発掘したものを照合した結果判明したことなのです。

備前ではもう一ヶ所、須恵器の伝統を引いて玉島市の亀山で焼きつがれた、いわゆる亀山式と呼ばれる陶器が、鎌倉時代のものであることが判りました。出土するのは表面に格子目紋を押す大甕や、こね鉢にかぎられて、産地が近いだけに大量です。

瀬戸は早く、三耳壺、瓶子が確認されていましたが、その後出土量を増して、仏華器も皿、

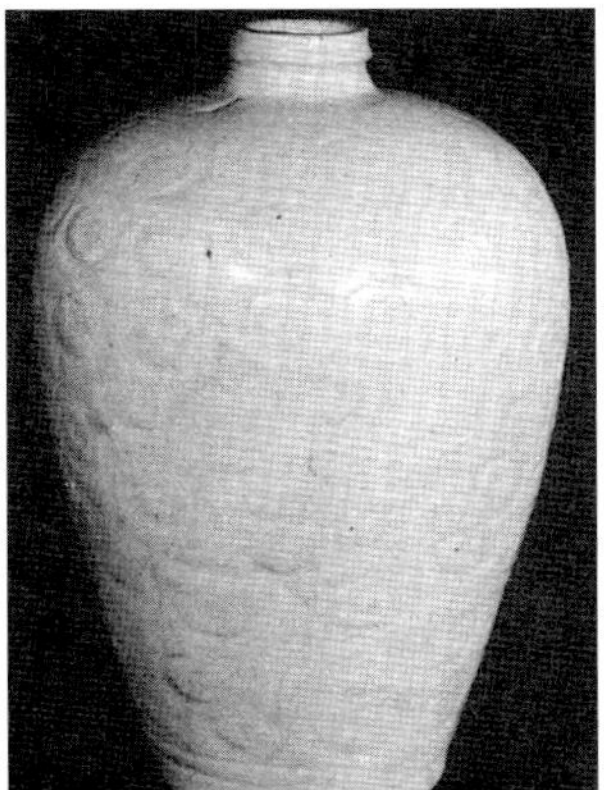
中国景徳鎮窯　渦巻文は久慈梅

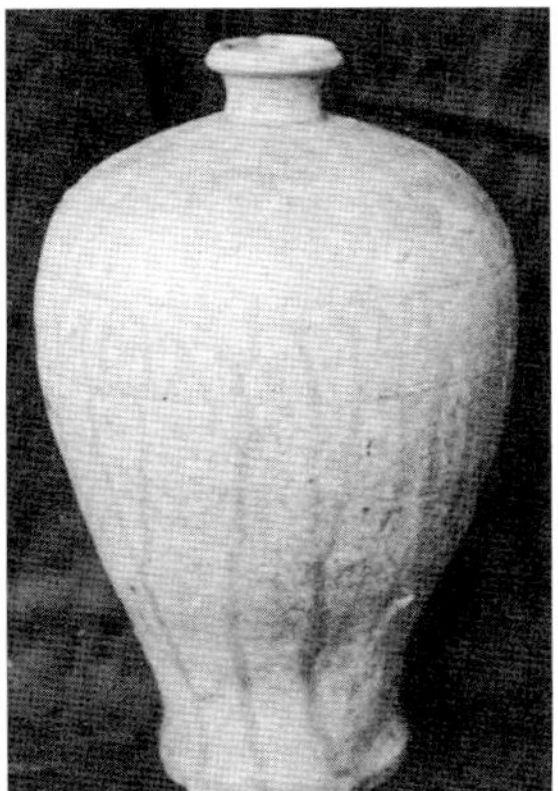
草戸出土の古瀬戸の瓶子

常滑（左端）と備前（右の三つ）の大甕

茶わん、香炉、三足盤と種類をひろげ、灰釉にはじまり鉄釉、天目釉など鎌倉から室町時代に生産された全ての器種が移入されていることが判明しました。

海路運ばれたものでしょう。知多半島の常滑焼は案外多く、その販路の西限をなすものであろうと思われます。千石船に積んできたのか、高さ八五センチ、胴径八四センチの大きな甕がごろごろ出てきます。海岸の町であっただけに、きっと水甕などに利用されたものでしょう。中世の常滑焼は愛知県の知多半島用水路開発で、多くの窯が発掘され、整然とした編年的な研究が積まれているのですが、草戸からはその全期を通じてそれぞれの特色をもつものが出土しています。

中世は六古窯が有名ですが、越前、信楽《しがらき》、丹波のように陸を運ばなければならないところのものは移入されておらず、海路舟積みのものが多いことは、草戸千軒町が海にのぞむ市場町であったことを示しています。

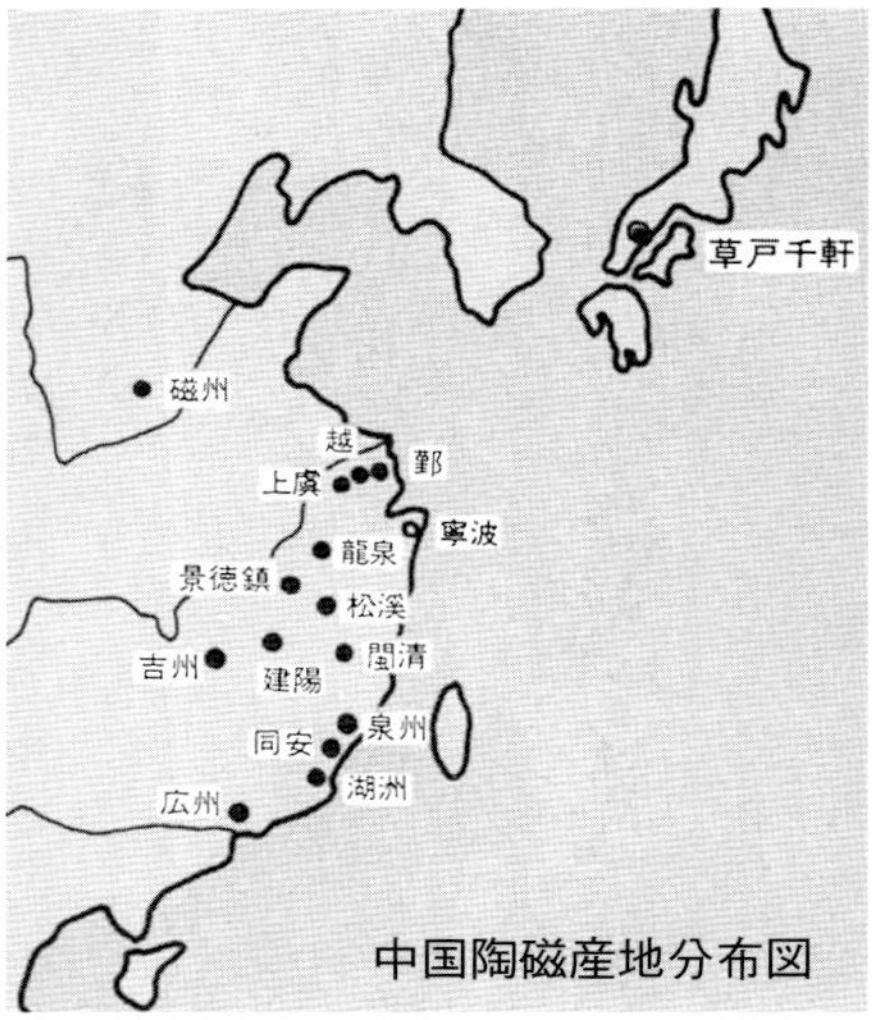

中国陶磁産地分布図

また逆に、中世では日本の窯業は集約されて、大産地がのこり、群小の須恵器生産地は消えてゆきますが、それでも、能登半島に珠洲焼、美濃に中津川焼、愛知県の渥美古窯が残るように、岡山県に亀山焼が残っていることが草戸出土で証明されました。まだまだ中世の産地の知れない焼物があります。今後調査がすすむと案外なところの焼物が草戸から出てくることになるでしょう。

須恵器に似た口縁に灰釉のかかる陶器も、瓦器と呼んでいる真黒い焼物も、今もって窯は判りません。私のお里探しはまだ当分つづきそうです。

●陶器の海道

中国の陶器の生産地をさがすのは一層困難なことでした。骨董的な美術品はどこの窯のものと、中国陶器の写真集にも出ています。ところが草戸千軒町のものは、当時の民衆の使用した雑器です。いや今でこそ中国の青磁だ、白磁だといって珍重していますが、竜泉窯《りゅうせんよう》の蓮華の鉢も、景徳鎮《けいとくちん》窯の影青の器も、当時はよほど多く輸入されたものでしょう。一軒の家でもバラバラと破片ができます。

種類のかわった破片をもって、国立博物館や、中国陶磁の研究家を歴訪し、九州大学に中国製品の出土品が多く収蔵されていると聞いて訪ねもても見ましたが、さっぱりお里が知れません。

昭和四〇年でしたが、東京、大阪、福岡で日中文化交流協会のあっせんで「中国二千年の美」という展観がなされ、宋、元時代の窯別の破片が出品されました。私は開館をまって朝から晩まで、持参した破片の照合をつづけました。

「あったあった」思わず声に出たこともありました。

そして、その時に判ったのは、一番多量に竜泉窯、上虞窯、景徳鎮窯のものがあり、ついで台湾の向かいの福建省の同安窯、泉州窯、閩清窯、松渓窯、やや内部に入っては建陽窯、吉州窯、南中国にまわって湖州窯、広州窯と広く分布することが判りました。不思議に北中国の磁州窯の作品まで数点、時代的には北宋の越州窯もまじって、北宋時代から南宋、元、明にいたるぼう大な量にのぼったのです。

中国の窯の研究結果がまだ日本に詳細に知らされていない現在において、不明のものの多いのは当然ですが、これで見ても南中国方面のものが多く輸入され、寧波《ニンポー》から広東にいたる南支那海沿岸に活躍した日宋貿易や勘合船、更に倭冦《わこう》の八幡《ばはん》船と、貿易の船団が想像できます。

朝鮮からは南鮮〔忠清南道〕の唐津郡大口南の窯や、高麗青磁の最盛期の白土象嵌をほどこしたもの、絵高麗といわれる鉄絵のあるものが判っていますが、中国製品に比してあまり輸入されていないようです。

最初に記したように、最近井戸の中からベトナムの青磁も出てきました。これが南中国に伝えられていて、草戸におくられたものか、直接にベトナムとの交流があったものかは判りませんが、草戸出土の示す陶器の海道が、はるけくもまた広く海外に通じていたことが想像できます。

草戸の発掘がすすめば、陶磁ばかりではありません。中世の庶民の生活が実証される資料がぞくぞく出土して、まさに草戸千軒町絵巻をくりひろげてくれるでしょう。

中部日本の窯場をたずねて

文・写真　神崎宣武

せともの祭り。さまざまな生活雑器を叩き売る売り手の威勢のいい声と人々で賑あう（愛知県瀬戸町）

知多《ちた》半島の常滑《とこなめ》

関東平野の常滑の陶器

昨年の秋ごろから、暇をみては東京近辺の農村を歩いてみた。

東京の近郊農村の畑の隅に埋められた常滑産の肥甕

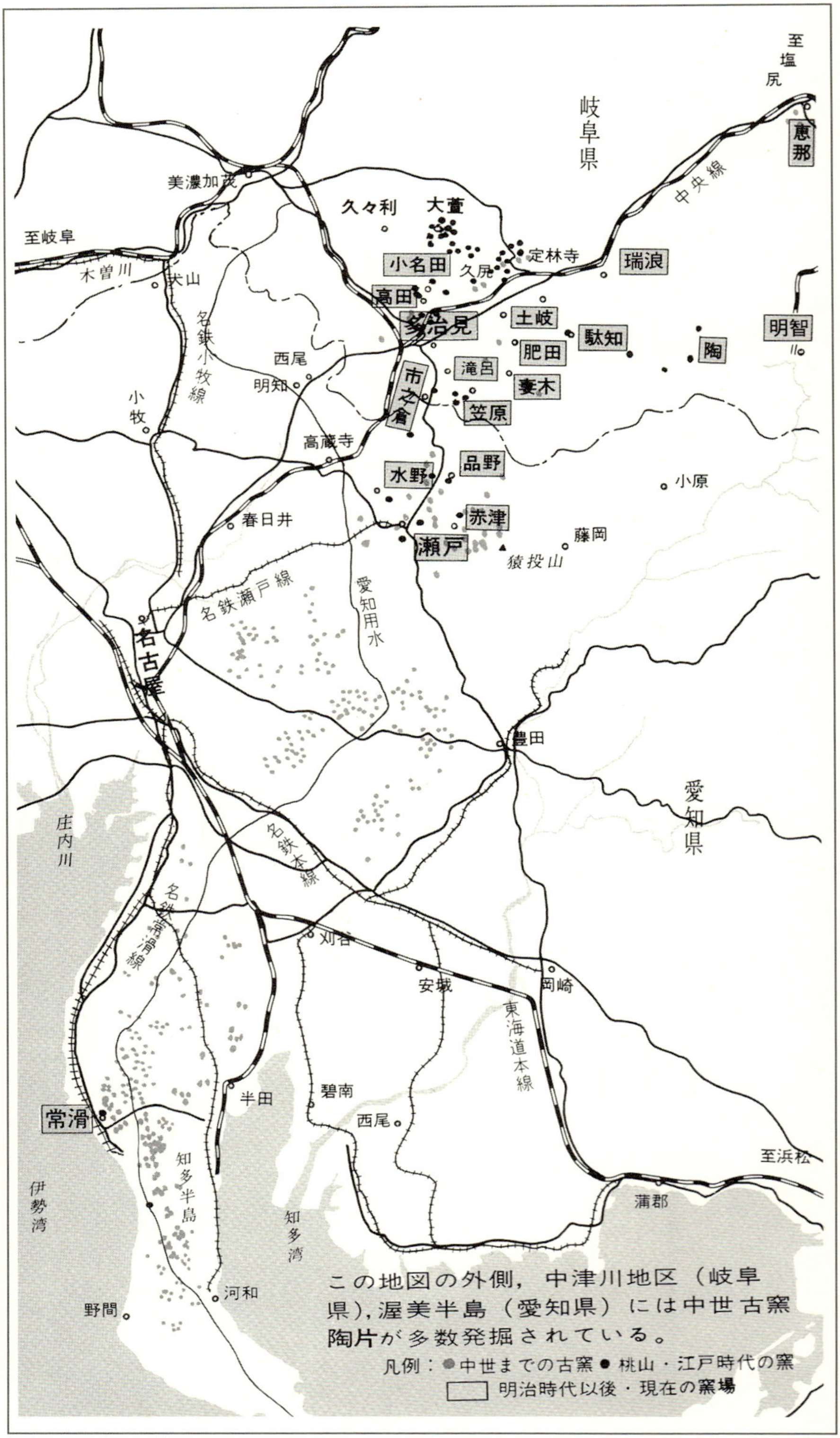

埼玉県川越《かわごえ》市や狭山《さやま》市は、このごろ東京の通勤圏内に入ってきた。急速に新しい住宅が増えてくる。それにつれて、今まで草屋根だった農家にも新築ブームの波がおそった。そこで、古い家で使っていた道具類も新しく便利なものに切り換えられる。特に小便壺や肥甕《こえがめ》などは真先に用無しである。そんな壺や甕が庭や畑の隅にころがされているのが目についた。

それをいくつか見て歩いたところ、ほとんどの壺や甕が同じ形式であることに気がついた。小便壺も肥甕も、素焼《すやき》で赤茶色のものが多い。口は広いが、土に埋められていた底の方はうんとすぼまっている。

さらによくみると、水甕にも同じようなものが使われていた。口は広く、胴は筒型で、底の部分で急にすぼまっている。小便壺や肥甕よりはよく焼き締められているが、釉薬《ゆうやく》はかけてない。茶黒い色で、ぼってりと重量感がある。それらの形や土の質からみて、常滑《とこなめ》（愛知県常滑市）で焼いた壺や甕ではないかと見当をつけた。

農家の老人たちは、これらの形の大きな甕類がどこで作られたかは知らない。ただ、川越や入間川《いるまがわ》（狭山市）の店から買ったのだという。老人たちの生れる前からあったという古い甕も多い。

それではと、川越の陶器店を尋ねてみた。そこで確かに常滑の甕を扱っていたという話がきけた。甕が売れていたのは昭和二〇年過ぎまでで、そのころは水甕が主であったということである。壺は、浅草《あさくさ》（東京都台東区）や両国《りょうごく》（東京都墨田区）の問屋から仕入れたが、それは自動車が運ぶようになってからだという。それ以前には、甕は船に積んで荒川《あらかわ》を上って運んできていたそうだ。

常滑の甕は、関東地方で広く使われていた。その甕は水や肥《こえ》を入れるもので、けっして小さくはない。それが、鉄道や自動車のできる以前から運ばれてきていたのである。

そうした陶磁器の動いた道を追っかけて歩くことが私にはおもしろい。次は常滑に行って、甕がどんな技術で作られて、どういう方法で売られたのか、それを見たり聞いたりしてきたい。

犯人を探るほど目的は確かでないが、探偵になったような気分で常滑に向う。

製陶工場ひしめく常滑の町

色あせた木造の小さな駅舎がある。前に短いプラットホームが一本、そのむこうは広場になっている。そこには、鈍く光る赤茶色の土管《どかん》が山のように積まれていた。太い土管や細い土管、四角い土管や曲った土管もある。草むらの中には、甕《かめ》も伏せて置かれていた。口が広い、頑丈な作りの大甕である。その広場の中には簡単な線路が引き込まれていて、貨車が一両侍っていた。開かれた扉から、荷作り用の藁《わら》がパーッと飛び散ってゆく。そこへ、ピーポンパーンと軽やかな警笛を鳴らしながら、赤い色をした名鉄特急電車が滑り込んできた。名古屋から約四五分、ここが終着駅常滑である。

駅の裏に南北に通じる国道があり、その両側に商店が並んでいる。一般の商店に混ざって、「陶器卸商」と表札のかかった店がある。いずれもあまり大きな店ではないが、土間や壁の棚にはいっぱい陶器が並べられている。中でも植木鉢や、四角い盆栽鉢が多い。赤泥土で焼かれた急須《きゅうす》や湯呑茶碗《ゆのみぢゃわん》もある。店の前に土管や陶器のレンガやタイルを積み重ねているところもある。それらは、いかにも土を焼きましたという表情をみせている。他の窯場のように、色とりどりの釉薬が使われていないからである。

この通りの西には埋立て地と海が広々とひらけており、東の丘陵地にはびっしりと貼りついたような家並みがある。この家々のほとんど全部が黒い瓦屋根で、板壁には黒いコールタールが塗ってある。大きな建物の板壁には、白いペンキで「○○製陶所」などと書いてあったりする。そんなところにはまた、レンガ造りの大きな煙突も立っている。ちょっと小高い所に上れば、一〇本や二〇本の煙突はまとめて眺めることができる。その中の何本かは、モクモクとまっ黒い煙をはいている。土管や植木鉢を焼く窯の煙である。煙が薄らいだそのむこうに、鈍く光る海がみえる。

常滑の町のいたるところに陶器の工場があり煙突がある。そして、空地には所せましと土管やタイルが積んである。一般の住宅はそんな中に遠慮そうにたたずんでいる。塀や垣に陶器のかけらが使われているところも多い。家々や工場をつないで、細い道が登ったり降りたり、曲りくねったりして続いている。そこを、上半身裸の男が汗を流しながら土管を積んだリヤカーを押していった。製土業者の小型トラックが、道幅いっぱいにやってくる。車が揺れるたびに粘土をポロポロと落としてゆく。

常滑の細い路地を植木鉢などの陶器を積んだ車が行きかう

現在の常滑には、四九〇の製陶関係工場がある（昭和四六年、常滑市商工課調べ）。中でも多いのが陶管（土管）と植木鉢を作る工場である。これらの工場も今では機械化されたところが多い。粘土は製土業者が調合して持ってくる。成形は土管機にまかせればよい。植木鉢は石膏《せっこう》型で抜く。このごろの窯はガスや重油窯なので、人がついて焚く必要はない。だから昔に比べて、人間の労働はうんと単純化されている。熟練した職人も必要ではなくなった。とはいえ、陶管と植木鉢を作る工場のほとんどは、一〇人たらずの人できりもりされている。そういう意味では、まだ家内工業的な部分がたくさんみられる。

一方、完全に機械分業化《オートメーション》されて、衛生陶器やタイルを作る大企業も出現した。衛生陶器には、和洋式便器や洗面用器がある。タイルも大小色とりどりにある。これらは従業員一〇〇人以上という工場で量産される。だから生産額は陶器産業の中では最も高い。

量的には少ないが、急須や茶碗、飾り皿や置物などの

常滑の町に林立する製陶工場の煙突の向うに夕日が沈んでゆく

形の小さな陶器もある。これらには、朱泥《しゅでい》という独特の土が使われる。焼けば赤くて滑らかな肌になる。

こうした常滑の窯業を全体的にみると、日常雑器の中の比較的大きな形のものを大量に作ってきたということがいえる。釉薬を使った食器や鑑賞用品はほとんどない。それでは、これまでの常滑はどうであったのか。どんな物を焼き、どんな商売をしてきたのだろうか。

石膏型に粘土を詰め、ハンドルを押し下げると、植木鉢の形ができる

肥甕や火鉢から土管焼きへ

何人かの老人を尋ねて、昔話を聞いた。

「そうよな、私《わし》らは長いこと土管で飯《めし》を喰わせてもろうてきた。土管は鯉江方寿《こいえほうじゅ》という人が創り出したそうじゃ。明治五年だかなあ、横浜で下水工事を始めるとかで神奈川県令から注文があったそうな。それをば、方寿翁が色々研究してマヤケの土管を焼いたんじゃ。マヤケというのは、そうじゃそうじゃ、真焼《まやけ》と書けばようわかるだろう。素焼ではなくて、焼成温度を高くした本焼《ほんやき》のことよ。常滑土管は、釉薬《くすり》は使うておらんぞ。あれは本焼きの時、塩を撒くからそれで茶色い光沢が出るわけじゃ。

わしらの若いころはの、土管を作るのも職人が手でひねっておった。粘土をば棒のように練ってな、それを巻きあげて作るじゃ。コップリができたら、木型《きがた》にはめて形をそろえてからソケット（口）をつけていた。コップリというのは荒作《あらづく》りのことよ。それが大正七、八年に土管機ができてから、もう手で作ることはいらん。機械がスポッスポッと形をば抜いてくれるわ。ラクなものよ」

作った土管は、庭に出して天日で乾かしてから窯で焼いた。

土管師殺すにゃ刃物はいらぬ
雨の十日も降ればよい

それも、今では室内乾燥の方法がとられている。だから、仕事は一年中休むことはない。

「昔の常滑の窯焼《かまや》きは半農半工だからなあ。農繁期にゃあ窯焼きは休みよ。だいたい自分の家で喰うぐらいは田圃をば持っておったから、仕事ものんびりしたもんだよ。そうだな、大正時代になって官庁や鉄道から土管の注文が増えてくるし、土管機で量産もできるし、それなら窯焼き一本の方が儲るというんで百姓をやめたさ。そのころ窯も、共有の大窯《おおがま》から個人窯に変ったなあ。というても、まだ登り窯で、この個人の窯をトチガマというた。それまでの大窯よりは、そりゃあ小さいさ。大窯というのは、五、六人が共有した登り窯で、明治の末には四、五十もあったろうか。というのは、窯焼き屋が二〇〇軒もあったことになるわけじゃ。

常滑の陶器問屋の庭先。甕、火鉢、植木鉢に狸の置物まで様々な陶製品が見られる

その大窯の時代というのは、わしらの青年時分《じぶん》じゃが、土管よりも赤物《あかもの》の方が多かったぞ。赤物というのは、赤甕《あかがめ》、俗にいう肥甕のことじゃ。これは素焼でな、特に日露戦争の前は常滑での勢力は赤物屋が持っていた。甕の名前もココノクラとかアイサとが、たくさんあったよ。この甕は全部、職人の手で作った。粘土を棒のように練って、それを巻きあげて形を作るのじゃ。ああ、轆轤《ろくろ》は使わないよ。職人がグルグル廻りながら作るから、丸い形はできるさ。

　まずサラ（底）をば作る。これは早く乾いた方がよいから素焼の台の上に粘土をたたきつけて作る。それから粘土を巻きながら手でなぞってシンゼをこしらえるんじゃ。シンゼというのは甕の下三分の一ぐらいまでのことよ。鉢のような形になるわいな。それを三〇も作るうちに、最初のシンゼが生乾《なまがわ》きになるので、そうしたら上に胴をこしらえてゆく。それをフクラ作りとか、胴作りとかいうていた。粘土の棒を三段ぐらい巻くのが一工程で、これをカズラという。三斗や五斗も入る大きな甕は、だいたい一日で二カズラまでしか作れねえ。上の重さで形が崩れるからだよ。また大きなものだと、上の方は手がたりないだろう。そんな時は高下駄をはいたり、舞台《ぶたい》という踏み台を使ったりしたものだよ。舞台は甕の廻りに丸くつないで、その上を職人が廻るわけさ。

　そうよな、一人前の職人なら一斗入りの甕をば一日に五、六十本はこしらえたかな。昔は一個いくらの賃作りなので、早く作ったもんさ。腕のいい職人なんか、まるで甕のまわりを後ずさりに走っているように見えたもん

給水タンクとして用いている常滑の陶器製の大きな水瓶

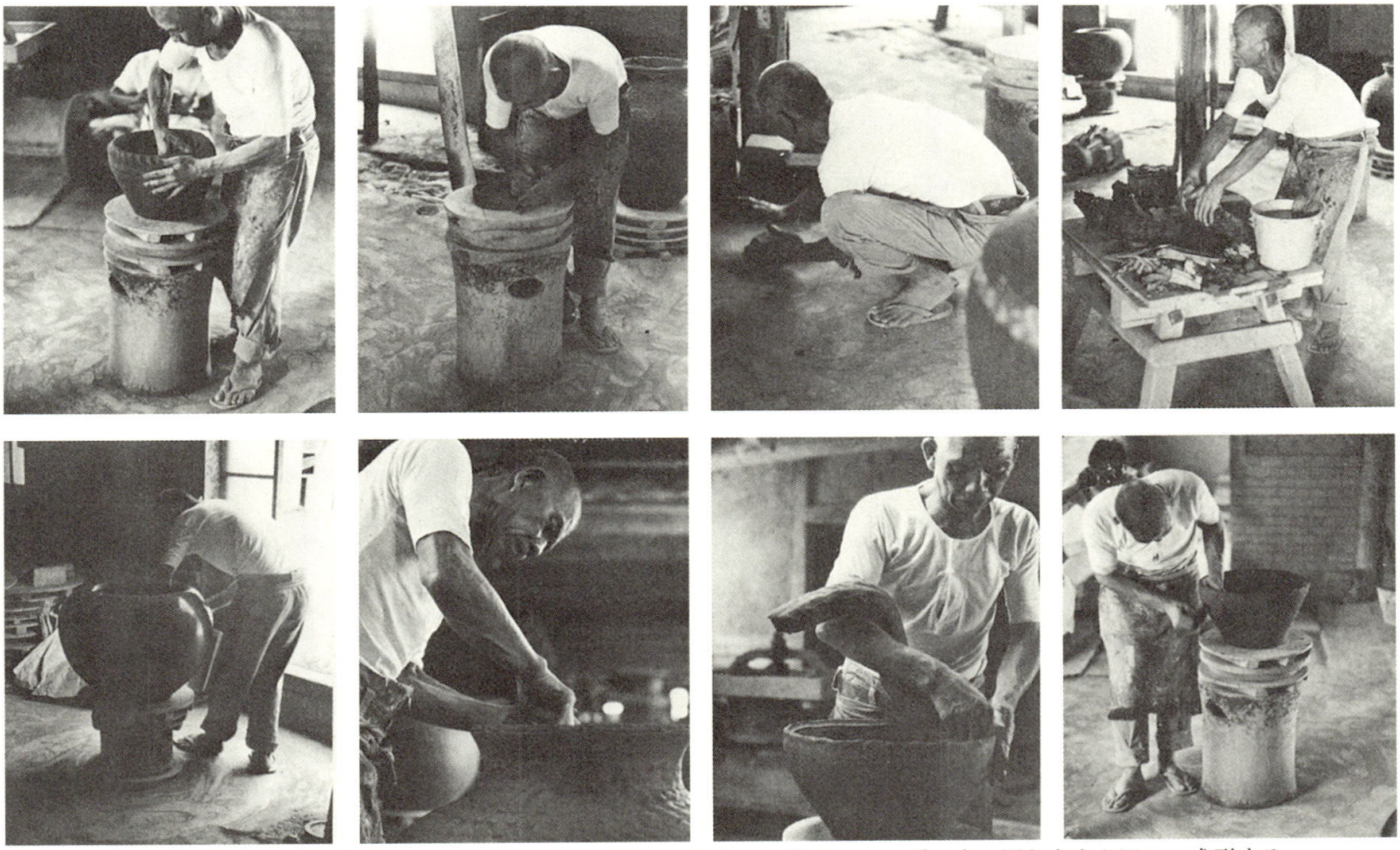

常滑の甕作り。粘土を練って紐状にして巻上げ、延ばして甕の形を作る。轆轤は用いず、甕の周りを人が回って成形する

だなあ」

甕作りの作業の中には、常滑特有のものがある。轆轤を使わないこともそうだし、技術用語もそうである。窯で焼く時にも、ヤワラと呼ぶ藁束をはせて甕をふせ、帽子のようにかぶせ重ねている。だから、三段にも五段にも窯詰めができる。肥前《ひぜん》（佐賀県）や石見《いわみ》（島根県）の窯場でも甕はよく作られているが、この場合には、上段の甕を逆さにして下の甕の口にあわせて積んでいた。つまり、二段積みであった。

「甕や土管の他に瓶《びん》作りも一時期は盛んだった。瓶には耐酸《たいさん》瓶と焼酎《しょうちゅう》瓶がある。どちらも筒胴だが口が細くなっていて、肩に握り手がついているもんだよ。耐酸瓶は硫酸や塩酸をば入れるもので一斗五升入る。昭和一〇年ごろから化学工場に納めていたね。これは昭和三〇年ごろまでよくこしらえたが、薬品タンク車ができてからストップした。焼酎瓶は東京や九州の酒屋に出たもので、下の方にノミ口《ぐち》をばつけていたね。

その前の昭和五、六年から一〇年ごろの間には火鉢もよく作った。真焼の火鉢と、そうそう塗り火鉢もあったなあ。素焼の上にウルシを塗ったやつさ。ウルシを塗るのは女の仕事で、それがあんた、最初のころ女衆が手を洗わんで便所へ行ったからたいへんだ。大事なとこがみんなかぶれてなあ、医者にみせるわけにもいかんし、わしら亭主族も集って相談したがどうにもならん。そのうち直ったが、えらい困ったことだったよ」

その他に、蛸壺《たこつぼ》やイワ（網の錘《おもり》）なども作っていたことがある。

発掘された中世の常滑古窯

　常滑が陶器作りを生業として栄えてきた大きな理由に、土と海があげられる。原土が豊富にあるから形の大きなものを大量に作れたし、海に近く位置していたので船に積んで販路を拡げることもできたのである。

　この夏の盆すぎに、知多《ちた》半島を南から北へ歩いてみた。その二日間、友人で地理学者の三輪主彦君が一緒に歩いて、地質に関しての初歩的な知識を私に与えてくれた。

　知多半島は、野間《のま》―河和《こうわ》より南部をのぞくとだいたい同じ地層を持っている。さいわいなことに、このごろは名鉄延長工事や有料道路工事で山が削られているので、その断面を確かめることができる。赤土や砂層の下に、亜炭層をはさんで粘土層をみることができる。亜炭層は木や葉っぱが堆積して黒っぽく固まっており、粘土層は少し湿気をもっていて緑灰色をしていた。このような地層は新第三紀層鮮新世《せんしんせい》にできたものだそうだ。第三紀（約七千万年～百万年前）に海中に堆積した層が隆起したものである。この地層から粘土は出る。特に知多半島は良質な粘土をたくさんもっていて、その粘土層は常滑群層《ぐんそう》といわれている。

　だから、知多半島では古くから陶器作りが発達した。考古学関係の発掘調査で明らかにされたものだけでも、約三千基の古窯がある。古くは、奈良時代に僧行基《ぎょうき》の指導で焼かれたという壺もある。それから鎌倉、室町時代と多くの窯や陶器が確かめられた。製品には皿や碗や鉢などもあるが、圧倒的に甕や壺の量が多い。これらの甕や壺も、棒状の粘土を巻いて作られており、釉薬は使われていない。

　こうした中世の常滑の壺類が京都、今宮神社や草戸千軒遺跡（広島県福山市）からも発見されている。熊野灘（三重県鳥羽市）でもカキの殻がいっぱいついた大甕が打ちあげられた。これは、室町時代初期のものだといわれるが、船が沈んで海の底に長い間あったものだろう。古くから、常滑の甕や壺は船を使って遠い土地まで運ば

海岸には捨てた土管の破片が積っている

ブルドーザーで粘土を掘る。山が消え跡は谷となる

れたのだ。

常滑の陶器の販路

常滑で船を使って陶器を運んでいたのは、昭和一七、八年ごろまでだという。もちろん大正時代からは貨車運送も併行してあったわけである。船を扱うのは、廻送屋《かいそうや》という業者であった。陶器を扱って商売をするのは、問屋《といや》である。問屋が窯焼から品物を仕入れて、それを廻送屋の船で運んだわけである。問屋が独自で船を持つことは少なかった、と問屋の隠居が話してくれた。

「昭和三四年の伊勢湾台風で常滑も海岸がやられてしもうて、今のような防波堤ができたんですが、前にはこの家の裏まで浜でした。私ら問屋は、窯焼屋から土管や甕を買うて浜まで運ぶのです。手車《てぐるま》というて、肩に縄をか

土管の窯出し。2、3日後の窯の中でも、サウナ風呂のように熱い

けて引く荷車で男も女も運びました。犬にまで引かせてね。

船は後《のち》になって機械船もありましたが、大正時代までは帆船《はんせん》です。百トン前後の船で二本柱の帆をつけておったです。それも岸に着けられんので沖に停めておいて、そこまではハシケで出していました。土管でも甕でも、船なら裸で積めますよ。藁を敷くだけで、荷作りなんかいりません。

船はそっから先は廻送屋の船頭に任せるんですが、一度鳥羽に出て日和待《ひよりま》ちをしてから、一気に東京に向けて出ておりました。途中で風が悪いと、伊豆の下田に船を入れることもあったようです。

ええ、そうです、この常滑の品物の七割以上は東海、関東地方に運んでいます。他は、少しずつ大阪、九州方面や東北の仙台あたりに出しました。関東も東京が一番多かったですね。汐時《しおどき》をみはからって、隅田川《すみだがわ》ですか、あれを上りました。ええ、上流が荒川になりますかのう、かなり上流にも行ったはずです。

取引は、着価《ちゃくね》の時とイバライの時とあります。着価は船賃こちらもち、イバライはあちらもちです。

豊橋、名古屋には二、三十トンのハシケで出したですよ。また美濃にはウカイで出しました。ウカイというのは鵜飼船の形の船で、こいつは向うの商人が船を雇うて仕入れにきましたよ。長良川、木曽川を岐阜や美濃加茂まで上るんです」

明治、大正時代には、問屋が三、四〇軒と廻送屋が三、四軒あったそうである。古い記録をみると、元禄六

（一六九三）年にはこの常滑に一三六艘の荷船があった（常滑町史編纂資料）。一艘は平均六、七〇石である。全部が陶器に関係していたとも思われないが、これが常盤講を組んで日本橋（現在の東京）に出ている記録もある。この常盤講は、明治時代になると常滑組となって「心得記」や「出状記」などのとりきめを作成、海上運搬を続けたのである。

出廻ったのは、甕や土管ばかりではない。常滑の職人も各地に出て行った。賃金のよい所や、新しく窯焼きを始める土地に出稼ぎに行くのである。おもなところでは、小野田、末田《すえだ》（山口県）、備前《びぜん》（岡山県）、姫路（兵庫県）、福知山（京都府）、堺（大阪府）、高浜、浜松（静岡県）、上田（長野県）や青梅《おうめ》（東京都）には土管を作りに職人が出た。また、笠間《かさま》（茨城県）には甕を作りに、甲府（山梨県）や諏訪《すわ》（長野県）には養蚕用の糸とり鍋を作りに出た者もある。もちろん、機械以前の時代のことである。

常滑の職人が来て土管を作ったという話は、末田や備前の窯場でもよく聞いた。備前では、帰るはずの常滑の職人が土地の女を嫁にしていついてしまったことが何度かあった。

今度常滑で、土管屋のおじいさんから話を聞いた時に、備前でのことを言うと、おじいさんはびっくりして大きな声を出した。

「そりゃあ、うちの女房の母親の弟だ！」

海岸の埋立地では、今日もボートレースが賑わっていた。

尾張《おわり》の瀬戸《せと》

セトモノの町・瀬戸

名古屋から名鉄電車で約四〇分、尾張瀬戸駅に着く。駅のすぐ前を川が流れていた。その川の水が白く濁っている。乳白色の水がドロドロと流れているのである。瀬戸は、全国一の陶磁器の生産地である。粘土の漉《こ》し水で、川までが白い。窯から出る煤煙は、たちまちに青い空や太陽を隠してしまう。特に今から二〇年も前、登り窯や石炭窯を焚いていたころはひどかったそうだ。箪笥《たんす》の中にしまってある着物までが真黒くなっていたという。

そんな瀬戸は山に囲まれてある。川の両側に一通りずつ平坦な町並があるが、あとは山の中腹まで斜面の上に家並みが続く。

川に沿ってあるのは商店街で、その中では陶磁器店が多いのが目につく。木造の古びた店も多い。店の表のガラス戸や板戸を全部開け放しているので、土間から品物があふれでるようにみえる。大小さまざまな白い皿がある。飯茶碗は無造作に束ねられている。湯呑茶碗や燗徳利《かんどっくり》もある。私たちが日常に使う食器類は何でもある。コバルト色の絵のついた白い磁器がほとんどである。もちろん、金や赤い絵のついた上等な茶碗や花瓶もあるが、それは主流品ではない。陶器類も少ない。

そんな日常食器が、どの店にも山と積まれている。これをみると、瀬戸の焼き物が私たちの生活に密着していることがよくわかる。私たちは平常、焼き物のことをすべてひっくるめてセトモノと呼んでいる。それが瀬戸に来てみると納得できる。西日本では焼き物のことをカラツモノと呼ぶが、これは唐津《からつ》（佐賀県）近辺で作られた陶器類をよく使ったからである。

瀬戸は、陶磁器一辺倒の単一産業の町といえる。過半数の人が、何らかの形で陶磁器

瀬戸の町角。陶器店の店先

青森リンゴの木箱に詰められた茶碗

に関係しているはずだ。現在、瀬戸の町には七五〇もの陶磁器製造業者がいる。それに隣村の赤津《あかづ》や品野《しなの》や水野《みずの》の業者も加えると九〇〇軒にもなる。赤津や品野は昔からの窯場で、水野は明治以後に開けたところである。最近では、鉄筋コンクリート建ての大きな工場もできてきた。しかし、全体的には小規模な工場が多い。家族内だけの労働や、窯を持たないで生地だけを成形する家が脈々と生きている。絵付けだけを受ける家も、古くから続いている。

そして、そういうところの大部分は磁器を扱っている。

磁器は、石の粉を粘土にして作る。長石、石英、白雲母を含む石が原料である。その原石は、瀬戸から近い西加茂郡小原《おばら》村や藤岡《ふじおか》村あたりの山から出る。石が原料の磁器は、土が原料の陶器に比べると、形がシャープで硬いものを作ることができる。

磁器は、成形した後、それを素焼きする。その上に絵付けをしてから、本焼きにかけると、青い絵のついた白い光沢のある肌が生れる。なおそれに金や赤色の線や模様を加える場合は、その上に色を付けた後でもう一度簡単に焼くのである。

陶磁器の工場は、川から離れて南北両側の斜面に軒を連ねてある。新建築よりもまだ昔風の瓦屋根の家が多い。ところどころに煙突が立っている。斜面なので当然、坂が多い。坂だらけの町だといってもよい。茶碗や皿のかけらが小さな坂に踏み込まれて、キラリと光っている。そうした坂を登り降りしていると、あちこちでセトモノ作りの音をきく。ちょっと大きな建物の中から、ブーン、

花瓶に絵筆で絵を描く絵付けの作業

ルルルルとかすかな音がきこえてきた。中に入れてもらってみると、それは機械轆轤《ろくろ》の回転音だった。天井は、煤けていて低い。その土間で、二人の男が轆轤に石膏型を乗せて粘土を入れ、上からハンドルを押しつけて茶碗の形を作っていた。あっという間に一つできあがる。それが長さ一間の板にいっぱいになると、土間の壁際の棚に納めてゆく。土間から天井までの数段の棚に、形の整った茶碗の生地が並ぶ。黒く煤けた天井や壁の中で、それは丸くて白い形をくっきりとみせていた。少し乾いた生地には仕上げが施される。轆轤がまわる。鉄片を当てて、高台《こうだい》や口の部分を削る。シャーッと音がして、土が散る。仕事の音とは無関係な歌謡曲も、側《そば》のラジオから流れていた。

　絵付けの部屋だけは静かである。ラジオも置かれていない。小さなガラス窓の前が土間より一段高い板縁になっている。そこに、絵描き（画工）が数人、横一列に並んで座っていた。二尺四方の畳と座布団を敷いて、みんなが正座している。そして絵筆を持って、茶碗や花瓶に絵を描いている。誰一人として声もない。絵描き職人は年寄りが多い。おばあさんもいる。しかし、手描きの絵は、このごろうんと減ってきた。日常品のほとんどは、印刷した和紙を貼りつけている。貼り絵、写し絵である。

　普通の民家からも、カチャカチャとセトモノが触れ合う音がきこえてくる。のぞいてみると、玄関の土間のムシロの上におかみさんが一人座っていた。飯茶碗を一ダースずつ重ねておき、手際よくビニール紐で荷作りをしている。こうしたものは、工場から荷作り場へ、あるいは問屋から下請けへとリンゴ箱に詰めて運ばれてくる。瀬戸の町を歩いていると、軒の下や倉庫の脇にリンゴ箱

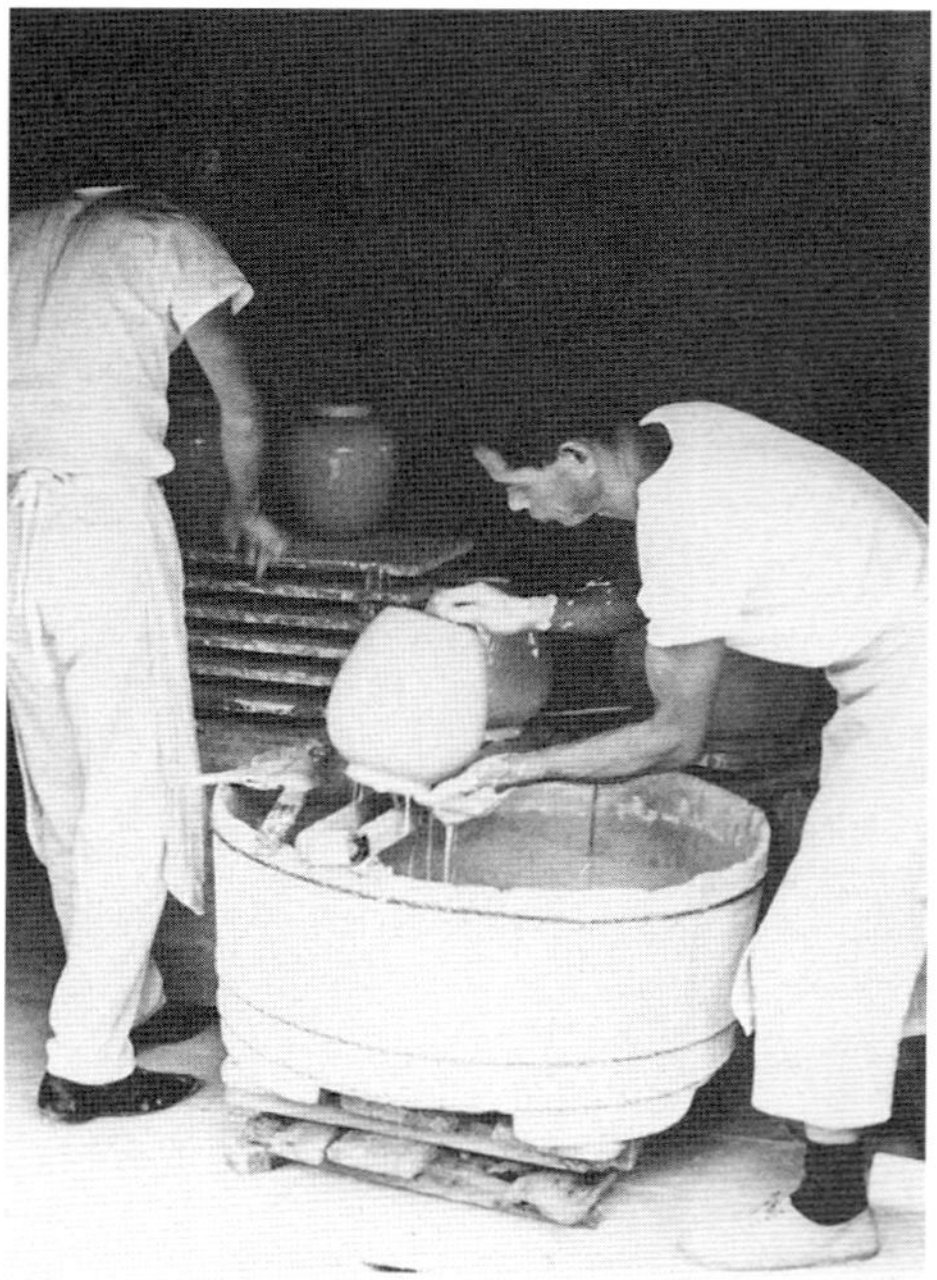
絵付けが終わると釉薬をかける

瀬戸の製陶場の図絵（『尾張名所図會』巻四）

が積み重ねてあるのをよくみかけるのも道理である。

瀬戸の陶磁器作りの変遷

町の中央に深川神社がある。この境内に陶彦《すえひこ》神社がまつられている。これは、陶祖加藤藤四郎《とうしろう》をまつっているそうだ。藤四郎は、鎌倉時代に宋に渡って製陶の技術を身につけたといわれているが、確かではない。

しかし、この地方に古くから窯があったことは確かである。その古窯群の発掘調査は、昭和二九年の愛知用水工事に前後して行なわれた。愛知用水は、岐阜県可児郡兼山から木曽川の水をとり、名古屋東部を経て知多半島を縦断する農業用水である。ところが、この用水路に沿って、中世の古窯が続々と出てきた。

最も資料的に重要だったのは、瀬戸の南の猿投山《さなげやま》一帯の窯跡である。

それはかつて、日本の窯業史の上で空白時代といわれた平安時代の資料を提供した。それらの資料は、当時発掘の中心となった名古屋大学に多く保存されている。横瓶、平瓶、杯、壺、皿と各種の陶器がある。それの中にもただ焼きしめただけの須恵器《すえき》から、緑の釉薬があざやかに使われた陶器まである。

古く釉薬が使えたことは、瀬戸焼の特色となっている。瀬戸の粘土は、釉薬をうけつけやすかったし、釉薬を作る土や石も近辺にあった。いわゆる黄瀬戸《きせと》、瀬戸黒《せとぐろ》といわれる時代がやってくる。

特に室町時代の末期には、織田信長に保護されて茶碗や酒器などの上等品を焼くようになった。さらに利休《りきゅう》や織部《おりべ》などの茶人と結びついて茶陶を焼き、瀬戸といえば茶陶といわれる時代が続いた。

江戸時代には、尾張徳川藩の窯業政策がかぶる。瀬戸の窯物は藩から保護は受けたが、轆轤の世襲や生産の制限も受けなくてはならなかった。材料も製品もすべて藩

灰釉のかかった鎌倉時代の壺（多治見市陶磁器センター所蔵）

の取り締りの下におかれたわけである。このあたりの記録や資料は、瀬戸市立図書館に残されている。

やがて瀬戸が大きく変る時代がやってきた。文化、文政の時代（一八〇四〜一八二九年）に磁器の製法が開発されたからである。このころ、加藤民吉《たみきち》という人が九州の有田《ありた》（佐賀県）まで行って技術を持ち帰ったのが起因となった。その加藤民吉は、中興の祖として窯神《かまがみ》神社にまつられている。磁器が生れたことで、日常生活品を焼く窯が増えてきた。江戸末期には藩の権力が衰えてきたので、新しく窯を作ることもできるようになったようだ。このころから元の陶器を本業《ほんぎょう》と呼び、磁器の方は新製染付《そめつけ》焼と呼んで区別するようにもなった。「瀬戸市史・陶磁史編三」に載せられている文政五（一八二二）年の「窯屋数職人別」によると、窯屋一五七軒のうち半分以上の九一軒は染付焼になっている。また、この時代に瀬戸から美濃に職人が移って、美濃の山中でも新しく窯を開くようにもなった。

茶碗屋の商い

明治時代になってからの瀬戸では、日常雑器をどんどん焼き続けるようになる。それを問屋商人が日本中に売りさばいて歩いた。

もと問屋の主人だった八五歳のご隠居が話してくれた。

「私んところは、親父の代からの商売だ。親父は明治五年に茶碗屋《ちゃわんや》を始めたということだよ。ああ、茶碗屋というのは問屋商人のことさ。そぅじゃ、皿を扱うても甕を扱うてもみんな茶碗屋という。

最初は、親父は高蔵寺《こうぞうじ》（春日井市）で店を開いていた。そこへ瀬戸の窯屋《かまや》から品物を仕入れて、それを熱田《あつた》（名古屋市）の港に出してから船で東京に持って行っとった。私はよう知らんが、親父からきいた話よ。

瀬戸では、そのころ茶碗屋は少なかったじゃろう。私が二〇歳《はたち》の時、明治四〇年じゃが、親父が商売をやめるというので跡継ぎをした。その時、私は店を瀬戸に移した。その頃は、この川の通りに茶碗屋が一〇軒あったぐらいよ。今は川べりから山まで家が並んどるが、明治のおわりごろは川べりは田圃ばかりだった。

その頃の窯屋は、共同の登り窯を松の割木で焚いとった。さあ、本業を除いて、磁器の窯が一〇本もあっただろうか。私が商売を始めたころは、縄張りのようなものもないから、どの窯屋とも取引ができたよ。

窯屋と茶碗屋の取引はな、窯屋が焼けた見本を持って歩いて廻り、値段のええ茶碗屋におろすことが多かった。一般に支払いは一五日と月末なので、現金を出せば安く買えた。

窯屋が絵付けまでして完成品を持ってくることもあれば、生地を持ってきて絵付けの注文を取りに来ることもあった。その時は絵柄が注文できるわけさ。

昔の窯屋は、現金に困っておったよ。茶碗屋の支払いは渋られるし、粘土や焚木に金はかかるしのう。それで窯を焚く前に、茶碗屋に前借りに来るのが多かった。茶碗屋としても、金を貸すと利子の分だけ安く仕入れられるしのう、それに絵柄なんかも注文が出せるので前払い

金や赤の色をつける上絵付け。洗濯機の物音も気になる繊細な作業

をした。そのうち、全額前払いというのもあるし、貸した金が増えて茶碗屋が一方的に窯屋に指示するようにもなった。そうじゃ、もちろん焼けた品は全部引き取るさ。そういう形の取引を支送《しおく》り窯とか手窯《てがま》とかいっていた。

いずれにしても、窯屋が茶碗屋に納めるのは、コバルトの絵付けのある品物さ。飯茶碗なんかはそのまま商品になるが、皿なんかは金や赤の線がほしい時もある。そういうのはまた上絵付《うわえつ》けに廻すわけよ。上絵専門にやる人がおって、それを赤絵窯《あかえがま》とか金窯《きんがま》とかいう。これは簡単な窯で焼けばすむ。だから茶碗屋は、赤絵窯とも関係を持つわけさ」

明治時代までの瀬戸は、茶碗屋を中心にして、窯屋、上絵付けと完全に仕事が分れていた。それが、だんだんとかわってくる。窯屋の中で経済力を持った者が、自力で販売もやるようになる。そうかといって、茶碗屋の持っている販路が狭まるのではない。製造も販売も膨《ふく》らむばかりである。『愛知県陶磁器業調査資料』によれば、明治三七年に三九六軒あった瀬戸の窯屋が、明治四四年には四九軒も増えている。さらにそれが大正四年までの間に五六軒増え、大正五〜九年に一一二軒、大正一〇〜一五年に二二五軒と驚異的な増え方を示している。

「そうじゃよ、明治末から大正時代はもうすさまじい時代だった。窯屋も茶碗屋も一〇年ほどの間に倍以上に増えたはずだよ。それだけ売れたんだなあ。田圃も、町にはなくなった。

やっぱり、鉄道ができたのが一番の原因じゃと私は考えとる。持って行きさえすりゃあ、瀬戸の品物は売れるわいな。それまで、田舎では、土物《つちもの》の碗や木の椀を使っていたところへ磁器が入るんじゃから。硬くて強いし、白くて美しいからのう。それに、有田の磁器よりは安いもんなあ。

茶碗屋は、みんな番頭を旅に出す。相撲の衣装箱のようなものに見本を入れて風呂敷で包んで行ってたよ。私は、東京の浜町、蠣殻《かきがら》町の問屋とおもに取引をしたが、まあ瀬戸の茶碗屋は日本中を歩いとるじゃろう。そうじゃ、相手は地方の問屋で小売店相手はない。だいたい二ヵ月ごとに注文をとりに行き、その時に前の集金をするのだが、たいていもらえるのは半金よのう。特に大阪と九州は、値切られた上に集金率が悪かった。それに比べると、今は電話や銀行を使っての取引だからラクなもんよのう」

輸出された瀬戸の磁器

明治以後、瀬戸の窯業を発達させたもう一つの大きな

9月のせともの祭の市。10枚ひと組の皿や茶碗が次々と売れる

流れは貿易である。現在では、国内向けの販売額よりも実は輸出額の方が大きい。

瀬戸の貿易品には、コーヒーセットや碗皿や置物人形などがある。もちろん磁器が多い。これは、明治初年に名古屋から貿易業者が入ってから始まったものである。名古屋には大手の貿易商社や輸出磁器製造会社が多い。瀬戸では十数社が輸出品を大規模に作っているが、いずれにせよ名古屋の業者を通して輸出する場合が多い。それに比べると、瀬戸で作った品を瀬戸の商人が輸出する規模は小さい。これは、瀬戸に限らない。美濃の輸出磁器を扱う多治見《たじみ》（岐阜県）の業者にもいえる。

名古屋港から出す、名古屋、瀬戸、美濃の輸出陶磁器の額は日本全体の九〇パーセントにもなる。その相手先はアメリカが一番だが、これは名古屋の大手メーカーと商社が扱う場合が多い。そこで瀬戸や多治見の小規模な業者は、東南アジアや中近東に出すことになる。それも値段を安くしなくては売れないのである。

東南アジアや中近東を歩いていると、「メイドインジャパン」と裏に記されたポットや皿を食堂などでよくみかける。毒々しい色の粗末な上絵がついている。この上絵は、使っているうちによく剥《は》げる。アフガニスタンやイラン東部の茶屋には、日本製か中国製のポットが多く使われている。イラン東部のマシャッドに行っていた時、紅茶を入れた白いポットが出てきた時には驚いた。よく見ると上絵が剥げていたのである。それでも、メイドインジャパンの文字だけははっきりと残っていた。

瀬戸の職人気質

華かな磁器の発展の陰で、本業（陶器）作りはだんだんと少なくなっている。本業の窯屋を今も続けている家に、九〇歳になるおじいさんがいた。そのおじいさんがしみじみと語る。

「そうですな、私の小さいころは一〇〇軒ぐらいの本業がありました。茶色い色の水甕や擂鉢を焼いていたんで

せともの祭りの日、宮参りする人々もいた

壺は轆轤の上で太い粘土の紐を３、4段巻き上げて延して作る

す。今私の家のあるところは、新谷《しんがい》（現湯ノ根町）といいますが、ここと洞《ほら》というところに本業の窯屋が多くありました。この近辺には本山木節《もとやまきぶし》というて、いい粘土《つち》が出とりました。それを掘ってきて、はたいてから、桶で漉《こ》して粘土を作っておりました。小さなもんは手轆轤で作りますが、大きい甕なんかはトッタリと呼んどった下働き人が、轆轤を手で廻してくれとりましたよ。

大正の関東大震災の時は、倉庫に残っとるものまでがよく売れましたね。どんどん東京に出しました。

だけど、それが境でしてね、それから後はもう土物《つちもの》の要《い》らん世の中になりましたよ。それで甕はやめて、衛生陶器を焼きだしたのです。便器ですよ。それがしばらく続いたのですが、常滑で衛生陶器を始めましてね、こいつに押されて売れんようになりました。何《なん》せ、相手は荷作りもしないで船で出すんですからね。それでいくつもの窯屋がやめたり、磁器に移り変りました。

今は、花瓶や茶道具を作って、五、六軒残っているでしょう。それからおもしろいところでは、お隣のように敷き瓦や壁タイルのような新生陶器を作っている人もありますよ」

瀬戸の町を夕暮に歩いていると、うなぎ屋が多いのに驚く。狭い路地に、あの油っこい匂いがたちこめる。

うなぎといえば、私たちには高級品である。一年にそう何回も喰えるものではない。瀬戸ではそれを、買物籠をさげたおばさんたちがどんどん買って行く。テーブルも置かない、小さな店もあって、そこでまるで焼き鳥を焼くかのようにうなぎが焼かれている。うなぎは浜松

（静岡県）から仕入れているのだそうだ。

深川神社の門前にも、この小さな町にしては過ぎたような料理屋が軒を並べている。その店先に、いかにもうまそうな匂いが流れる。

どうして、うなぎのような高級品をこんなに無造作に食べるのだろう、とある老人に尋ねてみた。

「そりゃあおまえさん、金があればうまいもんを喰う方がええじゃろう。東京だけが江戸っ子じゃあねえ。瀬戸にも昔から宵越《よいご》しの金を持たんという心意気があったさ。職人連中は、腕一本ありゃあ、どこに行っても喰いっぱぐれはねえ。それに、瀬戸には喰うだけの仕事はなんぼでもあるさ。貯金だの銀行だのは、ここではこのごろの話よ」

瀬戸は、職人の町でもあった。

今、どんどん仕事が機械化されてゆく裏に、昔の気風をちょっぴり残しているようである。

美《み》濃《の》の谷々

機械化が進んだ美濃の窯場

美濃焼という言葉は、東美濃地方一円で作られる焼き物の総称である。他のところのように、一つの町や村に窯場がまとまっているのではない。美濃焼の窯は、たくさんの町や村に分散してある。かなり深い山の中に大きな粘土場があり、小さな盆地に無数の煙突が立っている。言いかえれば、東美濃の山中は窯場だらけである。どこが主でどこが従ということもない。みんなそれぞれに独立した大規模な窯場である。それが十数ヵ所もある。

和洋食器、酒徳利に盃、人形に置物、タイルに衛生陶器と、それこそないものはない。中でも、磁器の食器類が圧倒的に多い。白地に青の絵柄が付いたもので、われわれの家庭や街の食堂に使われているものである。また陶器の食器もある。志野《しの》焼といわれるもので、赤と白のまだらの釉薬がかかっているのが代表品だ。高級品もあることはあるが、全体では大衆的なものが主流になっている。

輸出用の洋食器も多い。生産額の半分は輸出に向けるものである。

美濃には全体をひっくるめると、大小一三〇〇以上の陶磁器製造業者がいる。もう大部分が機械化されていて、石膏型で成形し、印刷型を貼りつければ絵付けにな

美濃の谷を流れる川には昔は粘土を搗く水車小屋が見られた

り、ガスや重油のトンネル窯に入れると焼き上る。大企業も進出してきた。

そこでは人間は機械の動きにあわせて働く。昔のような職人の腕は必要でない。ドビンの柄をとりつけたり、上絵を描く仕事は下請け業者に廻せばよい。

特に、磁器の食器はどんどんと量が売れてゆく。原料の粘土や陶石は附近にたくさんある。工場では従業員を募集する。近在の農家から主婦連中も働きに来る。九州や東北からもたくさんの人が入ってきた。都会に出ていた若者も、しだいに帰るようになった。これがここ一〇年ほどの著しい傾向である。

もちろん、家族内だけの労働でやっているところも多いが、全体の流れはそうである。

谷ごとに特徴がある美濃の陶磁器

美濃の窯場は、谷間、谷間に分散しているだけでなく、それぞれが品種に特徴をもっていた。それを岐阜県陶磁器工業協同組合連合会の調査資料などにより、生産額の多い方から並べると次のようになる。

多治見《たじみ》（多治見市）は、従業員五〇人以上の大きな工場が産額を高めている。しかも、そのほとんどは近年進出したタイル企業である。

笠原《かさはら》（土岐《とき》郡笠原町）は、もとは茶漬《ちゃづけ》茶碗をたくさん作った。通称、笠原茶漬といわれていた。しかし、現在は七割以上はタイル製造である。タイル工場は、大企業で、従業員百人以上のところが数社ある。

恵那《えな》郡では、明智町に工場が多い。輸出用洋食器が七割である。中でも皿類が多い。工場数が少ないのに生産額が高いということは、大きな工場が多い、ということである。附近の山に良質の磁器原料がある。

駄知《だち》（土岐市）には、小規模な工場が多い。平均、従業員一〇人前後の工場である。昔から磁器の丼鉢《どんぶりばち》を作っており、それより古い歴史をもつ陶器のドビンも盛んに焼いた。これらは駄知ドンブリ、駄知ドビンとして有名だった。青磁、黄磁の皿もたくさん出ていた。最近では近代的な工場が増えて、洋食器や割烹《かっぽう》料理屋用の和食器を作っている。

滝呂《たきろ》（多治見市）は、半分が皿や置物の輸出品である。それも上等品が多い。また一般向けには白いコーヒー碗がある。

妻木《つまき》（土岐市）では、九六パーセントが輸出用品である。コーヒー碗の生産はここで始められた。滝呂と同じような中企業が多い。

瑞浪《みずなみ》（瑞浪市）は、茶碗や皿を作るが、主力は国内市場向けである。瑞浪市内に工場ができたのは終戦後のことで、以前は稲津村の小里《おり》で茶漬碗を焼いていた。陶《すえ》には古くからの工場が多い。

土岐津《ときつ》（土岐市）は、従業員二〇人前後の小さな工場が多い。茶碗や皿、スープ皿が輸出用で、国内用には湯呑茶碗がある。寿司屋の番茶々碗などは土岐口《ときぐち》附近で作られる。以前には純陶器も多かったが、今は磁器で原型を作り、それに陶土をかけて、陶器風にみせる技術が使われている。

高田《たかだ》（多治見市）は、江戸時代から徳利《とっくり》で有名だった。明治以後は東日本の酒屋の徳利のほとんどがここで作られた。その後に、鉄道の駅売りドビンをたくさん作った。今は、釜飯《かまめし》ドンブリや酒器が多い。従業員一〇人以内の小規模なところがほとんどである。隣の小名田《おなた》でも内容的には同じことがいえる。

下石《おろし》（土岐市）の企業数も土岐津と同じぐらい多い。コーヒー碗、燗徳利、急須、湯呑茶碗などの安い品を生産している。急須や徳利のようなものを袋物《ふくろもん》と呼ぶが、下石は袋物と蓋《ふた》物が得意とされている。

肥田《ひだ》（土岐市）は明治以後、三五皿《さんござら》の産地として知られた。三五皿とは直径三寸五分の皿である。今も料理屋用の和皿をたくさん焼いている。

市之倉《いちのくら》（多治見市）は、家族内労働による仕事場も多い。昔から盃《さかずき》といえば市之倉ときまっていた。原土も他の土地に比べて少ないから、小さな盃を作りだしたのだといわれている。今は、茶碗や急須もできるが、まだ盃は代表的な品である。

泉《いずみ》地区（現在の土岐市久尻）は、煎茶《せんちゃ》々碗が多かったが、このごろは洋皿も増えてきた。

土岐市の久々利《くくり》、大萱《おおがや》は、江戸時代に上等な陶器の焼かれたところである。茶道陶器で知られる志野《しの》の里がここだった。明治以後は一時期窯の煙が絶えていたが、最近になって陶芸作家がここに集まってきて復活した。しかし、一点高級品をねらう作家窯や民芸窯がほとんどで、前にあげた一三の窯場群とは性格を異にしている。

美濃焼の歴史

美濃の焼き物の歴史は古い。ここもいたるところに古窯跡がある。現在の窯場の近くはもちろんだが、ずっと北東の中津川市からも発見された。それらの発掘の調査報告書をみると、平安時代以後の各時代を代表する窯の様式や製品がもれなくこの一帯から出てくるようであ

陶器を乗せて乾かす室板を運ぶ老職人

発掘された江戸期の登り窯（土岐市定林寺）
撮影・古川庄作

多治見市高田の窯場。大正時代に貧乏徳利を大量に焼いた

る。

美濃にはたくさんの良質の粘土がある。これは言うまでもなく、窯場が発展する第一の要素である。

江戸時代末期までの美濃地方では、陶器を焼いていた。その中には志野、黄瀬戸《きせと》、織部《おりべ》といった茶道にかかわりあいの深いものがある。従来、それは桃山時代に瀬戸に生れたものとされていたが、それが美濃の古窯から多くみつかった。そうすると、志野や織部の本家は美濃だ、いや瀬戸だと方々で騒がれだした。そんなことはどうでもいいじゃあないかと、私などは思う。瀬戸でも美濃でも両方で出てくることは、事実なのだ。瀬戸も美濃も同じ地層の粘土を使ったところである。距離もわずかなもので、人は簡単に往き来ができる。どちらが本家でも、所詮同質の窯場ではないか。それよりも、茶道具なんてほんの一時代のわずかな量に過ぎないではないか。それは歴史の一部ではあっても、美濃や瀬戸の焼き物史の本流ではない。

江戸時代の美濃地方では、大方が日常雑器を焼いていた。徳利や片口や油壺などで、色は飴色か黄灰色のものが多い。さらに、日常雑器を量産するのを決定したのが磁器の出現である。これは文化、文政時代に瀬戸で成功した技術が伝わったもので、その史実はいくつかの古文書に残っている。

それが、明治時代に大きく発展する。海外の博覧会に出品して認められ、貿易が開ける。そこで西洋の製法をとり入れて機械化をする。仕事は分業化して、業者はどんどん増える。国内向けも、鉄道ができたことで販路が拡がる。各地の陶器を押したおして、美濃の磁器が育っていった。これも、瀬戸と似たような歩みである。

問屋《といや》の商い

美濃の焼き物は問屋を通して、全国各地に搬出されてゆく。問屋は仲買人ともいわれ、国内向けと輸出とに分かれている。問屋は土岐市や多治見市にある。特に多治見の町に多い。多治見にだけでも四〇〇以上の問屋がある。商業組合でもその実数がつかめないそうだが、大手タイル業者や本社が名古屋にある輸出商社や上絵付兼用の零細商人も含めれば七〇〇店以上ともいわれる。

それらの問屋が、網の目のように窯屋と結びついている。そのさまを、例によってお年寄りに聞いてみた。このおじいさんは、大きな問屋に奉公した後、独立をして店を持った人である。そのように、奉公した者がどんどん独立していって、今のように問屋がたくさんできたのだ、という。

「私らが小僧《こぞう》奉公に入ったのは、大正はじめです。今ほどでないが、そのころの多治見は本町筋や新町筋に問屋がまとまってありました。多治見に問屋がまとまりだしたのは、日露戦争（明治三七年）の前に鉄道ができてからのように聞いております。私の生れたばかりのころですよ。それ以前は、峠を越えて南の内津々《うつつ》、西尾《にしお》、明智《あけち》（愛知県春日井市）あたりに問屋がたくさんあった、と親から聞きました。実際に私の知る限りでも、二、三軒の問屋が上絵付け窯をもっていましたし、あちらから多治見に移ってきた問屋もありますからね。鉄道以前は、内津々峠を越えて美濃の窯屋から仕入れた品を運んだのでしょう。馬車よりも手車が多かったと覚えております。はい、内津々峠の道は昔の下街道で名古屋に通じます。もちろん、熱田港から船で出したんです。内津々あたりの商人は、足で三重や福井あたりまで出ていたとも聞きましたよ。

私らの時は、商売の中心は多治見です。小僧は、月々の小遣い程度で働きます。最初は掃除や荷物の整理から始まりました。二、三年すると帳面にあたらせてもろうて、筆や算盤も習います。それから窯廻りです。窯屋との取引は、まず品物のできを見分けて元価《もとね》がサッと出るようにならんとできません。ここの問屋や窯屋は、組合で値額の協定などはしませんから、その場が勝負です。品物はトビ、ダイ、ゴク、ペケと四段階に分けます。トビは一級品、ダイは二級品で元価は七掛《ななかけ》、ゴクは三級品で半掛《はんがけ》です。これを瞬間的に判断しないとつとまりません。ペケは傷物や不良品で、こいつは問屋は扱いません。これ専門にはペケヤという大道売りの商人がおりました。地方の祭や縁日に出る露店などにペケは出てゆくんです。ああそうですか、瀬戸では取引を六段階に分けるといっていましたか。私らとちょっと違うわけですね。だけど、瀬戸でも符丁《ふちょう》は使っていたでしょう。そうです、符丁は商人や窯屋だけにわかる暗号で、これは全国の焼き物屋で同じのはずです。一から一〇までをト《ふん》、リ《りん》、メ《かん》、斤《きん》、両《りょう》、間《けん》、丈《じょう》、尺《しゃく》、寸《すん》、〇《まる》というわけですね。これを使えば一般の人にはわからないで、元価や利益が口に出せることになります。例えば茶漬（碗）ト《ふん》、リメ《りんかん》といえば、茶漬の一個が二三円とか一俵が二三〇〇円とかいうことになります。私らは、それをまた店の中だけでわかる符丁も作っておりました。

そういうことを全部覚えたら旅に出るんです。旅は行商です。旅に出るようになると、やっと一人前です。私は、東京や九州におもに出ましたが、まあ三〇年もやればだいたい日本中の大きな都市は行ったことになりますかな。目方にして四〜五貫（約一五、六キログラム）の見本を支那カバンに入れて持って歩いたもんです。磁器が多いのですが、急いだ時なんかに割れるので困りましたよ。

やっぱり、商売は東の方がラクでしたね。東京や東北では、行けば人情でも買ってくれますが、大阪なんかでは値切りたおされた上、不払いなどでずいぶん無駄足を踏まされました。ええ、相手は地方の問屋です」

稲荷様（右）と秋葉山（左）。いずれも火伏の神様で、窯場の神として祀られた

サイトリと印物屋《しるしもんや》

この他にも、美濃にはサイトリや印物屋と呼ばれる問屋商人もいた。サイトリは、瑞浪や駄知や土岐津に多かった。また印物屋は、高田に多い。

サイトリは、旅に出ない。窯屋から仕入れた品物を多治見の大きな問屋に納めて、その間の手間賃で生計をたてた。その仲買商人をサイトリという。

それについては、駄知で詳しい話を聞いた。

「昔はここらの商人は、ほとんどサイトリです。ここ一〇年か一五年の間にみんな独立して、全国に出ていますが、以前は多治見の店に出していたんですよ。

何せ、主人が手轆轤を廻して成形し、素焼をした生地に女房が夜鍋《ゆうなべ》して絵付けをしていましたからね。戦争前まではそういう家が多く、できるだけたくさんを安く作らせて、それをサイトリが買うんです。大正時代までは、窯屋は貧しいので商人に前払いをしてもらう。それで、商人にたたかれて安く納めざるをえないんですね。仕送り窯といいましたよ、それを。

明治、大正と三組《みつぐみ》のドンブリをたくさん駄知から出しましたが、これには上絵は要りません。オカズものを入れるもんだから、青の絵だけで充分です。ただ皿なんかは金の一本も入れた方がよいので、そんな時はサイトリが上絵付け屋にだしてから、完成したものを多治見に出していましたね。

ここは鉄道から離れて不便な山の中ですから、馬車で長い間ゴロゴロ引いて行ってましてね、今考えると夢のようです」

高田では、今でも印物屋が活躍している。これは、文字の入る陶器を扱う商人である。どこでも、よく開店祝いなどに灰皿を出したり、何かの記念行事に湯呑茶碗を配ったりする。それらに「〇〇記念」という文字が入っている。高田の印物屋は、お好みの文字や記号を入れますよ、といって注文を取りに歩く。

その印物がさかんになったはじまりが、徳利だった。

出荷のための荷作り。かつては貨車で出したり、窯場によっては行商もした

流れ作業の製陶工場

もともと江戸時代から、陶器の徳利を焼いていた高田だが、それには文字はなかった。やや緑がかった白無地の徳利だった。

それが、明治中頃から後にさかんに貧乏徳利《びんぼうどっくり》を焼いて出すようになる。白い地肌に「〇〇酒店」などと黒い文字の書かれた縦長の徳利である。これは、ガラスの一升瓶ができるまでの間、酒屋で使われた。

貧乏徳利が出るまでは、酒屋で小売り容器を用意することはまずなかったようだ。酒を買う者が、適当な入れ物を持って酒屋に行く。そうすると、酒屋はそれに樽や甕から酒を出して売っていた。そこへ貧乏徳利が出るようになると、これは便利だった。そして、ほとんどまたたく間に全国に流行した。

中でも丹波立杭《たんばたちぐい》（兵庫県）と有田（佐賀県）と美濃の徳利が酒屋から人気を得た。丹波立杭焼の貧乏徳利は、茶色い地肌に白い文字が記されている陶器で、近畿地方全域と瀬戸内海沿岸地方によく出ていった。有田の徳利は、磁器であるから、白いガラス質の肌にコバルトで文字が書かれている。だいたい九州地方や中国地方に多く分布をみる。

美濃の貧乏徳利は、東日本の酒屋につぎつぎと出廻った。明治時代末から大正時代にかけて、高田はすさまじい徳利景気となった。そんなに古い時代の話でないから、年寄りもみんなよく話してくれる。

「そりゃあ、あんた、よう売れたもんじゃ。私らの生れたころ、明治二〇年から三〇年ごろだが、そのころは四〇軒ほどの窯屋しかなかったのが、大正五、六年には一

上絵付け。流行のアニメの主人公を描いていた

生地屋から絵付屋へと室板を積んで車で運ぶ

〇〇近くにもなったからのう。印物屋も二〇軒もあったよ。そうじゃ、みんな徳利を作っていたわけよ。川向うの小名田でも、同じことをやりだしたさ。

だけども、ここの土山《つちやま》はええ粘土を持っとるからのう。小名田はそれがないから勝負にならんわい。ここの土がどんなにいいかって、そりゃああんた、山から掘った土を槌ではたきさえすりゃあ、そのまますぐに使えるが。そうじゃ、泥漉《どろこ》しをすることもいらんし、他《ほか》の土を混ぜることもいらん。それに一升でも五升でも一気にひきあげることができる。継がんでもええ。

昔は手轆轤を自分で廻しておいてのう、その棒を手にしたままで職人は粘土をひきあげとったものよ。一升徳利ならクルクルッと廻しておいて、サァーと作りあげたわいな。そりゃあ、あざやかな手さばきだったよ。ところが五升にもなると、轆轤の心棒に縄をかけて、別な者《もん》が廻しとった。そういう職人の手伝いをするのを、シタマワシと言うたなあ。

職人の賃金は室板《もろいた》一枚でいくらだった。室板はできた徳利を並べて乾かす板よのう。ここらでは仕事場を室《もろ》というから、そこで使う板のことよ。その板に一升だと八本、五合だと一二本並ぶもんだ。一人前の職人は一日に五〇枚やそこらは作っていたから、熟練したもんよのう」

貧乏徳利から釜飯ドンブリへ

高田も山あいにある集落である。まだここは、美濃の中では昔の窯場の雰囲気を残している。民家の脇に小さな室がある。室の中は、天井も壁もまっ黒だ。冬の間に土間で火を焚いていたからだという。そんな室の中に石膏型の白さが目にしみる。今は、轆轤で作る人はほとんどいない。八〇軒ぐらいある窯場の中で、数軒は草屋根の小さな室を残している。切妻の屋根で、二階がある。二階は製品を置く場所だった。高田の家の庭先は、晴れた日には一面に作ったばかりの生地が並ぶ。天日で乾燥させるのである。

「高田の貧乏徳利は、印物屋が買うてゆき、その見本を持って東の方の酒屋を注文とりに歩いとった。そうだなあ、西の方へは行かなんだ。伊勢（三重県）、米原《まいばら》（滋賀県）あたりから東や北がここの商売の縄張りのようなもんじゃった。酒屋で注文をとる時に、どんな文字を入れるか決める。それで帰ってきてのう、今度は文字書きの職人を雇うて窯屋に行かすわけよ。そうじゃ、文字書きは、これは窯屋の仕事じゃあなく、商人の仕事よ。それで窯屋の作った生地に文字を書いて、それを窯屋に焼いてもらうんだ。

できた貧乏徳利は、藁でくるんで俵にして、それぞれの注文先へ貨車で送ってたのう」

関東や東北地方の古い酒屋でも、高田の印物屋の話はよくきいた。ただ高田という地名は知らない人が多い。印物屋たちは、多治見からきた、といって歩いていたようである。

高田の貧乏徳利がこれだけ広い範囲に出廻ったのは、良質の粘土が無尽蔵にあったことが第一の原因だったに相違ない。しかも、その粘土は掘り出したままをそのまま使える。その上何段にも継ぐ必要がない。だから、手間もかからないで作れる。それで、大量に安くできた。また、陶器とはいっても、高田の粘土は磁器のように硬くて丈夫だった。東日本の貧乏徳利は、高田徳利の天下だった。

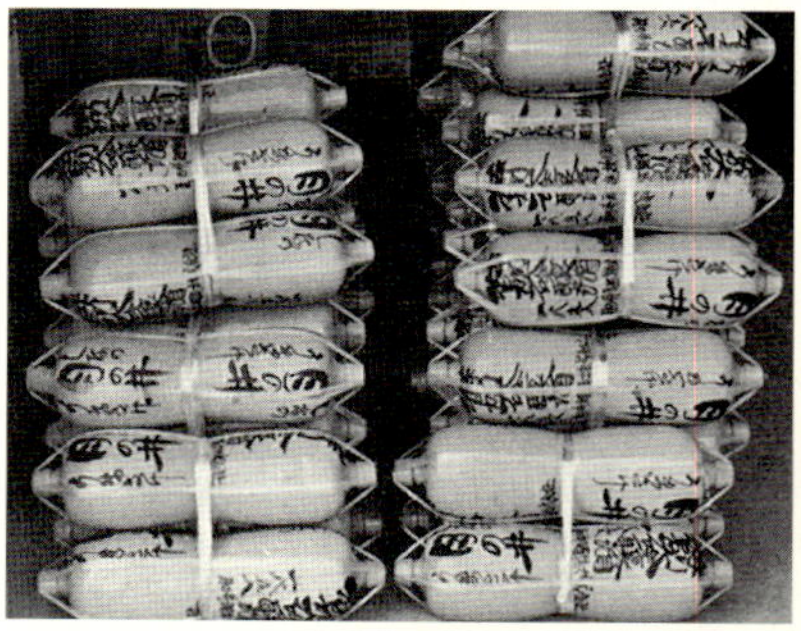

合格品と（上）と不合格品（下）

大正時代の末から昭和にかけてガラスの一升瓶が出てくると、貧乏徳利はたちうちができなくなってきた。

それから後の高田では、湯タンポや汽車ドビンを作りだす。手作りから、型作りになったのもこのころである。昭和三〇年ごろまではまた、汽車ドビンがたいへんよく売れた。その商売がやんだころ、オカマを作りはじめる。釜飯のドンブリである。

そして今、また徳利の注文が増えてきた。

手作りの清酒を売りものにする造り酒屋や、都会の民芸酒場などから注文が殺到する。どんどん、石膏型で抜かれる徳利をみながら、かつて徳利作りに腕をふるった老人たちが口々に言う。

「わからん世の中よのう。何が新しゅうて、何が古いのか、私《わし》らにはわからんよ」

竹細工をたずねる①

文・写真　工藤員功

ソバタメザル（蕎麦ため笊）を編む　佐渡郡小木町

「今は昔、竹取の翁というものあり、野山なる竹をとりてよろずのことにつかいけり……」

有名な竹取物語の翁は、野山から竹を取ってきてはいろいろな道具を作って生計をたてていた。今様にいえば、籠屋さんか竹細工職人といったところだ。残念ながら物語の主題はそこにはなく、翁が何を作っていたかは知る術もない。

竹を編むという技術は大変な歴史を持つもので、すでに縄文時代以前からあったという。正倉院宝物のなかにある華籠を見ても、すでに当時高度な技術があったことは分る。「野山なる竹」とあるように、竹は野や山に生えていて、容易に入手できる。

竹取の翁も各地に数多くいたであろう。だが古い時代の生活をうかがえる竹編品はほとんど残ってはいない。

いや、そういう遠い時代を訪ねるまでもない。竹編品は少し以前の我々には、ありふれた、身近なものであった。それが、いま、ふと気がついてみると、いつのまにか台所からも、家のまわりからも姿を消して、プラスチックや金属に変わっている。

それが、歴史というものであるかもしれない。だが、今のうちに……できるだけたくさんの今様竹取の翁に会い、現在の竹細工だけでも確かめておきたい。

佐渡

両津《りょうつ》・小木《おぎ》

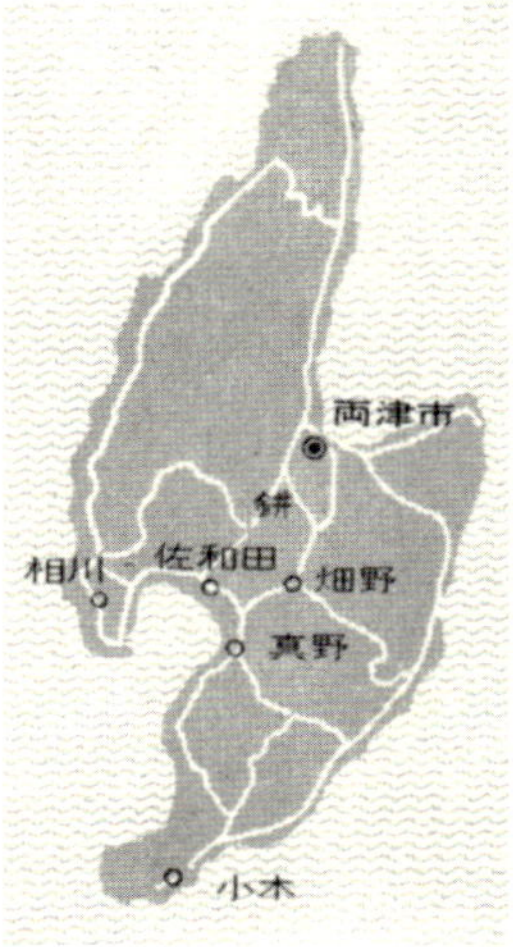

湊の市に出ていた籠や笊

新潟港から定期船に乗って二時間半、佐渡の表玄関である両津に着いたのは、幸運にも二月二三日であった。毎月二三日には両津市湊で湊市が立つのである。この湊に住む籠屋《かごや》さんを訪ねるのが目的であったが、思わぬ市の光景に、ある期待を持った。

街並にそって道の両側に種々の野菜や魚、衣類や雑貨の露店が立ち並ぶ。ハクサイだけ、あるいは数本の大根だけを前に買い手を待つモンペ姿のおばさん。一方腰をかがめ、品物を物色するおばさんたちも、やはりモンペとゴム長というスタイル。唐草模様の大風呂敷を背にするのは買い出しの済んだおばさん。空の御用籠を肩にこれからという人。佐渡の冬にはめずらしい明るい陽差しが、これらの光景をつつみ込んでいる。そんな中に、二人の籠屋さんが店を出していた。

七〇を越したおじいさんは、畑野《はたの》町目黒の人。農業のかたわら竹籠をつくり、湊と両津の恵比寿町の市（毎月二日と二三日）には、近在の農家の人が作る籠やわら製品を仕入れて売りに来るのだという。もう一人の籠屋さ

13日の両津市湊の市の日、道端で籠屋さんも店をひらいていた

んは五〇代なかば、佐和田町河原田の町場に住み、竹細工の仲買を専業にして、佐渡の中央部、国中《くになか》一帯の市に店を出すという。

軒下の残雪の上にひろげられた品物は、カサやミノ、わら沓などもあるが、竹籠が圧倒的に多い。思わぬ竹細工との出会いにやや興奮気味の心をおさえてひとつひとつ見ていくと、比較的小作りで繊細な感じのものが多い。柔らかで女性的である。シノダケのゴザ目編みが多いからでもあろう。それにしても種類が多い。

野菜や魚を入れるアサ籠、主に行商の人が品物を入れて計るのに使うホウティ籠（トウ籠ともいう）、海苔採りに使うノリトリ籠（マル籠ともいう）、苗を運ぶボテ籠、種籾を洗うエンスイアライ籠、といだ米を打ちあげるコメアゲ笊、アンをこすのに使うマル笊《ざる》、ヒラクチ笊、ゆでた団子や麺類をすくうスイノウ、米を俵や袋に入れるトノクチ、祝儀の時に魚を入れて持っていくサカナ籠、魚を干したり延縄《はえなわ》漁に使うナワ籠、カワ籠、サラビク、ソバフリ、ドジョウ籠等々。今はもうほとんど使わなくなったが、稲についた虫を払いとる泥《れろ》ハキまでもある。

いずれも材料は佐渡でシノダケと呼ぶヤダケである。これに対して佐渡でオオダケと呼ぶマダケを使ったものは数少ない。ところによっては自転車籠とかカク籠、ヤミ籠などと呼ばれる御用籠、松葉やゴミを集めるナガカギ、カクテとも呼ばれるカイモノ籠、野菜や魚を入れるナ笊、縁にもマダケを使った当縁《あてぶち》仕上げでタケブチともいうコメアゲ笊、他にはササラぐらいである。

佐渡にマダケが少ないのではない。特に赤泊一帯には

「ソバタメ」

「メカゴ」魚を入れる。消し炭をふるう

「丸ザル」あん漉し　畑野町

「フリテボ」うどん等を温める　佐渡郡

「スイノウ」麺類をすくう　畑野町

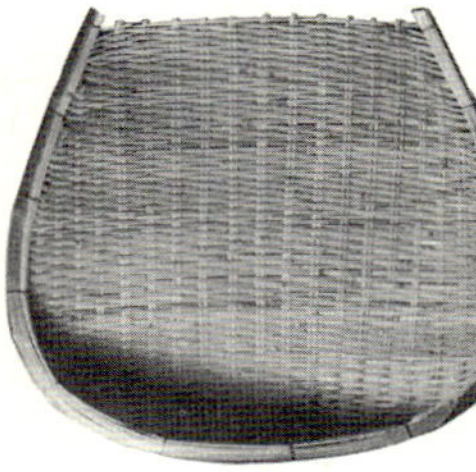

「ナザル」野菜、魚の水切り　畑野町

「エンスイアライカゴ」

やぶが続いており、稲架《はざ》の横木として本土に輸出しているほどだし、桶《おけ》・樽《たる》のタガにも使われている。ではマダケの細工が少ないのはなぜだろう。

マダケは中国原産だといわれる。一方、ヤダケは我国に古来より自生する竹だという。あるいはこのあたりに原因があるのかもしれない。

同志団と竹籐協同組合

さて、目的の籠屋さんは辻正一さんという。辻さんは六〇過ぎ、もと佐渡竹籐協同組合の理事長だった人だが、今は佐渡竹芸社という看板を掲げて、竹細工を続けている。土間の一部に建て増した一部屋には、簡単な作りの小さなメ籠が積んである。しかし両津の特産だと思っていた書類入れの文庫や脱衣入れの乱れ籠は見当らない。

「文庫はもう作っていません。売れゆきが悪くなったり、職人が減ったりで、まだ多少の注文はあったのですけど三八年に中止しました。

文庫が一番盛んだったのは昭和二五年ごろでしょうね。両津で約八〇戸もやっていました。東京だけでも文庫は年に五〇万個も出していたんですよ。大阪に出したものは朝鮮にまで売られてました」

文庫や乱れ籠が両津を中心に佐渡で作られるようになったのは古いことではない。それは同志団によって始められた。同志団というのは、大正六年金井町の教員であった仲川左右ヱ門という人によって設立されたもので、昼間は文庫や乱れ籠を主とした竹細工を指導し、夜は女

「マルカゴ」ノリ摘み　畑野町

「サラビク」ビク　真野町

「カワカゴ」ビク　畑野町

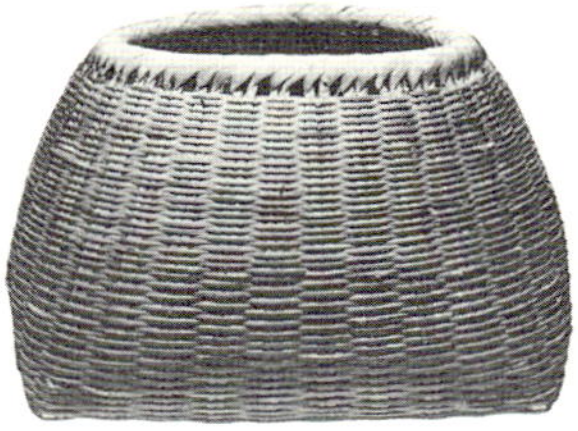

「ドジョウカゴ」ドジョウをとる　真野町

「アサカゴ」魚、野菜入れ　畑野町

「ナワザル」重ねたナワカゴのフタ　真野町

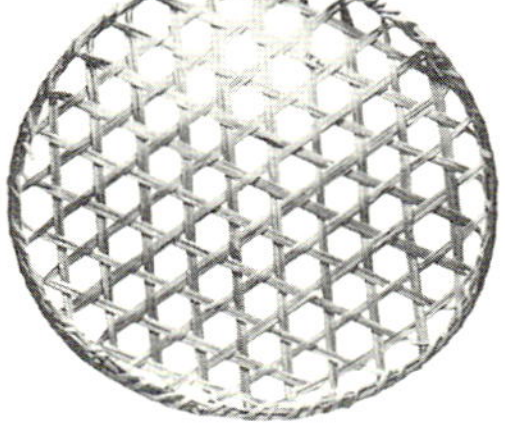

「ナワカゴ」延縄漁

「シュウトウシカゴ」炭もふるう　真野町

「ササラ」

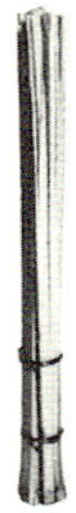

「マルボンザル」食品入れ　畑野町

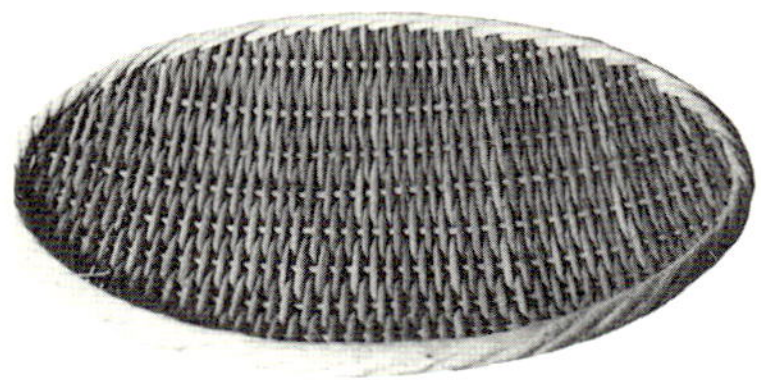

「コメザル（タケブチ）」　畑野町

「トノクチ」米を入れる漏斗　真野町

学校の先生が学問を教えた。中学校にいけない貧しい家庭の子が多く集まり、島内だけでなく、本土から来るものもあったという。全寮制で、上級生が下級生を指導しつつ、やがて東京、大阪、新潟、仙台など各地に出張所や、作った製品を販売するための組織も作った。同志団は昭和五年まで続くが、その後佐渡竹籐事業協同組合が結成され、同志団が作った基盤を受けつぐ。日常雑器のたぐいだけであった佐渡の竹細工を、土地の産業にまで発展させたこの同志団の業績は大きかった。

今、文庫にかわって作られているのがユベシ籠である。駅などで土産品を入れて売る容器として使われるこの籠は、両津の湊近辺だけでも一〇軒、年間六万を新潟の問屋に納めている。籠屋さんが竹を仕入れて割ったものを、近所の奥さん連中が内職で編むのである。

籠屋さんは竹の多いところに多い。しかし籠屋さん自身が竹を持っているというのは例外に近く、多くは農家が竹やぶを持っていて、それを竹問屋が買い、籠屋が竹問屋から買う。辻さんは今、佐和田の問屋さんから仕入れている。籠屋さんが直接やぶの持ち主から買う場合もある。

「竹やぶを持っているのは割と裕福な農家が多くて、やぶを持っている人を旦那というんです。あこの竹を旦那して買わしてもろうとる、といって、四月と八月にはとどけ物をするんです。細工用には三年竹を切るのが普通で、一番多く切るのが暮切り、これは一〇月から一二月にかけて。この時期のものは虫がつきません。竹の子の出る前の四月に切る春切り。盆切りといって八月に切る

●「ソバタメ」づくり

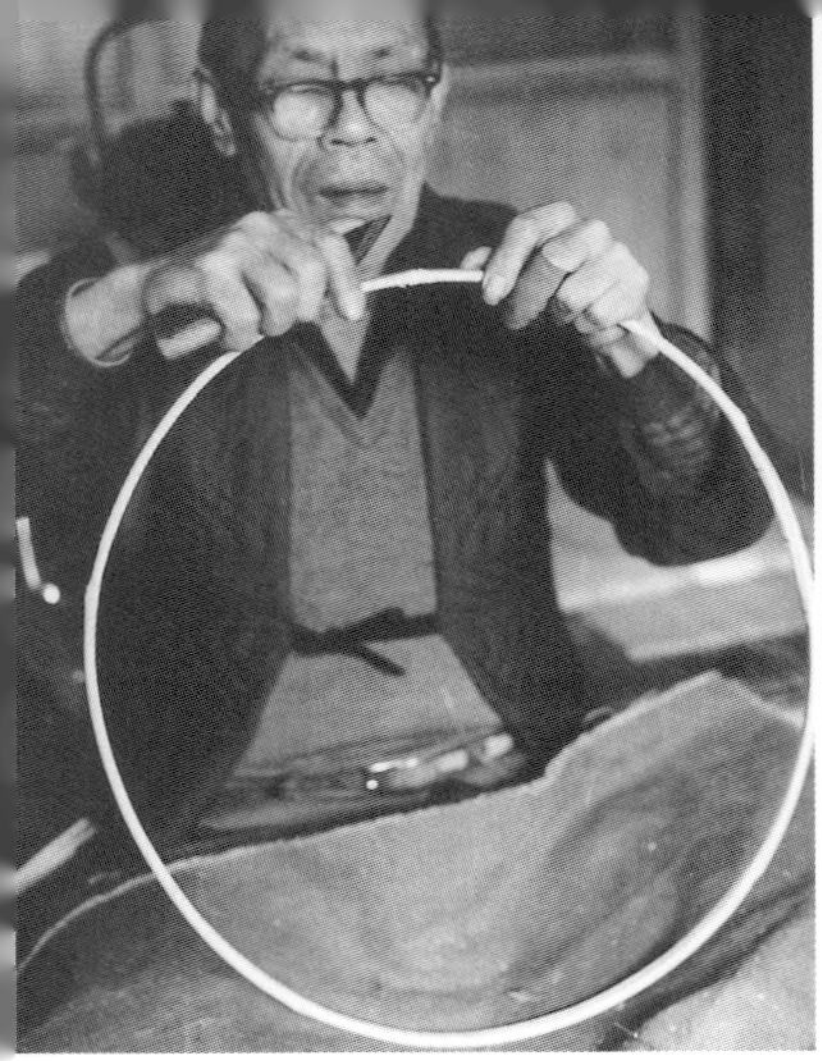

笊の縁を作る

竹ヒゴの面をとる（ヒゴの角を取る）

ヤタケを細く割って、竹ヒゴをつくる

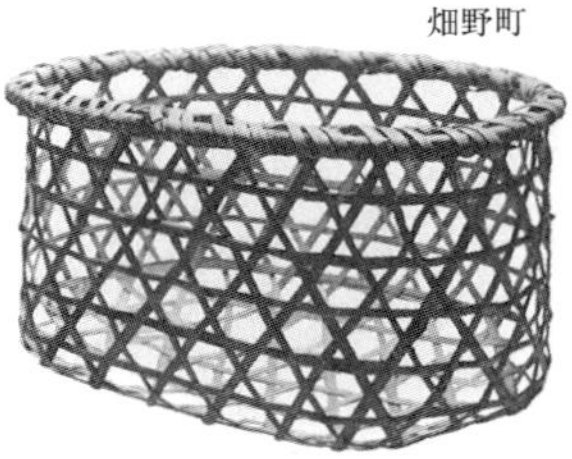

「コシカゴ」苗、魚、海藻入れ　畑野町

「レロハキ」稲の虫をとる　真野町

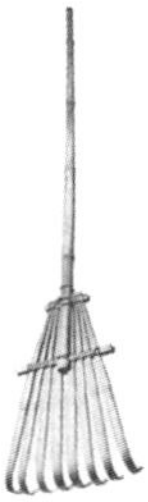

「ナガカキ」松葉やゴミ集め　畑野町

「モミトオシ（マメトオシ）　真野町

「ゴヨウカゴ」野菜などを運ぶ　畑野町

こともあります」

本土の農家が稲架の横木に使う竹は、盆切りの竹が送られる。

小木の竹細工

佐渡の竹細工は、もともと国中地帯が本場であったといわれる。だが、その本場をしのぐほど盛んに作るようになったのが小木町である。

小木は昔、相川金山で掘った金を運びだす港として大いに栄えた港町である。明治初期まで和船と呼ばれる帆かけ船が出入りし、町には今もなお昔ながらの宿屋や問屋などが残っている。今は直江津との間にフェリーが通い土産物屋が軒を並べている。

訪ねる竹工センターはその一画にあった。昔ながらの籠や笊とともに、電気の笠などの新しい工芸品や土産品も展示されている。小木竹工組合の理事長である数馬さんが、小木の竹細工を話してくれた。

「小木では口付きのコメアゲ笊が有名ですが、もともと真野町の四日市が本場だったんです。四日市のは口切りでしたが、江戸末ごろこの笊からヒントを得て、小木で口付きのを作り始めたといわれています。それが明治になって小木町全体に広がり、定着したわけです」

和船でにぎわい、その余沢で生活をささえていた小木町の一時期が終ろうとしていた時、人々は竹細工を手にした。他に産業を持たないこと、竹細工の技術が比較的容易に身につくこともあって、小木は竹細工の町として生きることになる。

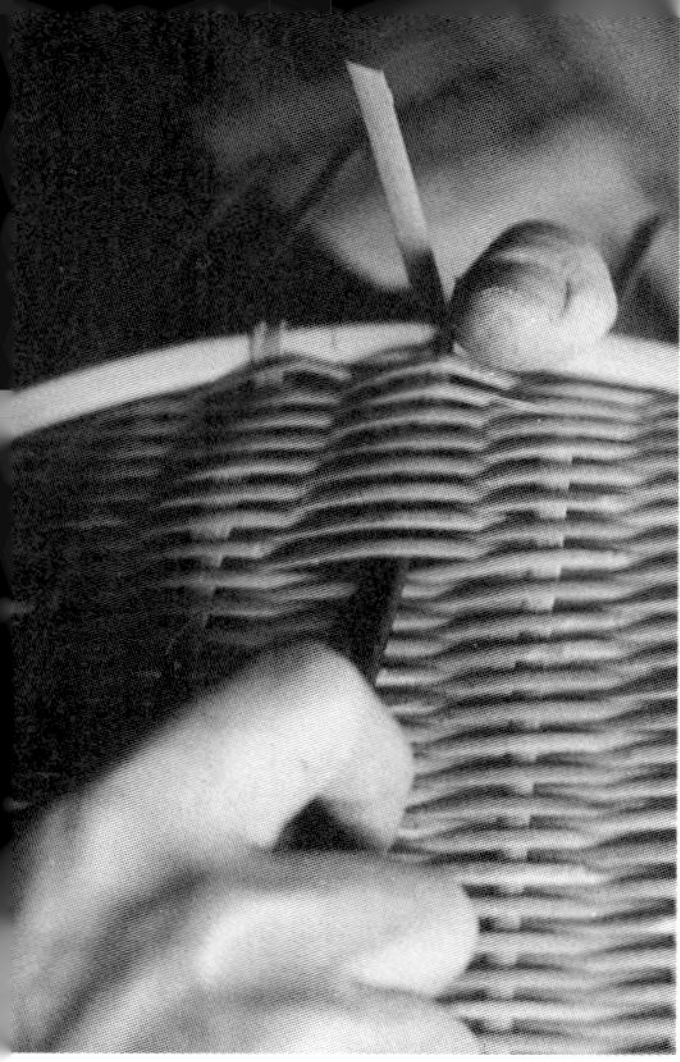
縁を仕上げる

指先で網目を詰めながら編む

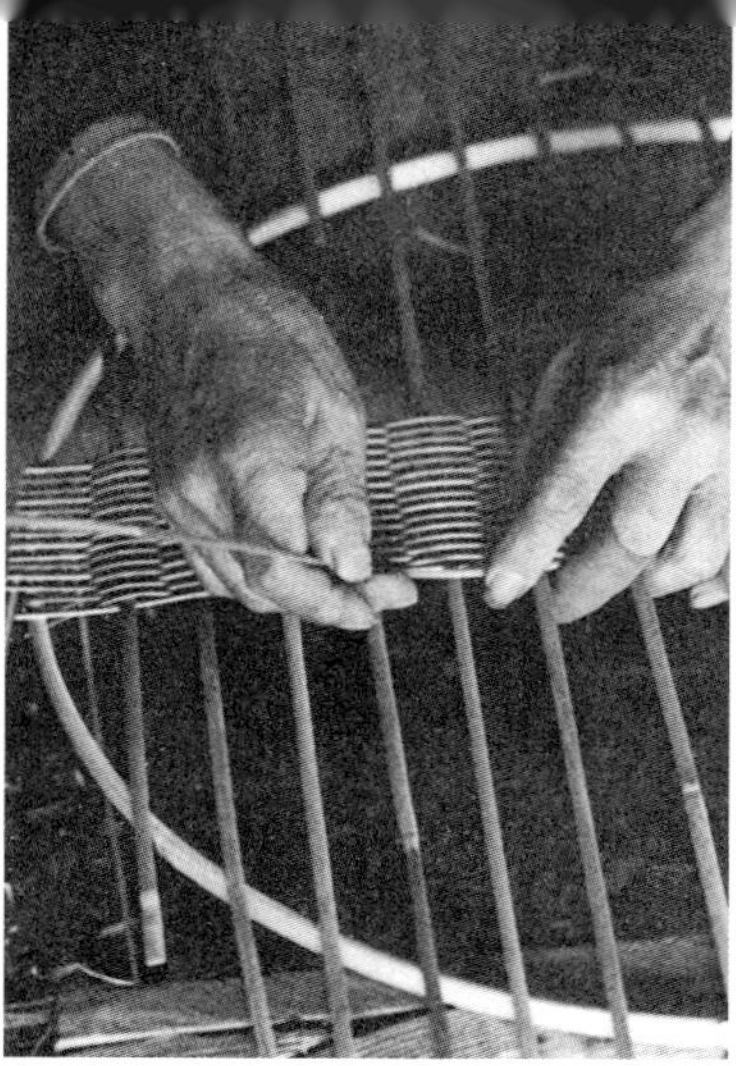
中心部から編みはじめる

縁の芯竹に数本のヨコヒゴをつけ、タテヒゴを入れる

小木町の道具

「文庫」書類入れ　両津市

「ハンドバッグ」両津市

「カイモノカゴ」佐和田町

「ホウティカゴ」目方を計る　畑野町

「昭和七、八年ごろからコメアゲ笊の売れゆきが悪くなりまして、販売を受けもってた農業組合が、笊をかかえて赤字になった事があるんです。

　その頃販売係として名古屋方面に出張していた人がソバフリを、また東京からはソバアゲ笊を持ち帰って小木でも作り始めました。その少し前ごろからマダケを使う御用籠を作り始めたんですが、これは北海道の小樽から職人を呼んで始めたのが、後には東北、北海道に販売するようになったわけです。

　昭和二三年には東京から林尚月斎氏を招いて、買物籠の指導を受けて作り始めまして、これが二七、八年までずいぶん出ました。盛んな時には問屋がお金を持ってわざわざ買いに来るほどでした。真野町で作っている竹のブローチなんかも林さんの指導によったものです」

　買物籠が売れなくなった頃から男の人が他の職業をえらぶようになったという。そして竹製品だけでなくビニール製品も扱うようになった。日本経済の高度成長とやらが軌道に乗り始めたのがこの頃であろう。そして観光ブームが序々に小木の町にも入りこんでくる。

　昭和三〇年に、それまでの任意組合が小木竹工組合になり、観光客相手の土産品としての新しい竹細工の開発に力を入れるようになった。山本太一さんなどが作っているサービス盆、佐渡おけさにちなんだ竹製のおけさ人形、電気笠など装飾品といったものである。しかし、土産店に並んでいるのは、むしろ別府など島外の製品の方が多い。

「なんとか小木の竹細工を続けてゆこうと新しいものを

上　山積みされたタガの加工用のマダケ　佐渡郡佐和田町河原田
右下　タガにするマダケを割る
左下　タガ用に割ったマダケの束

心がけているんですが……何かいいものがありましたら教えて下さい」

小柄な数馬さんの身体全体を通して竹細工に対する情熱がはっきりとこっちの胸に伝わって来る。

現在組合員は一四軒、農業や漁業のあい間に作る家が三、四〇軒、約二〇〇人から二五〇人ほどの人が竹細工を続けている。小木の裏通りを歩いていると、ところどころで笊を作る姿を見かける。その一軒、土間の一画に作った五畳ぐらいの板の間でごま塩頭の老人が仕事をしていた。塚原清作さん、七三歳。屋号を「清吉屋さん」という。実に大きく力強い手が、わずか二ミリに満たないヒゴを操りつづける。

「爪が伸びてるでしょう。爪も道具なんですよ。この爪で編み目をしめながら編むんです。今作っているこれはソバタメ笊です。

父親が目が悪かったもので、小学校二年のころから笊作りを始めました。朝早く起きて一仕事してから学校に行ったものです。技術は父親が教えてくれましてね。口付き笊は五枚が一組で、一日に一組作ると一人前といわれてました。仲買が町にいましたから、自分で売りあるくことはなかったです。もともと小木の竹細工は町の人が多くて、農家の人は冬の内はワラ仕事をする方が多かったようです。ゾウリやワラジ、他にケエビキといって船と櫂を結ぶ綱を作るんです。竹細工と同じように北海道にたくさん出してました」

佐渡の竹細工は北海道を大きな市場にしていた。佐渡から竹細工とワラ細工を、逆に北海道からは魚をという関係である。中には佐渡島内で使うよりも北海道に出す方がはるかに多いものもあった。特にニシン場には、ニシンの塩通しに使うシュウトウシ籠や魚を入れるミ笊が大量に送りだされた。また、買物籠、サラビク、佐渡でコシ籠と呼ぶ苗入れの籠は田植籠という名称で今なおかなり送られている。佐渡の竹細工を考える時、北海道という大きな市場があったことを忘れてはならない。

市で買ったゴヨウカゴを背にして帰る　佐渡郡佐和田町河原田

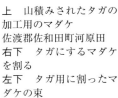

カゴやザルに決まった使い方はない。マルザルはキノコ入れに、アワトオシ（右端）はキノコをふるってゴミをより分けるのにもつかわれる　岩手県一戸町

岩手県二戸郡《にのへ》一戸町《いちのへ》 鳥越《とりごえ》

東北線北福岡。急行列車の中にはこの駅を通過してしまうものもある。駅からまっすぐにのびた道は、駅前の広場を出て一本の道と交わり、すぐに下り坂となり馬淵川にかかる橋につながる。橋の先に続く道は、ほどなく町から出て国道四号線に入る。東北の小さな町である。

竹細工の産地

駅前広場を出たところ、十字路に面してしゃれた民芸店が一軒あった。おやおやと思ってのぞいて見ると、京都や別府産と思われる竹細工にまじって、土地の籠や箕《み》もある。

「もともと籠類は一戸、笊類は福岡が主です。一戸《いちのへ》の鳥越というところが大きな産地だったんですがね、今でも何軒かはやってますよ。実は私も鳥越の出なんです」

民芸店の主人が教えてくれた鳥越は、北福岡の駅

一戸町

「カコベ」背負い籠、栗拾いなど　九戸村

「コウリ」　一戸町

「小文庫」針箱に使う　一戸町

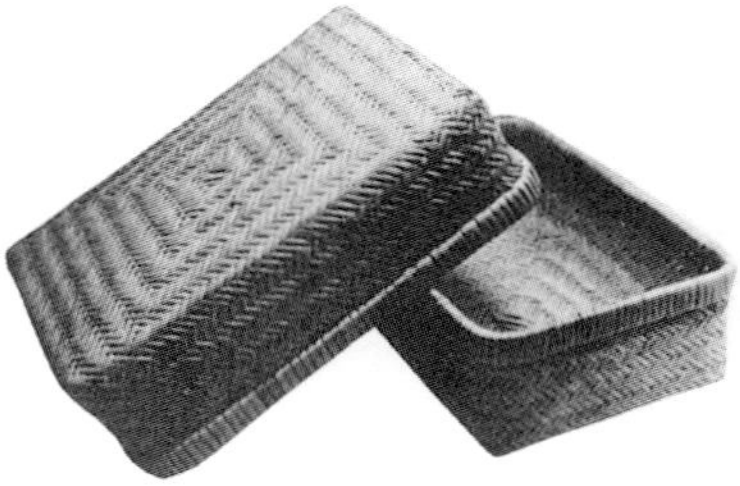

カゼトオシ」カゼ（ウニ）の身をふるう　一戸町

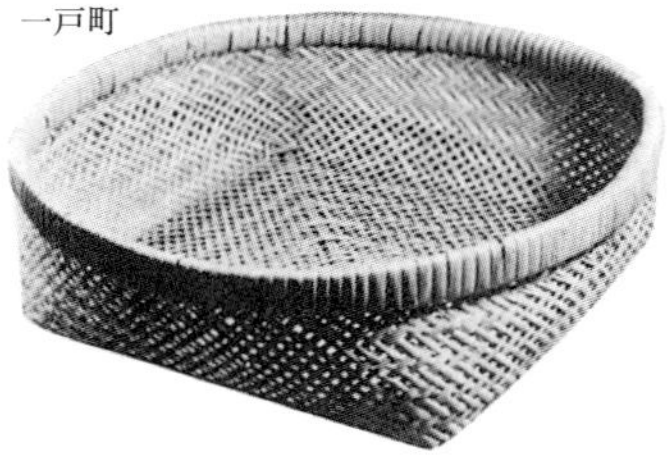

「マゲエザル」麺類をすくう　一戸町

「三升マスザル」米、野菜の水切り　一戸町

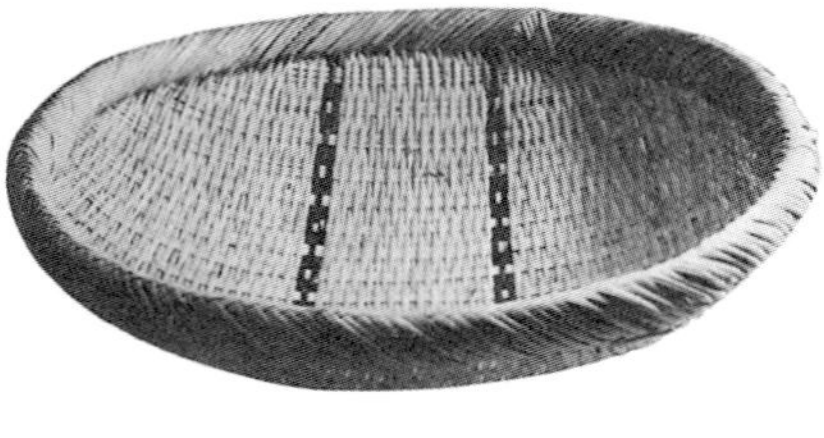

「トウフカゴ」　一戸町

「アワトオシ」　一戸町

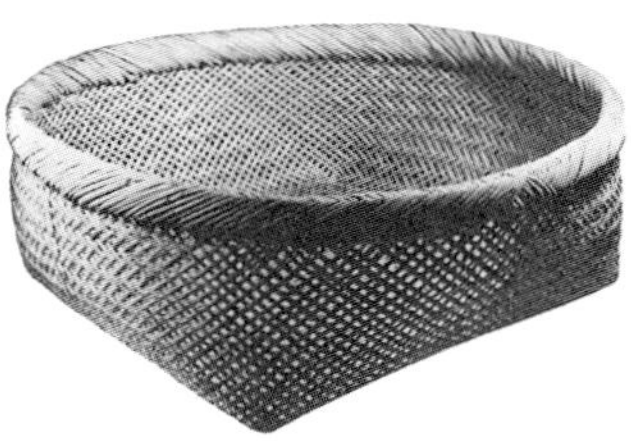

「ヒエトオシ」　一戸町

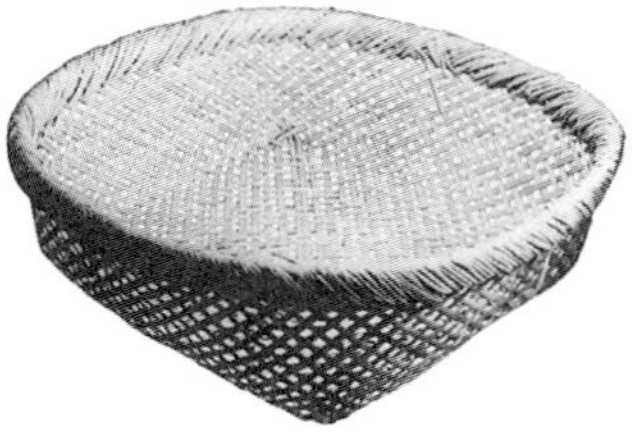

「キクザル」菊ノリを作る　一戸町

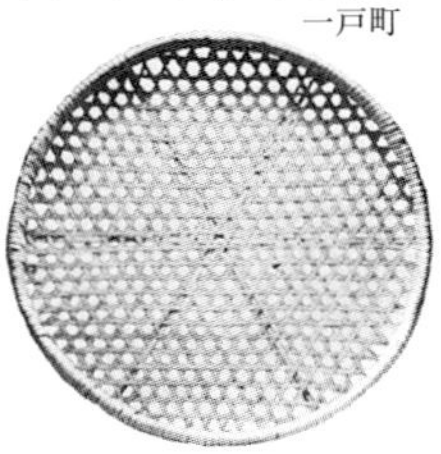

「ハイ（アク）トオシ」今はソバの水切り用　一戸町

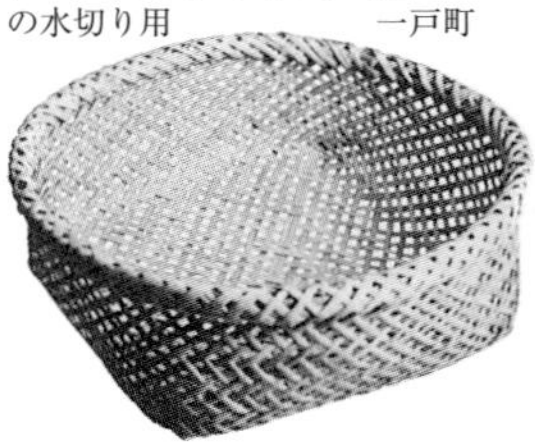

からバスで一〇分足らず、国道四号線沿いの竹細工の村であった。

柴田姓と田村姓が二五〇軒ばかりの半分以上をしめるというこの集落のほとんどの人が竹細工をし、そのうち三〇軒ぐらいの専業者がいたという。鉄道と四号線が集落を二つに分け、小さな起伏のところどころにリンゴの木が見える今、竹細工をする家はわずか一〇数軒ほどになっていた。

馬淵川沿いの一軒の家の前にネマガリダケの束を見つけた。竹細工を専業にする柴田春家さんのお宅だった。

「鳥越はアジロ編みの文庫と行李《こうり》が主で、笊は福岡町の仁佐平《にさたい》と夏間木《なつまぎ》が本場。一戸《いちのへ》の姉帯《あねたい》ではゆでた麺類をすくうマゲ柄笊、その先の面岸《おもいし》では箕を作っています。今は竹細工をする後継者がいなくて……」

昔から出稼ぎは多いところであった。前は北海道が主であったが、今は関東が多く、土地に残った若い人もほとんど工場や建設業に勤めたり、養鶏をやったりしているという。

「竹はネマガリダケとスズダケが主で、ネマガリダケは二、三年竹を、スズダケは一年竹を使います。八月の末には切ることができますが、やはり一一月に切る竹が一番です。

ネマガリダケは西岳が群生地でして、営林署に年間使用料を払っております。昔はネマガリダケを切り出す専門の人がいて、雪の降る少し前になると、切った竹をノシノシとひきずって運ぶ姿が見られたものです。スズダケの方はどこにでもあるので、自分で切り出したり、

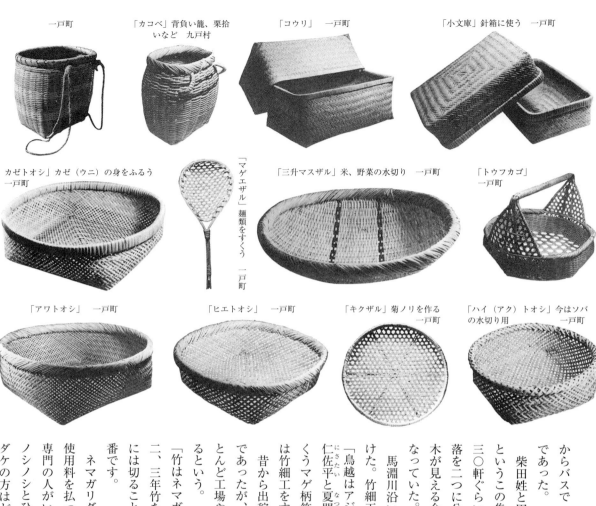

壁に竹細工の道具が並ぶ柴田春家氏の仕事場　一戸町鳥越

竹を割る道具　一戸町鳥越

ヒゴを削る道具　一戸町鳥越

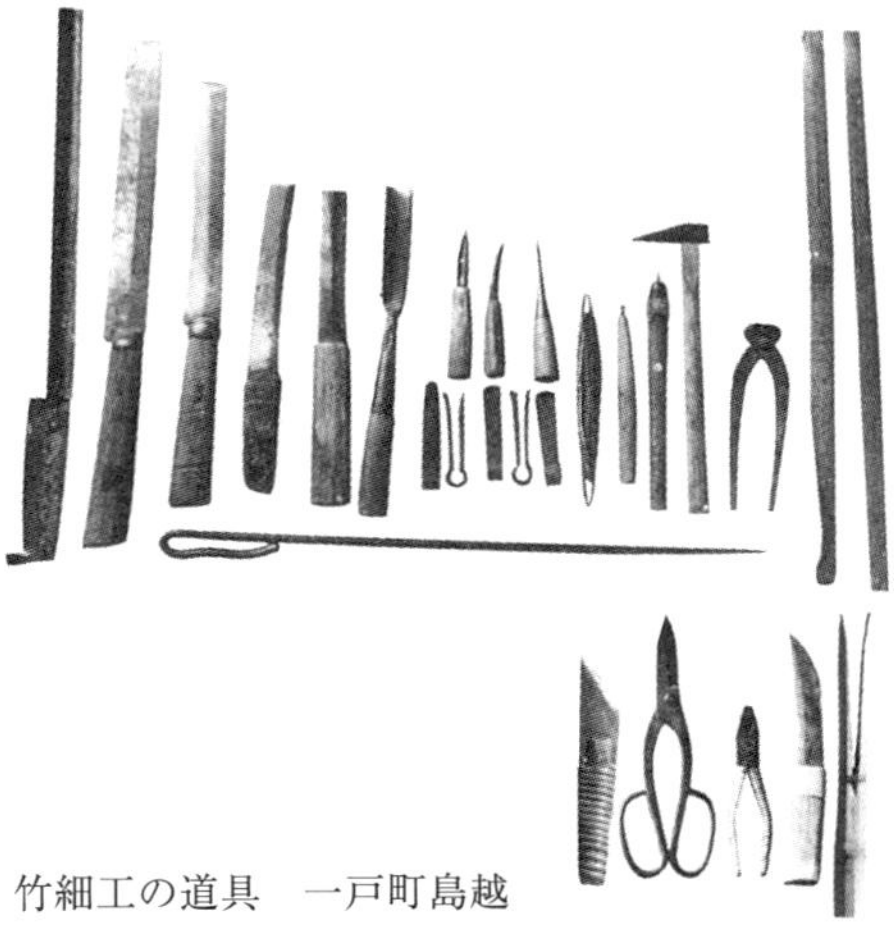

竹細工の道具　一戸町鳥越

近所の人に頼んだりします。切った竹を土の上に置いてコモをかぶせておいたり、すぐに割って乾燥しておいたものは五年たっても使えます。ええ、使う前に二、三時間水につけましてね。ただ、縁巻《ふちまき》用のは夏の土用に切ったものがしなやかで使い易いんです」

一〇坪ほどの広い仕事場の一画に置かれた機械で次々と竹が割られる。

「この機械ですか。これは四〇年ほど前に御殿場で見つけてきたんですよ」

御殿場といえばかつてハコネダケを使った竹行李の産地として名を売っていたところである。製品や技術に限らず、道具もまたよいものがあればとり入れる。鳥越が竹細工の産地として栄えた一因であろう。

農家のおばさんたちの竹籠行商

柴田春家さんの母親は鳥越で今も竹細工を続けている一番の年寄りだという。柴田イクさん、明治二七年生まれの元気なおばあさんだ。

「昔ジカク大師という人がおったそうじゃ。今の観音堂なあ、あそこの下の沢に大きな岩があって、この上に大蛇が一匹おってな、沢を飛び越す鳥をとっては食べておったそうじゃ。土地のもんは恐ろしがってこの岩より奥には誰も行かなかったそうな。

ところがそのジカク大師さんがこの土地に立ち寄った時に、何としてでもその奥に行きたいといわれた。そこで仕方なく中野の大家さんが大師の道案内をしてあげた。大師さんは喜んで、今の観音堂を開き、竹細工をさ

竹細工屋の倉庫を埋めたコメザル（右）とマゲエザル（左）　一戸町

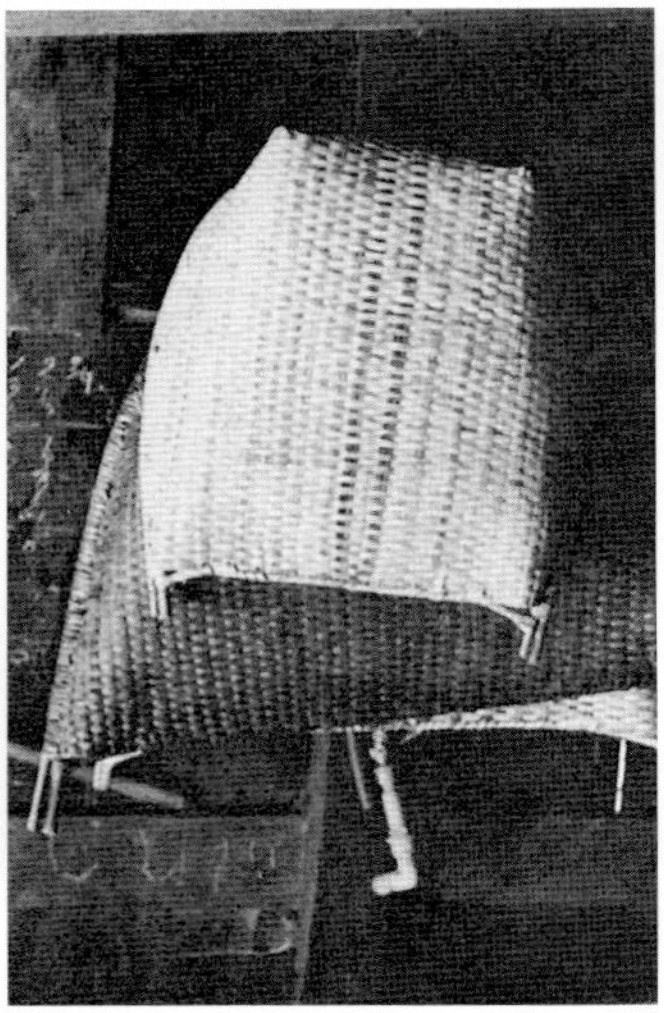

イタヤで編んだ箕　一戸町面岸

大量生産をおこなうところは、ヒゴをまとめてつくる

「ミ」　一戸町

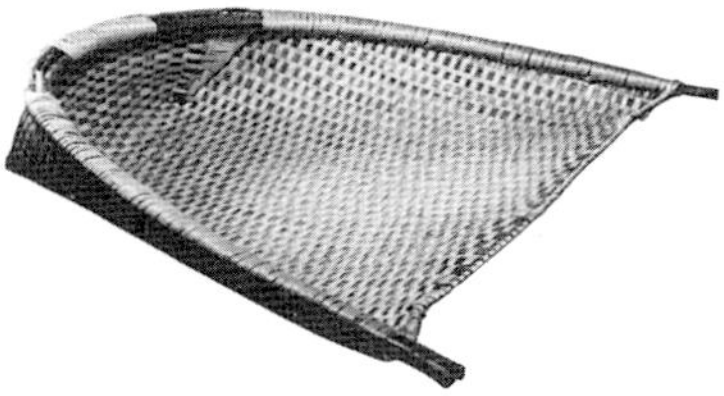

「ザル」野菜などの水切り　一戸町

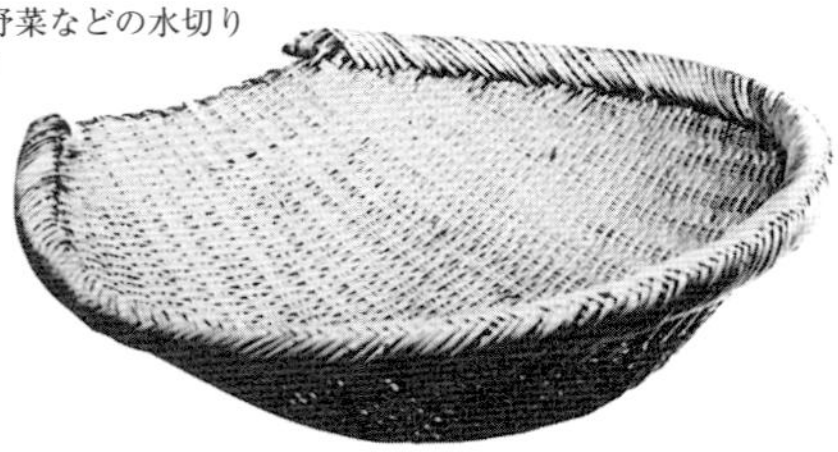

ずけてくれたという話じゃ。

私は連れあいの両親が竹細工をやっとったんで、門前の小僧習わぬ経を読むという風に自然に覚えました。昔はほとんどの人がやっとりました。行李を作る人は行李いっそう、笊を作る人は笊いっそう、草籠を作る人は草籠いっそうというふうでなあ。

行李は昔のと今のとでは編み方が違っています。昔の鳥越の行李はヤノハドリという編み方だったんじゃが、私が娘のころ一尺に一尺五寸の大きさの注文があってな、ヤノハドリではその大きさは作れない。ところがちょうどそのころ気仙沼《けせんぬま》から竹細工をする人間が流れてきておって、行李を作っとったんじゃが、この人のは編み方が違ってどんな大きさでも作れる。そこで私もこの人の作るのを見て覚えましたんじゃ。今はみな気仙沼の編み方になっております」

文庫、行李の他にナエ籠、トウフ籠、菊ノリを蒸す時に使うキク笊、糸をつむぐ時に使うオボキ（オモキともいう）、穀物のトウシ類、秋によく出るビク類、春によく出るクワ籠やリンゴ籠、マル笊などがある。

ネマガリダケ、スズ竹が材料であるから、佐渡のものと同じで比較的小さいものが多いが、やや男性味を感じる。ほとんどが巻縁で、竹の皮が内側になるように編むのが特徴といえよう。

「いろんなものを作ったが、もう作らんようになったものもありますね。ニカゴというて、馬の背につけて中にふとんを敷いて人が乗る籠や針籠、マダケで作るものにヤトイ籠というのもありました。戦争前千島やカムチャ

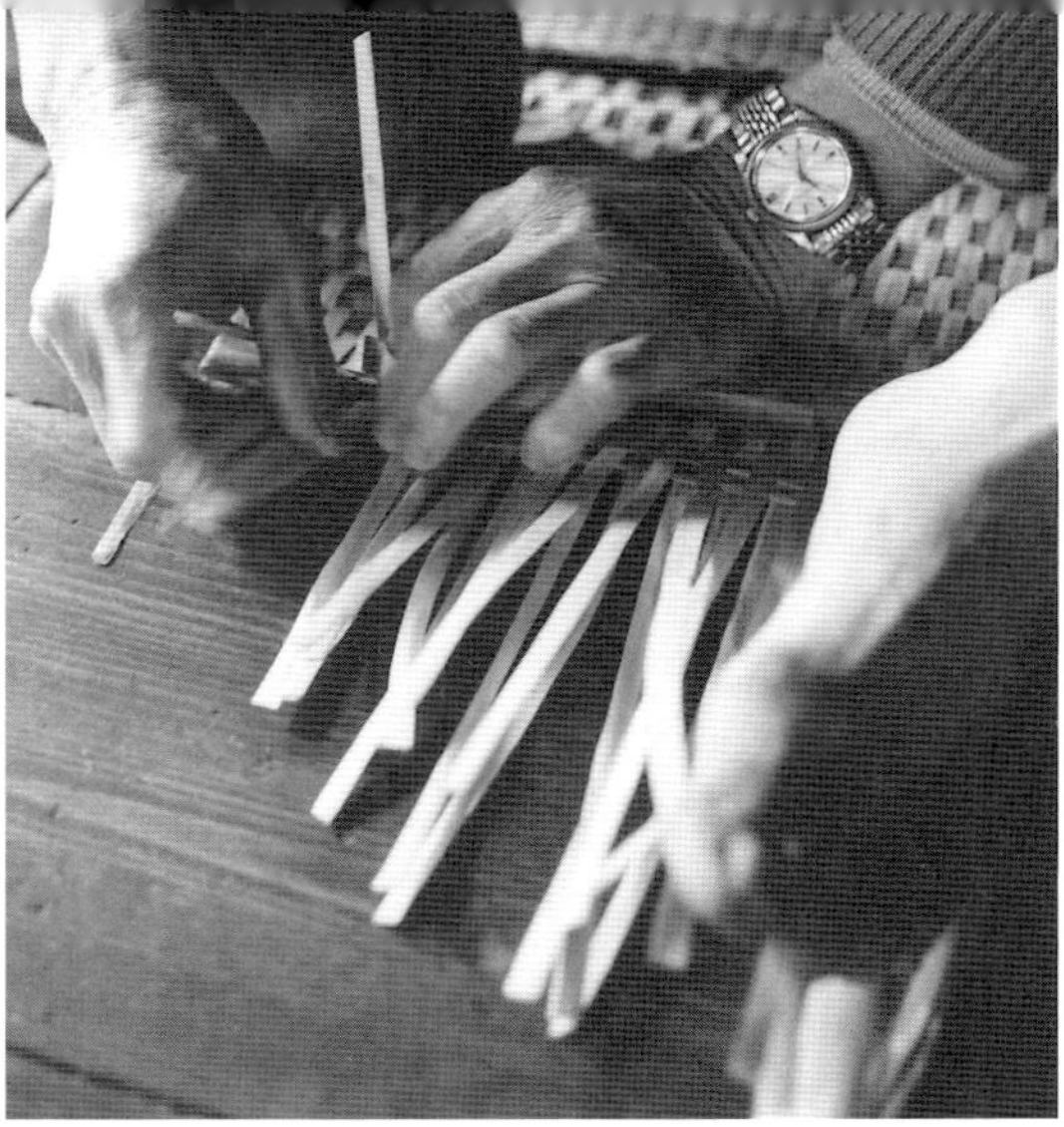

手と足を使ってイタヤで編む。イタヤはナタと小刀で薄くはいでから用いる　一戸町面岸

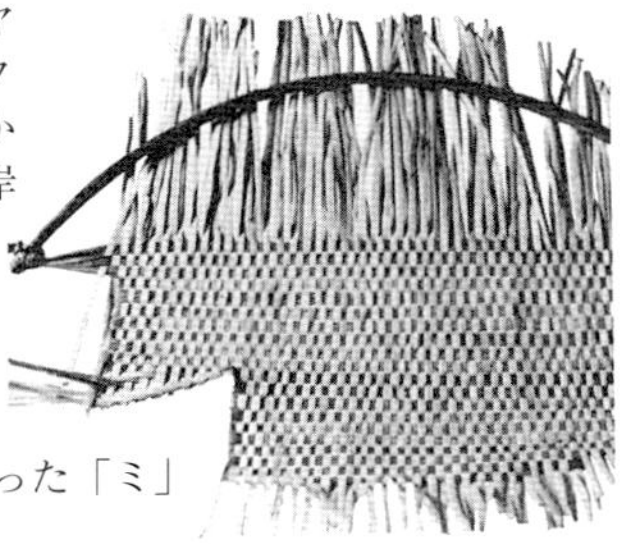

半分できあがった「ミ」

ッカへ鮭漁のヤトイヨリに出かける人が荷物を入れて持っていく、行李の大きいような籠じゃった。ヤトイヨリというのは出稼ぎのことでな、百日で三百円という賃で五月からお盆まで働きにいってました」

昭和二五年から三〇年にかけてが鳥越の一番盛んな時で、年間三億円もの竹細工を産していた。またそのころは行商が盛んになり、県下はもちろん、青森、秋田、さらに北海道まで鳥越の竹細工は各地に入りこんでいった。イクさんも行商をやった一人である。

「私の小さいころは鳥越でほんの二、三人だったのが、昭和一五、六年から増えはじめ、その当時は男が主で、女は家で籠を作っとったのが、終戦の食糧難の時に随分増えて、男よりも女が多く出掛けるようになったんです。行李一つを米一斗二、三升と交換したり、八戸辺りでは魚ととり換えてきたりしてました。

私が最初に行商に出たのが五八歳の時、嫁が草一本とった事のない人だったでな、私がいつも一緒じゃつらかろ、と思ってなあ。最初は一戸村、尻内、五戸、七戸と近いところをまわりました。北海道など遠くへ行く時には、近くのばあさんと三人で組んで行くんです。みんな農業のかたわらやるんじゃが、冬の間は毎日籠づくりで、四月から九月に北海道を、一一月から三月は下閉伊《しもへい》、気仙沼、上北、下北、秋田、五所川原、九戸、花巻をまわるんです。

北海道では深川から留萌《るもい》にかけての、ありゃ何線っていったか、そうそう留萌本線じゃ。それから旭川、帯広、池田なんかに行きました。一二〇日売り歩いて一週間休ん

モウソウチクの竹林　埼玉県新座市・平林寺

でまた出かけるという具合でな。毎日その日の売上げを出しおうて、つぎの日の釣銭分の一〇〇〇円だけを残して、あとは宿屋に預けておくんじゃ。次の場所に移る時に籠屋に送るんです。品切れになると籠屋に電報を打って送ってもらいます。炭坑地帯では笊が、海岸地帯では目のあいた籠類がよく売れたなあ。売るのは籠だけでなく秋田の塗物や額なんか売っておりました。一日平均一〇〇〇円の売上げで、宿代交通費を差引いて五〇〇円のもうけだったように覚えとります。

そういえば北海道では佐渡の笊をよく見かけました。鳥越のは竹の皮を内側になるように編むのが、佐渡のは反対で、皮の方を外側に編むんですなあ。

いろんなとこに行き、いろんな人にも会いましたが、ありがたいのも恐ろしいのも人様です」

話しつづけてくれたこの七七歳のおばあさんの言葉は、心の底まで伝わってくるようだった。

行商は今も続いている。鳥越の出身だという一戸町のある籠屋さんでは、毎日五、六人、冬には二〇人近くの行商人が出入りしている。そのほとんどが農家のおばさんたちだという。今は土地の竹細工と秋田の塗物ばかりでなく、クダリモンといわれる九州別府などの竹細工、額縁、ビーズ細工、時には恵比寿様なども扱っている。大きな風呂敷包みを背負って歩く行商の人々が、実は二戸の竹細工そのものを背負っているような気がした。

キンチクダケ　鹿児島県柿の谷

マダケ　愛知県奥三河

ヤダケ　愛知県

ホウライチク　愛知県知多

別府《べっぷ》および周辺

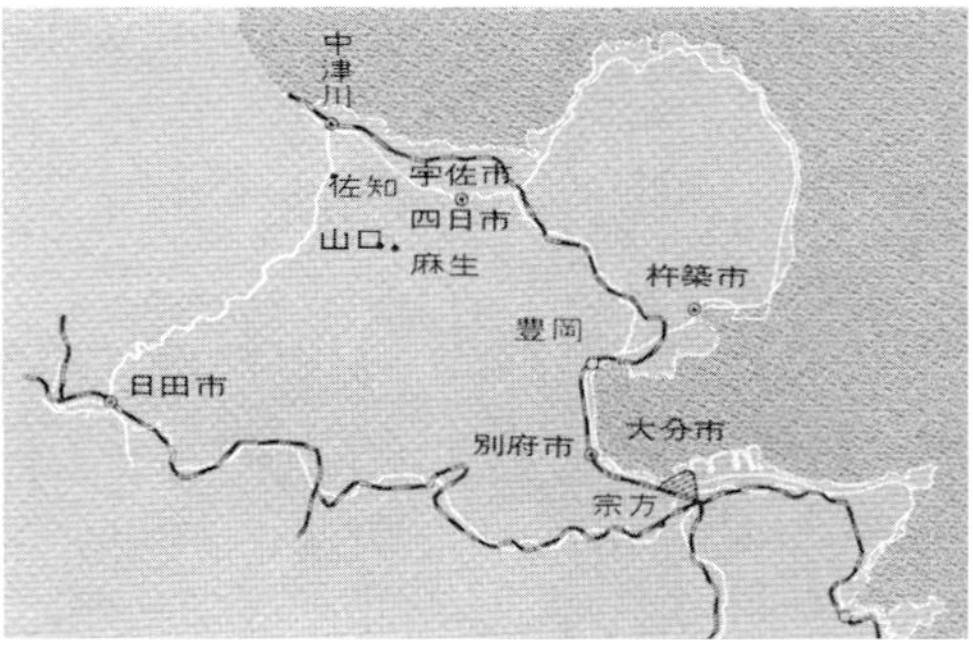

別府といえば温泉地として知らない人はいないであろう。とともに竹細工の産地としての知名度も全国的である。町の裏側には立てかけたマダケが並び、竹を割る機械の音が聞こえる。

数多い籠屋さんをのぞくと、実に多種多様な竹細工が並んでいる。加工してない青竹そのままを使った荒物と呼ばれる実用品の類。飯トリ籠、味噌コシ、ビクなどである。竹の油を抜いた白竹を使う花器や装飾品。染めた竹を使った花籠のいろいろ。花籠などのように、いわゆる作家と呼ばれる人々の作るものもあるが、分業でつくられるものも数多い。竹を仕入れて割る業者、割った竹を下請けして編む人々、さらに物によっては縁をつける人々に渡る。そうやって完成した製品は業者のもとに集まり、問屋に納められる。

町立工業徒弟学校

別府の竹細工はなぜこれほど発展したのであろう。なんといっても人の集まる温泉地であることをのぞいては考えられない。温泉好きの日本人は、半年の、あるいは一年の疲れをいやすために温泉につかり、身心の保養をして家に帰る時、家族や知人になんらかの土産を持ち帰る。その土地の名物。自分の土地にはないもの。あるものは食物であり、人形玩具であり、竹細工であったりする。東北の鳴子温泉ではコケシや漆器がそうであるように、別府の竹細工は、温泉土産としてもてはやされるものの典型であろう。

もともと大分県は竹の豊富なところで、竹細工は別府だけでなくあちこちで作られていた。福岡県に近い宇佐郡三光町佐知は近在で名の知れた産地だし、宇佐市では四日市近在、麻生、山口など、大分市では野田、宗方《むなかた》、胡麻鶴《ごまづる》。他に速見郡豊岡、杵築《きつき》市、日田《ひた》市などでも作っている。

しかしこれらの土地で作るものは日常雑器が主であり、別府に比べるとはるかに少ない。

明治中期までこれらの土地と大差なく、飯トリ籠や味噌コシを中心に作っていた別府が、大分県の竹細工の中心地としての地位を築き始めるのは、明治三五年、町立工業徒弟学校が設立されたころからである。この学校は漆工《しっこう》、指物《さしもの》、挽物《ひきもの》とともに竹工科を設け、その教師を兵庫県有馬からよんだ。そして乱れ籠や文庫などの染色角物といわれる工芸品の指導をした。寺内由巳著『大分県の工芸産業』によると、

……学校教育による技術者が、弟子上りより非能率で、労働を卑しむ風習を持たぬようにと校憲に、

（1）学校らしき学校となすに非ずして、工場らしき学校となすにあり。

板壁にそって並べられた種々の竹細工が通る人の目をひく　宇佐市四日市

「ミツデカゴ」野菜、魚入れ　別府市

「ナエスカリ」苗を運ぶ　大分市

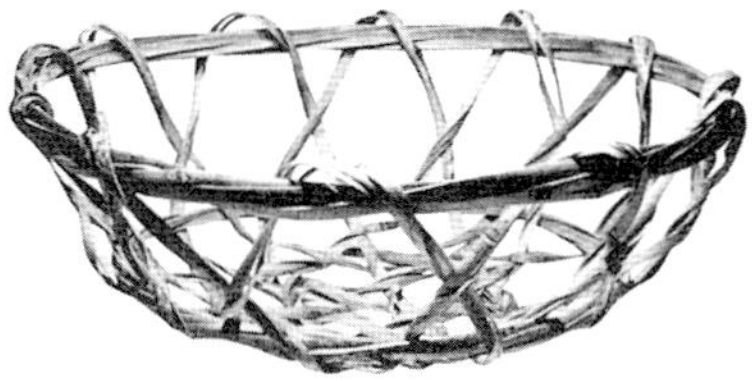

「コエジョケ」肥料入れ　大分市

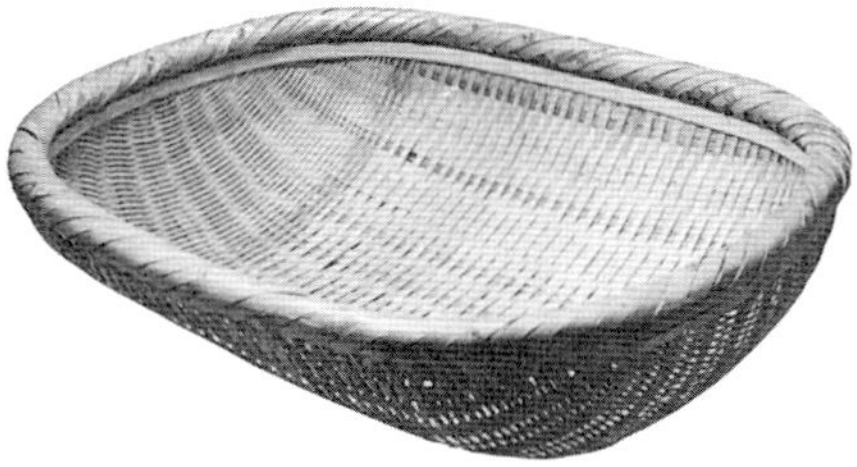

「タラシ」野菜や魚の水切り　別府市

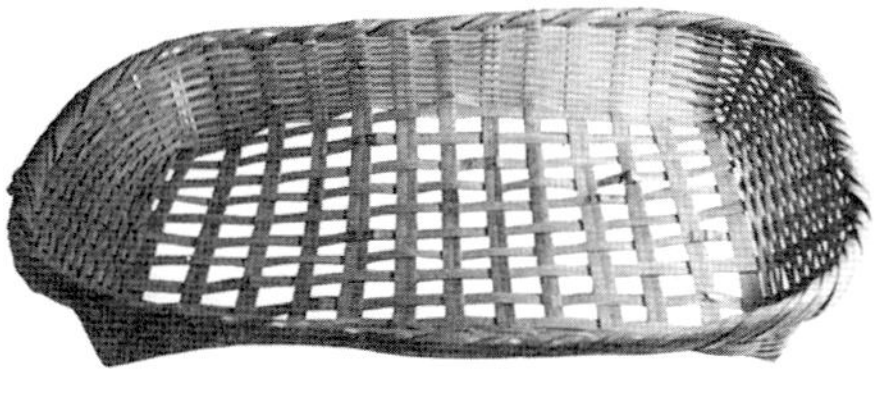

「イモアライカゴ」里芋洗い　宇佐市

「ダルモンジョケ」収穫物、エサ入れ
大分市

春の日ざしが温かな河原でドウマルと呼ぶ生簀籠を編むカゴ屋さん
大分市胡麻鶴

「味噌コシザル」これは日本全国に向けて大量に生産されてきた。別府市

「オタマ」味噌を漉す　別府市

「メシカゴ」夏季の飯を保存　杵築市

「メンバチ」弁当入れ　日田市

「ウケテボ」魚のビク　大分市

「コシテボ」アユなどを入れる　大分市

「ウナギイレ」ビク　ウナギを入れる　大分市

「ラッキョウビク」子供の魚とり用　豊後高田市

「ガニテボ」魚やカニをとる　宇佐市

「ドジョウスクイ」　下毛郡佐知

「ドウマル」魚用の生簀　下毛郡佐知

（２）生徒らしき生徒となすに非ずして、職工らしき生徒となすにあり。
（３）労働は神聖なり。長く労力、激しく労働し、これを生徒に責むるまえに職員に責むるにあり。
などをはっきりさせた……
とある。

当時は、近在の農民の湯治場であった別府が、西南戦争の鎮台兵が湯治したということで有名になり、さらに日清戦争に勝ったことで湯治客が増え、温泉地別府が大きくなりつつあった時である。そうなると、それまでは土産といっても飯トリ籠や味噌コシていどであったものが、それだけでは不足になる。徒弟学校は、大正に入る前に姿を消したが、この学校によってまかれた種は、時流と町の努力によって急速に成長してきた。明治のはじめから戦前にかけては久留米の特産であった籃胎《らんたい》漆器なども、今や別府の誇る産物となっている。

別府市松原町の問屋さんは語る。

「昔は四月の終りに春市というのがあって、これは湯治客を主な客にした市なんですが、中でも瀬戸内の島々から船を仕立ててくる人たちはいいお客さんでした。この人たちが、来る時にもらった餞別のお返しにというので、味噌コシやら飯トリ籠を買っていくんです。船で来て、そこに寝泊りして、帰りもその船ですから、品物もたくさん持ってかえれるわけですよ。店で注文を受けて、船が出る日にリヤカーで運んでやったものです。昔は帆船だったそうですが、私の知ってるころには貨物船で、この船を入湯船といっていました」

港に停泊している船から、ぶらりぶらりと湯に出かける瀬戸内の人々の姿が目に浮ぶようだ。のちにこの入湯船は、港の衛生保持を旗じるしにした汽船会社と旅館の反対で姿を消してしまうのだが、別府の竹細工発展にとってこれら瀬戸内の湯治客が果した役割は大変大きかったといわねばなるまい。

御用籠の上縁に竹の当縁をとりつけて固定する　大分県三光町佐知

大分の竹細工の特色は日常雑器の場合、巻縁にあるという。また、三ツ手籠は大分独特のものである。野菜や魚、豆腐などの買物籠としても使われるが、魚を煮る時にも使う。この籠に魚を入れたまま煮ると、取りあげる時にくずれないのである。
他にも特色のあるものはいくつもある。キノコ採りに使うナバ籠は肩の円味に特徴があるが、この円味をつける技術を持った人はもう少ないという。

大分市胡麻鶴の竹細工道具

「クズカゴ」　大分市

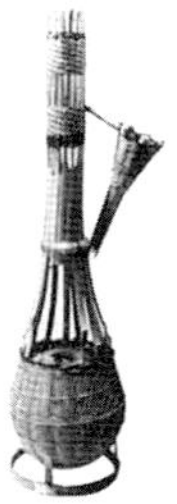
「ハナカゴ」花をいける　大分市

「スミトリ」炭を入れる
大分市

「ナバカゴ」キノコ採り用
杵築市

「ブンコ」書類入れ　大分市

大阪に生まれ、川崎で竹細工の仲買商を始めた伊藤さんだが、その後別府で修業し大分市宗方で竹細工を作っている

野菜の穫り入れに使ったり、家畜の餌を入れるダルモンジョケは、上から見ると小判形の笊で、腰にかかえるのに都合がよい。

宇佐市四日市周辺で使うイモ洗い籠も変わっている。一本のマダケの一方の先に近いところだけを細く割ってふくらませて編み、その一部分にイモを入れるだけの穴をあけたものである。同じ四日市のドジョウスクイはダルモンジョケを大きくしたようなもので、中央に一本丸竹をわたして取手にしてある。

竹の曲物である日田特産のメシビツとメンバチもめずらしい。

カツオの餌のイワシを運ぶイケス籠は、４～5人がかりでなければ作れない　西桜島

鹿児島県 薩摩《さつま》半島

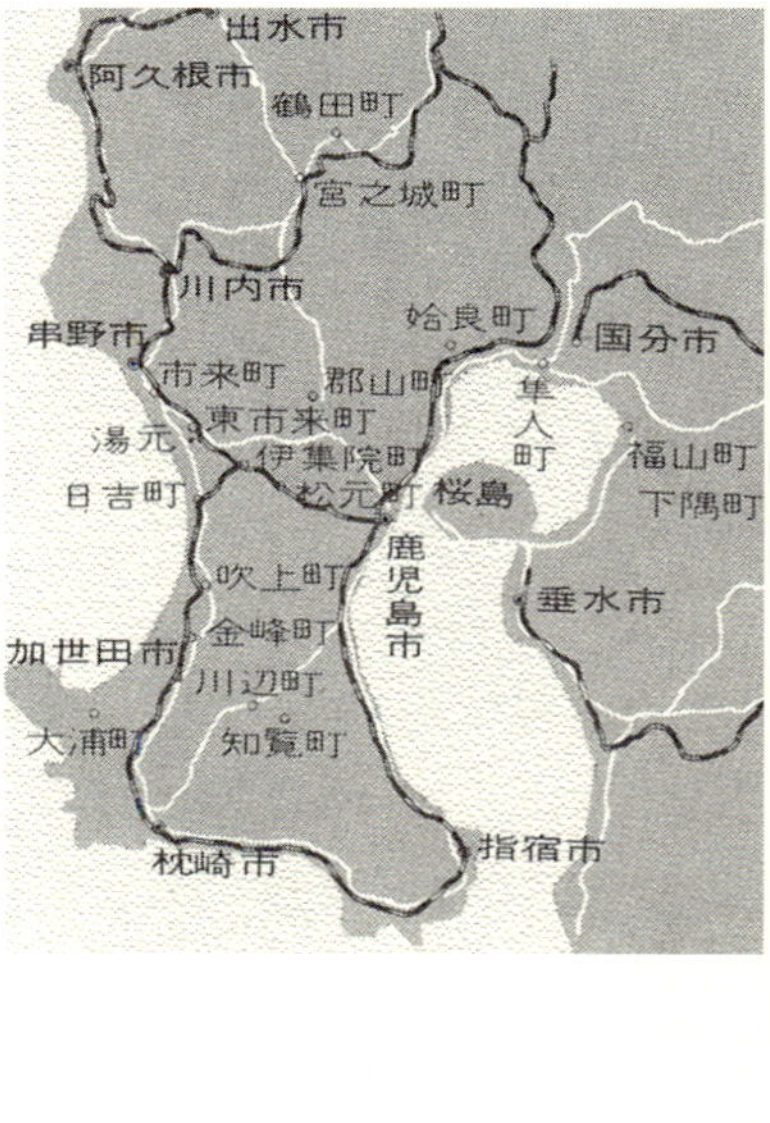

鹿児島も竹細工の多いところである。別府が実用品から装飾品まで多種多様のものを産するのに比べ、鹿児島の竹細工のほとんどが農家や一般家庭の台所で使われるものである。それでもおよそ三〇〇以上もの種類があるという。出水《いずみ》、川内《せんだい》、鶴田、鹿児島、桜島など各地でも作られているが、なんといっても串木野《くしきの》から指宿《いぶすき》にかけての薩摩半島に多い。

実用的で多彩な竹製品

東市来《いちき》町湯元はトウフ籠というふた付きの四角い手籠が特産。

伊集院町と松元町では注文に応じて何でも作る。

日吉町柿谷は箕《み》だけ。ここと金峰《きんぽう》町宮崎で作っている箕は、山桜の皮とキンチクダケで編んだもので、日置《ひおき》箕と呼ばれている。

鹿児島県の竹細工を代表するバラ　出水市

「モミトオシ」　加世田市

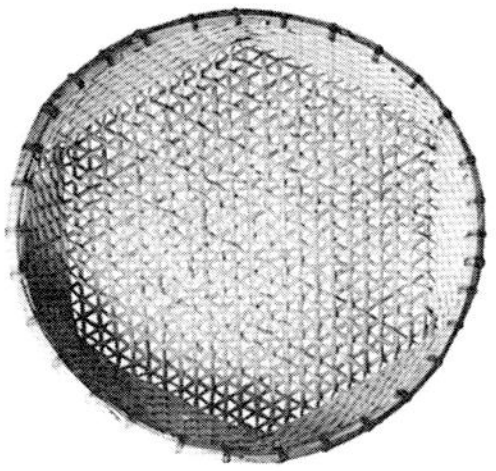

「モミトオシ」　加世田市

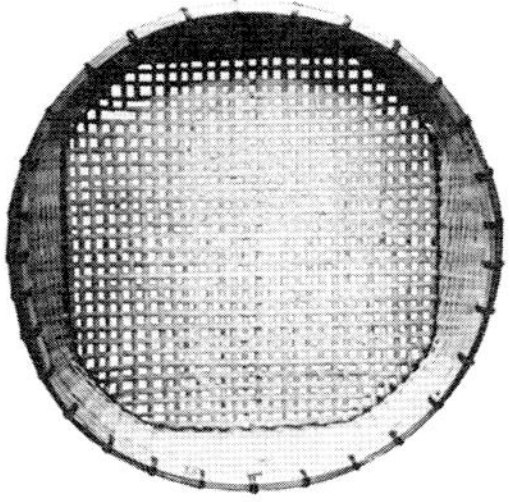

「コメトオシ」　金峰町

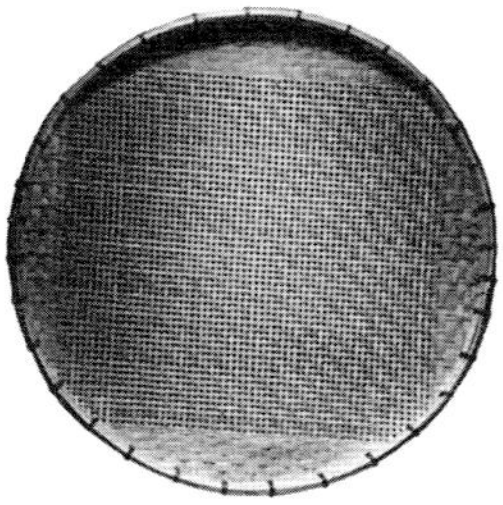

「コヒキバラ」の裏面

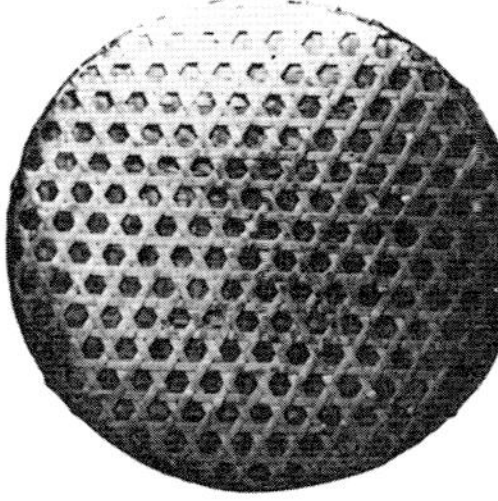

吹上町入来《いりき》はヒラ籠とマル籠が特産。伊作では注文に応じて何でも作るという人もいる。

金峰町白川はバラと呼ぶ平籠と、ショウケとかショケと呼ぶ笊類が主、加世田市益山は籠類が、高倉はバラとショウケが主である。

指宿では指宿ジョケだけを作り、垂水《たるみず》では鰹漁の餌にするイワシを入れて引いていくイケス籠を作っている。

他に川辺《かわなべ》や大浦にも竹細工がある。

鹿児島の数多い竹細工の中にはいかにも鹿児島独得といった感じのものが少なくない。その代表的なものがバラであろう。アジロに編み、縁には太目に割った竹を当ててところどころをツヅラで止めた平籠である。このような縁の作りを当縁《あてぶち》というが、当縁ツヅラ止めの多いのも鹿児島の竹細工の特徴のひとつといえる。

このバラにはコヒキバラ、カイコバラ、ジャコバラなどがある。

コヒキバラは底がアジロ編みと六ツ目の二重になっている。大きいものは大バラというが、大きさによって三斗バラ、一石バラなどがある。かつてはこのバラの中に石臼を置いて粉をひいたわけだが、今もモチを並べたり、食品を干したりさまざまに使われる。

バラの中で最も数を必要としたのがカイコバラである。蚕を飼うのに使うのだが、養蚕の盛んな頃には多い家なら二百枚以上も持っていた。アジロ編みだけの一重で、コヒキバラに比べて底をできるだけ張ったものが良いとされるので、一番技術のいるバラだという。

ジャコバラは煮干しを干すのに使う。四ツ目編みで縁は簡単な巻縁。これも多い家では数百枚持っている。

バラは最も需要が多い。だから籠屋は普通バラ作りから覚え、その後にいろいろな籠やショウケ（ショケ）を覚えるのだという。籠屋をバラ屋ともいうことを見ても、鹿児島の竹細工の中でのバラの比重が分かろう。

バラに限らず、鹿児島の竹細工の材料は、縁などにモウソウチクを使うのをのぞいて、ほとんど土地の人がカラダケと呼ぶマダケなのだが、変わっているのは、キンチクダケを使った細工があることだ。

この竹はホウライチクの変種といわれ、暖かい海岸地帯に多い。普通直径一二、一三ミリ、丈は三～五メートル、肉が厚く孔は細い。地下茎がなく、一つの根株から稈が叢生する。繁殖力はきわめて強い。細く割って柴を束ねるのにも使うほどしなやかな性質を活かして、箕や米通しが作られている。

さて、形の上で鹿児島に独特なものにアジロ編みの逆円錐形に取手をつけたシオテゴがある。中に粗製塩を入れてニガリと水を抜いた。

投網の時に腰に下げるカタキリというビクも独特だし、茶を作るのに使うチャベロという籠もおもしろい。これは、アジロ編みの短円筒形の底のない籠に、ゴザ目編みの、まわりがくぼみ中央がもり上ったふたをのせたものだが、茶をホイロでいってバラにひろげ、手で柔らかくなるまでもんで、土間の炭火にかぶせたチャベロのふたにのせて熱し、またバラの上でもむ。これを四回ほどくり返すのだという。

盲目の竹職人の技

伊集院は、西鹿児島発急行列車が最初に停る駅であり、鹿児島交通の枕崎行きジーゼルはここから分れる。

大正七年に加世田で弟子入り、同一二年にこの町で店を出して以来竹細工を続けてきた江籠政義さんは、明治三〇年生まれだ。数年前から目をわずらい、今は籠を編むのはやめていた。顔をちょっと上に向けて、視力のないまぶたの裏に昔を思い描くように語ってくれた。

「弟子は普通三年から五年ぐらい修業しました。そのあと半年か一年お礼奉公ですな。弟子入りの時には簡単なお膳と酒が出て、師匠から道具一式を与えられました。

兄弟子と弟弟子の区別はきついものでして、指導といっても特別に教えてくれるなんていう事はないんです。師匠や兄弟子たちの仕事を見ながら、クズの竹を使って自分も真似してやってみるというふうにして覚えました。それから兄弟子たちの割った竹で編むことばかりやらされます。ええ、竹を割る方が大変です。

弟子奉公が終ったからといってすぐ一人前というわけにはいきません。まあ本当に一人前になるには一〇年ばかりかかるでしょう。数でいえば、百種類は作れないと一人前とはいえませんから」

江籠さんもこの地に根を下してから、昭和三五年まで何人かの弟子を持っていたという。私が訪ねた昭和四五年、江籠さんはすでに視力を失っていたが、まだヒゴ作りは続けていた。薄暗い仕事場に座り、目の見えない老職人の手がナタを自在にあやつって竹を割っていく姿は、まるで舞台の一幕を見ているようであった。実に、

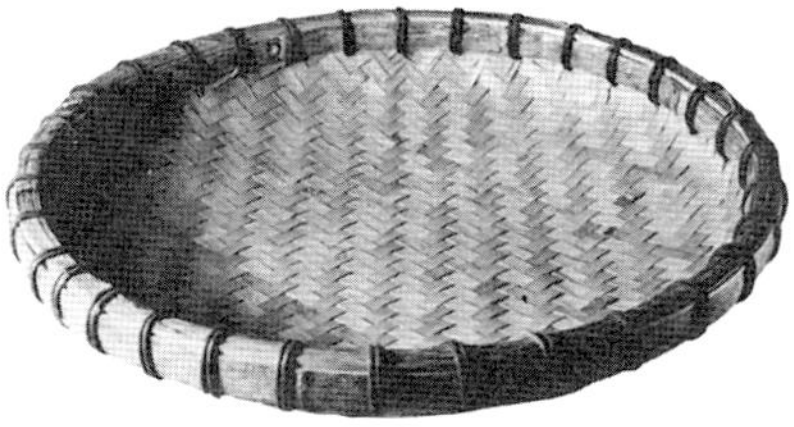

「コエバラ」小さい肥料入れ　金峰町

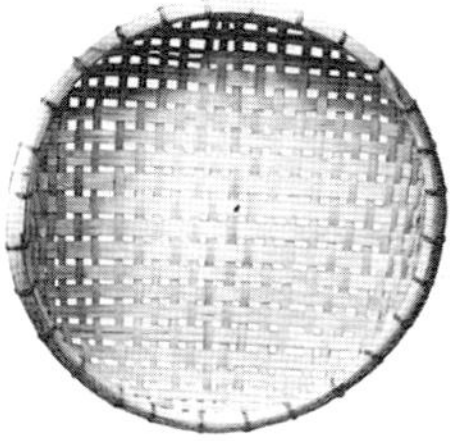

「アラジョケ」家畜の餌入れ　金峰町

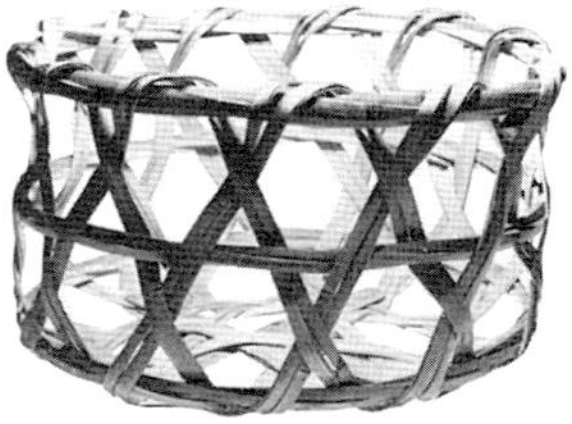

「クサキリテゴ」苗を運ぶ　吹上町

「スンブイ」炭焼窯から炭を出す　金峰町

「スミトオシ」　加世田市

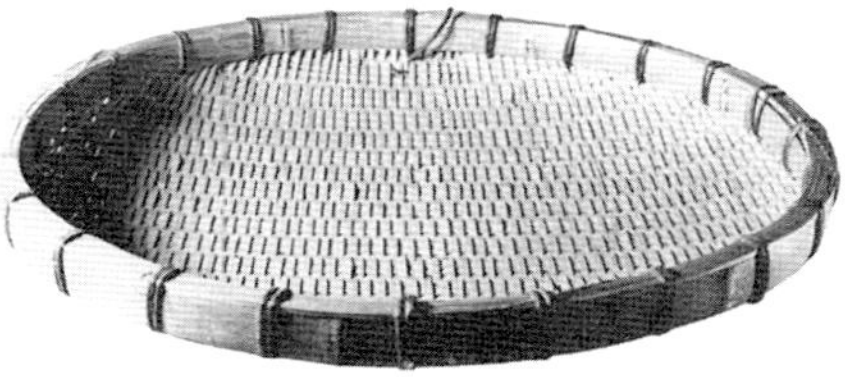

「コエジョケ」肥料入れ　加世田市

「カレカゴ」背負い籠
加世田市

「カクカゴ」収穫物などを運ぶ
鹿児島市

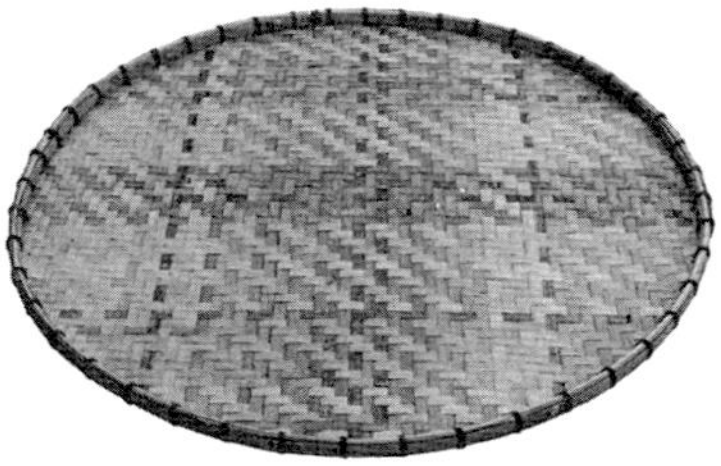

「カイコバラ」蚕が小さい時に飼う
金峰町

「クワカゴ」桑の葉を運ぶ
加世田市

「アラメエツケ」魚干しと野菜
入れ　金峰町

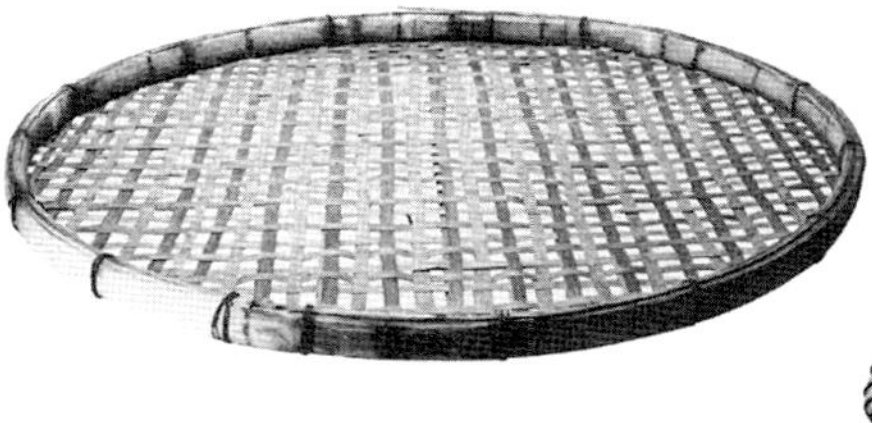

「ジャコバラ」煮干し魚を干す　垂水市久見崎

「チャベロ」茶の乾燥　加世田市

「イケスカゴ」カツオ漁の餌を運ぶ　垂水市

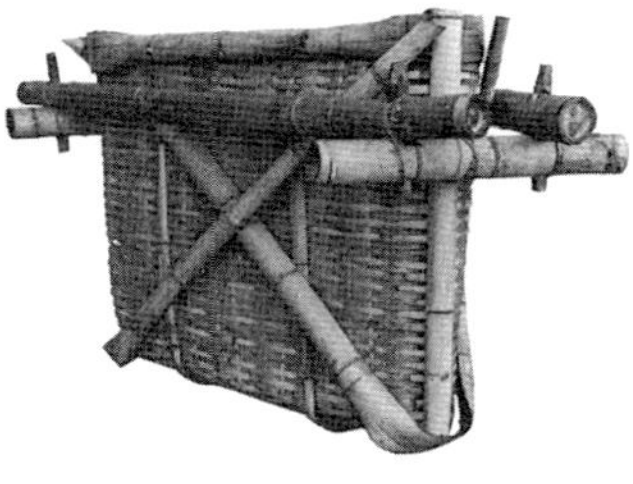

「ハナカゴ」イケスカゴの先端につける

「ウナギス」ウナギをとる　加世田市

「イヨゾケ」小魚入れ　坊津町久志博多

「カタキリ」投網用のビク　加世田市

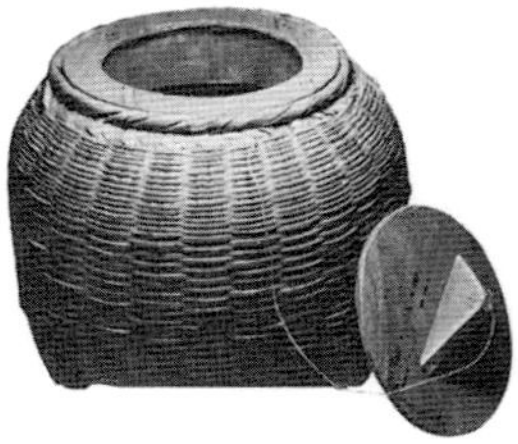

「エビテゴ・アミテゴ」磯釣用餌入れ　加世田市

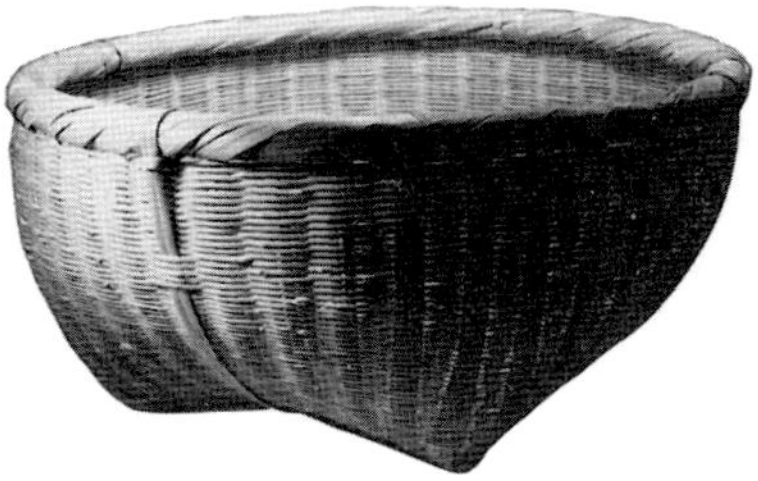

「イナイテゴ」魚売り用　吹上町

「イヨテゴ」魚を運ぶ　坊津町久志博多

「ハマテゴ・ノリテゴ」海苔摘みや貝とり　加世田市

「サセン」岩海苔をとる　鹿児島市西桜島

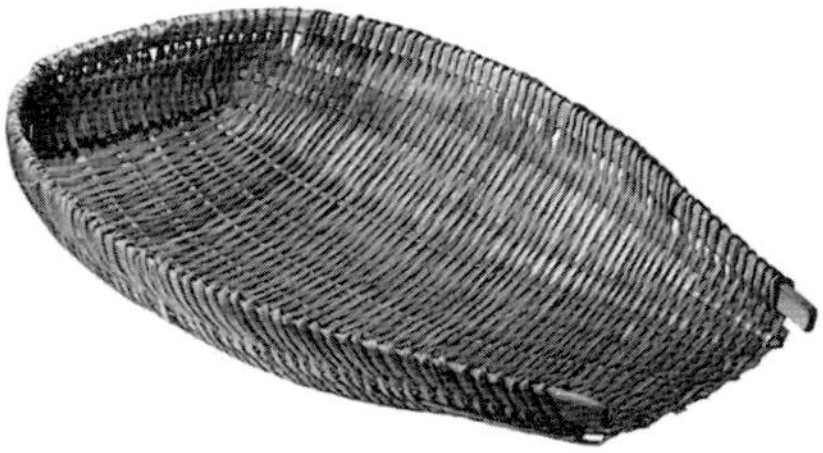

「ヒネブリ（指宿ジョケ）」野菜の水切り　指宿市

「トウフカゴ」東市来町

「カイモノカゴ（ヤミカゴ）」加世田市

手に職をつけるとはよくいったものである。

竹細工は今

伊集院から枕崎行きのジーゼルカーに乗って、無人駅も含めて八ツ目の駅が南吹上浜である。駅舎もなく、ホームだけが畑の中にある。

そのホームから約三分、最初の集落が入来である。六〇余年前に時の内務大臣からその細工を表彰されたヒラ籠とマル籠をほとんど専門に作っている。

ヒラ籠は上から見ると卵型をしているため、別名をタマゴ籠ともいうふた付きの手籠で、主に野良にお茶や弁当を運ぶのに使われる。

マル籠はフタツキともいわれる円い形の飯籠である。「昔は三度三度飯をたくなんてことはあまりなかったですからねえ。朝いっぺんに一日分の飯をたいて、残りをこの籠に入れて風通しのよい軒下などにつるしておいたんですよ」

部落の一隅にある共同作業場で、入来竹工組合の組合長安藤さん、安田さん他三人の老人が仕事をしていた。ここでは他の所のように竹を小割りするのにナタや包丁を使わず、肉の厚いナタガマを使う。マダケが全国的な自然枯れで手に入りにくくなってから、モウソウばかりで作るようになったという。

「昭和三〇年に組合を作った時は三〇人ぐらいいました。今は一〇人足らずで、みんな五〇歳以上です。まあ年寄りのタバコ銭稼ぎ程度ですね、今は」

マル籠は加世田の高倉でもほぼ同じものを作ってい

右　日置箕は山桜の皮とキンチクダケで編み、カズラで縁木を巻く。南九州一帯で使われている　日置市日吉町柿の谷

■日置箕を編む

①、②　最初に箕の床の部分を編む。編みはじめには、中央の竹の棒を当てて編み目を作っていく。竹の棒が筬の役割をはたす

③　編んだ床をカズラで縫って形を作る

④　縁木をカズラで巻く。外側の縁木はアオバ、内側は山ビワが良いという

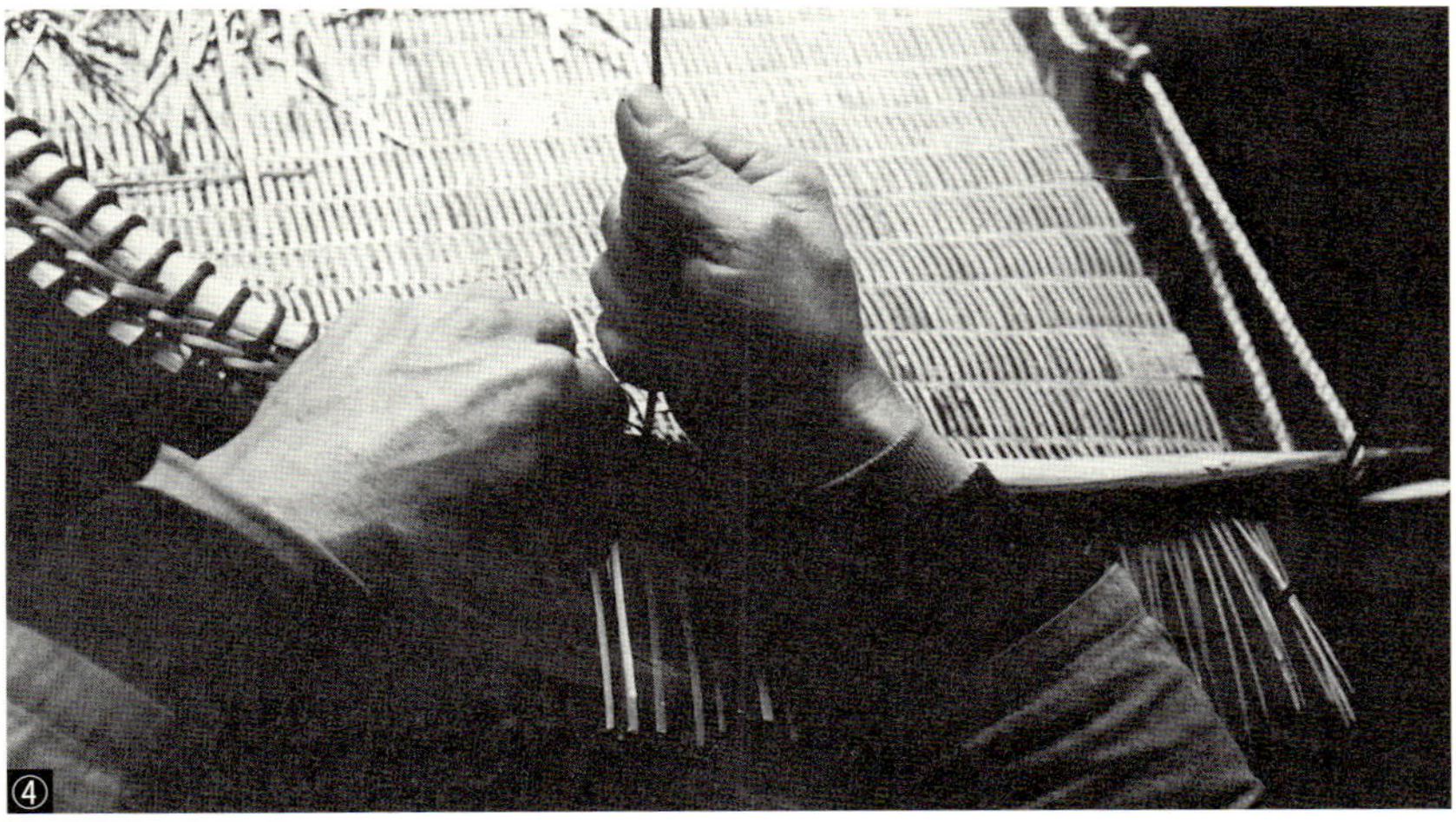

ヒラカゴの底を編む　吹上町入来

ヒゴ作り　吹上町入来

村の公会堂が竹細工の仕事場になっていた　吹上町入来

「イジョケ」夏季の飯入れ　西桜島村

「マルカゴ」夏季の飯入れ　吹上町

「ヒラカゴ（イサクカゴ）」弁当入れ　吹上町

「ダゴアゲ（ソバアゲ）」加世田市

「シオテゴ」塩の苦汁をとる　伊集院町

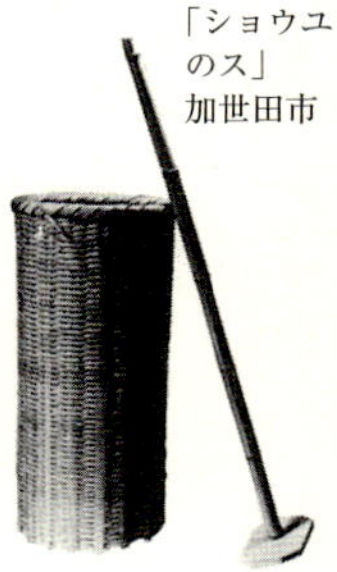

「ショウユのス」加世田市

るが、ヒラ籠はこの入来以外に作っているところはない。実にきれいな作りの籠である。よく売れるが年寄の仕事で注文に応じきれない。問屋や仲買人が他の土地の職人に作らせてみたが、うまくいかない。だから問屋や仲買からはいつも催促されている。私が訪ねた時（昭和四五年）も鹿児島の問屋さんがやってきて、しょんぼりとうなだれる老人たちを相手に四、五〇分しゃべりまくっていった。注文した数をなんとかこなしてくれ、そしてせっかく続けてきた沖縄への販売を続けようというのである。

「戦前から沖縄にも出荷していたのが戦争で中断しましてね。それが三二年からまた始まったんですが…」

それから一年後、入来竹工組合は解散し、今もなお作り続けている人はわずか二、三人になったという。

竹細工仲買人の商い

鹿児島は今も野立て市が多い。八月二八日には鹿児島市諏訪神社、彼岸の中日には西田町で、その翌日には鹿児島駅前でサイゴサ市。旧の八月中旬には郡山の花尾神社。一一月五、六日には曽於《そお》郡大隅町岩川のヤゴロウドン祭りの市。一二月中旬から暮までは特に多く、宮之城、串木野、阿久根、牧本、日吉などで毎日のように市が立つ。一月には少ないが、二月から四月にかけて姶良《あいら》郡、国分《こくぶ》、隼人《はやと》、加世田《かせだ》、市来と続く。阿久根、串木野など年に数回もの市が立つところもあり、このシーズンになると大忙しの毎日をおくるのが仲買人である。

昔は各産地に、決まって七、八人は仲買人が顔を出し

木の台の上に竹皮で編んだ草履を縫いつける栗野ゲタ
栗野町竹迫

編みあげたヒラカゴの編み目やフタの具合を点検
吹上町入来

「栗野ゲタ」
栗野町竹迫

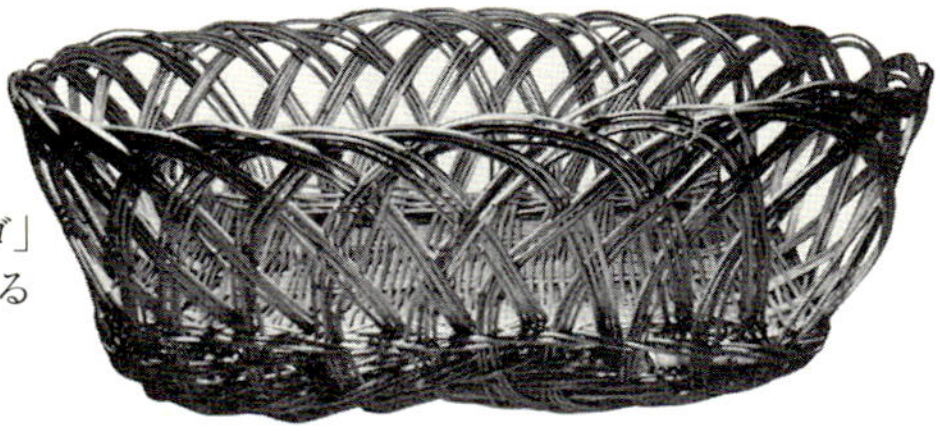

「ダツイカゴ」
脱衣を入れる
伊集院町

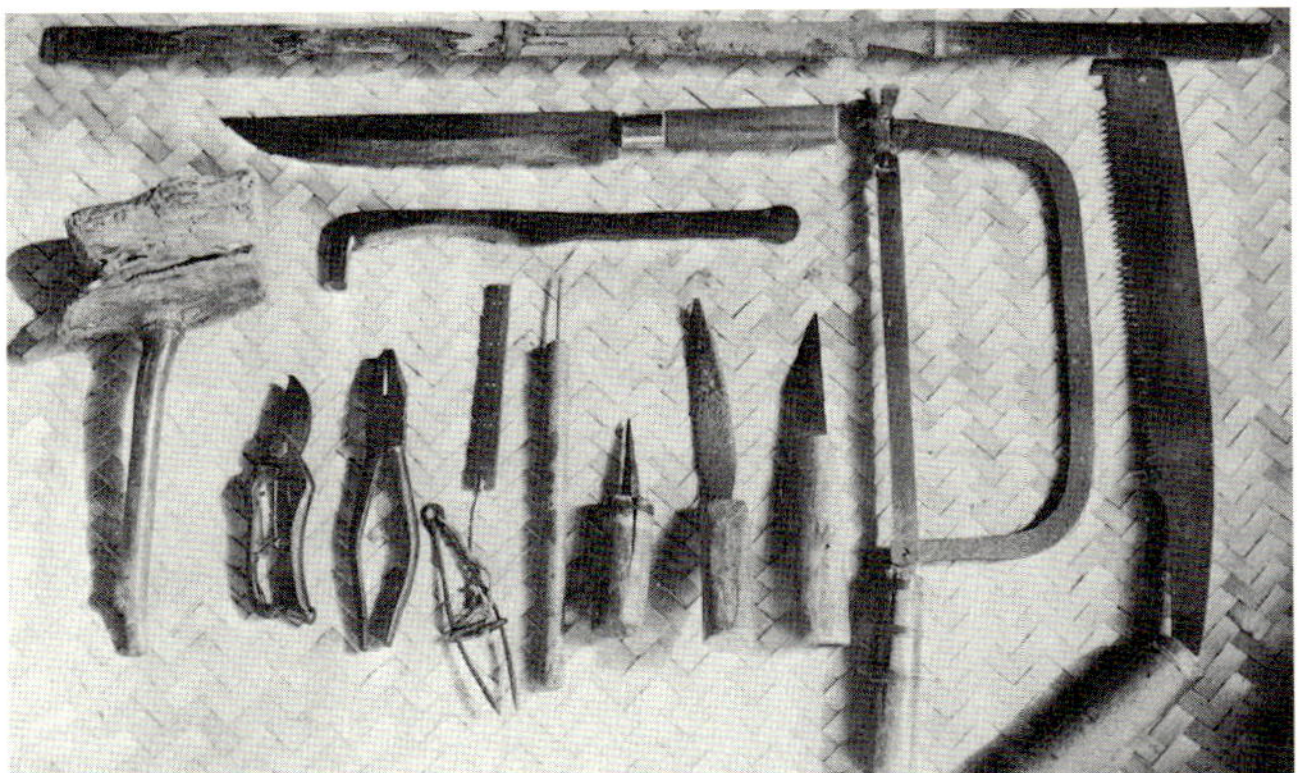

吹上町入来の道具

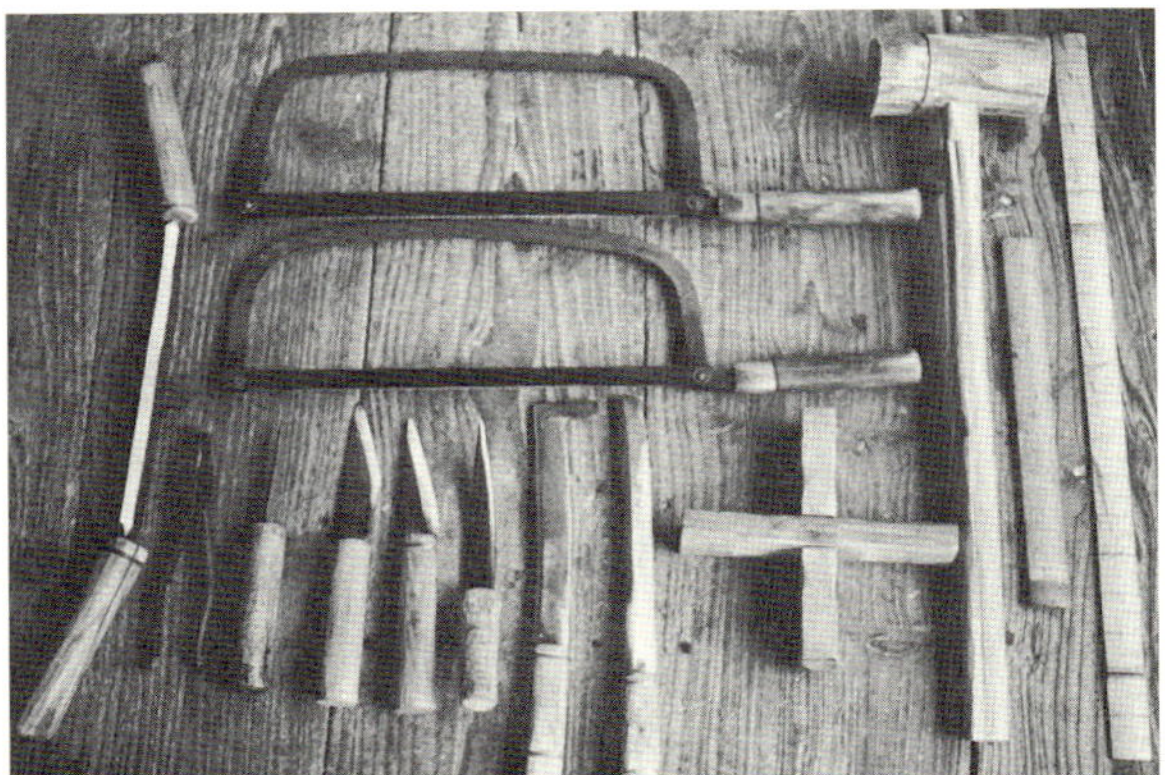

金峰町白川の道具

ていたという。中でも加世田は仲買人が多く、一七、八人はいたが、現在では四、五人に減った。その中でただ一人荒物店を出して竹細工の仲買を専業にしている高倉さんを訪ねた。

「品物が売れるのは九月から翌年の四月にかけてが多いですわ。梅雨に入ると売りに歩かないんです。品物は雨にぬれると悪くなるし、作るのにも竹がぬれるとよくないんですよ。

不思議なもんで、同じもんでも土地によって多少形を違えなきゃあだめなものもあるんです。バラや肥ジョケなんかでも、枕崎の農家ではできるだけ浅いのを買うんですわ。若い人がどれにしようかなんて迷ってると、年寄りが、こういうもんはできるだけ浅いのがいいんだと一番浅いのを選ばせるんです。いや、なんで浅いのがいいのかは分かりません。

フタカブリ（マル籠）なんかも、高倉で作る縁を針金で止めたものは西海岸の、特に枕崎や野間池で売れるんですが、入来のものは知覧《ちらん》、指宿でよく売れるんですわ。まあ、なんでも海岸の方がよく売れますねえ。海岸の人はよく買いかえるんですよ。山の手の人は少しぐらいいたんでもなかなか捨てたりしません。

種子島や奄美の方に売りに行ったこともありますが、箕は屋久島と種子島までしか売れませんでした。そこから向うは使っていないんですわ。かわりにバラを使ってました」

高倉さんは高倉の出身で、自分でも作ることができる。技術は父親から教わったという。父親の金栄さんは六八歳。高倉に住み、今も農業のかたわら竹細工を続けていた。

「昔は自分のところで作るよりは出稼ぎして作る方が多かったんですよ。私も一五の時に弟子入りして、二一の徴兵検査まで続けていきました。都城、三股のあたりですな。一人前の師匠や兄弟子についていって、出稼ぎ先で修業するんです。まだ鉄道がなくて、川辺から鹿児島まで歩き、鹿児島から船で福山に上り、そこから都城までまた歩いたもんです。

宿は毎年決まった百姓家で、ふとんは置きっぱなしで道具だけを持ちましてな。竹は注文する家で用意しておくんです。農家の庭先で朝七時半ごろから陽が入るまで仕事をやりました。注文を受けた家で三度の飯を食べて、宿では寝るだけでした。私のいったあたりは山稼ぎの人が多くて、食事にはキノコ、ウサギ、イノシシ、ワラビなど山のものが多かったのを覚えていますよ。

庭で作っていると他の家から頼みにくるので、注文によって何日分の仕事というふうに決めるわけです。それで日当でもらいます。当時は養蚕が盛んで、注文のほとんどがカイコバラでしたな。一日六枚が一人前の仕事で、日当一円です。弟子つきのうちは五〇銭でした。

三、四年で一人前になりますが最初は職人さんが割ってくれた竹で編み、二年ぐらいたつと自分でやらされるんです。最初のうちは心配で心配で飯も食えんぐらいでした。注文が大きい時は、近くに来ている人に加勢を頼むんですが、そんな時は競争で作ったりしたもんです。宿にしている家には仕事の加勢とか品物で済ませていま

鉈を使って丸竹を割り（上）、割った竹を鎌を使って剥いでヒゴを作る（下）　徳之島

したな。

　中には空屋を借りて、竹も自分で都合し、作った籠を売って歩く人もいました。その方が稼ぐにはいいんです。夜も仕事ができますからね。

　ええ、農閑期の仕事です。一〇月から始まって、正月に一度帰って、また一月半ばから四月まで。若いうちにやる仕事ですよ」

　金栄さんが三年間の兵役を済ませて帰ってきた頃には、世界的な大恐慌の波が加世田にもおよんでいた。養蚕の景気も悪くなり、出稼ぎも激減した。

「それじゃあというので枕崎の方に売り歩いても、伊作カゴ（ヒラ籠）が一四、五銭、フタカブリが一二銭で、一日売り歩いて手元に残るのが一円にもならなかったですからねえ。それでこの部落の人が自転車を買って、籠だけじゃなくいろんなものの行商を始めたんです。これが一日に一円になるというんでやる人が増えました。

　太平洋戦争が始まってまた竹細工が売れるようになりましたが、そのころ息子がペダルのついた単車を買って仲買を始めたんですよ。他の人は自転車でしたから「シヨウケ売りが単車をなあ」といってました。私の父の時代には天秤棒をかたいで売り歩いていたんですからねえ。

　その当時は同じところに年に二、三回いくんですが、道の悪いところほど売れたそうです。大正の末に私も正月二日の枕崎の初商に天秤棒をかたいでいったことがあります。高倉から一〇人くらいでしたか。夜の明けんうちに出るんですが、途中に峠があって越えるのが大変でした。私らのような若いもんがフーフーいっているのに、六〇ぐらいのじいさんが楽々と越えるんです。この坂で追い越さんと人に追いつかんぞってね」

農村で竹細工を専業にしていると、農家の注文でどんな製品でも作らねばならない　吹上町伊作

枕崎の初商いは今は三日になっている。今でも仲買人が出かけている。時代は変わり、もちろん今は車である。

金峰町白川もやはり昔は竹細工の出稼ぎが盛んであった。阿多《あた》の駅から約七キロ。山間の集落約三五〇戸の内、昔は約二〇〇人が竹細工をし、百人ほどが桶屋、樵《きこり》であったという。

県内では種子島まで、さらに宮崎県、熊本県の各地に出かけて作った。たいてい数人で組んでいくのは同じだが、ここの場合は借りた家で仕事をし、作ったものを売り歩くのが多かった。五人で組んだ場合なら、たいてい二人は毎日売り歩く役にまわった。

若いものはつれだって夜バナシ（夜バイ）に出かけ、時には養子にいったり、嫁をつれて帰る人もあった。そのまま住みつくものもあった。

戦争で食糧事情が悪くなるとともに出かける人もなくなり、今も竹細工をする人は五〇人足らずになった。竹細工をやめた人たちは、工事人夫として伊集院からの出迎えの車で通ったり、県内や熊本の焼酎屋にトウジとして働きに出るものも四〇人近くいるという。

竹の編みかた

竹細工には大別すると、竹を割ってヒゴを作り編んだものと、竹を割らずに丸のまま利用したものとがある。その割合からいうと編んだものの方が圧倒的に多い。編むあるいは織るという技術によって衣服が高度に発達したように、編みの技術を展開させることで、竹細工もまた多様な発達をとげたのである。

ひとつの籠は、大ざっぱにいって底と胴と口とからなっている。普通それぞれ編み方が違い、使う目的によって、それぞれの部分の形も編み方も変えてある。その編み方は数十種類以上も工夫されているが、ここでは基本的でかつ多く利用されている編み方をごらんいただいておこう。

なお、名称については土地によって違っていることも多い。たとえばアジロ（網代）編みを鹿児島ではバラ編みという。またゴザ目編みとザル編みというところも少なくない。ここでは一応編み方の標準語にあたる名称を記した。

●基本的な面の編みかた

四ツ目編み

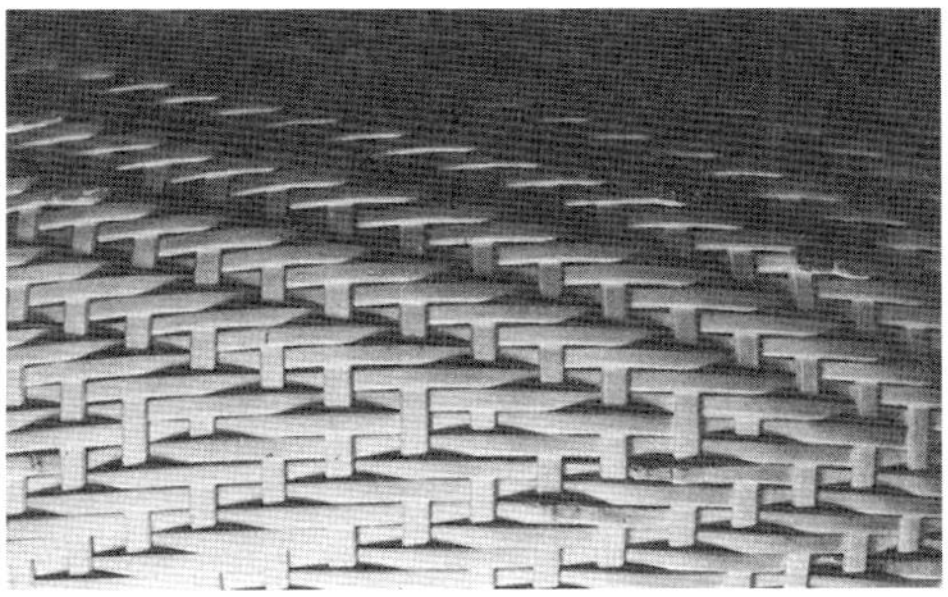
松葉編み

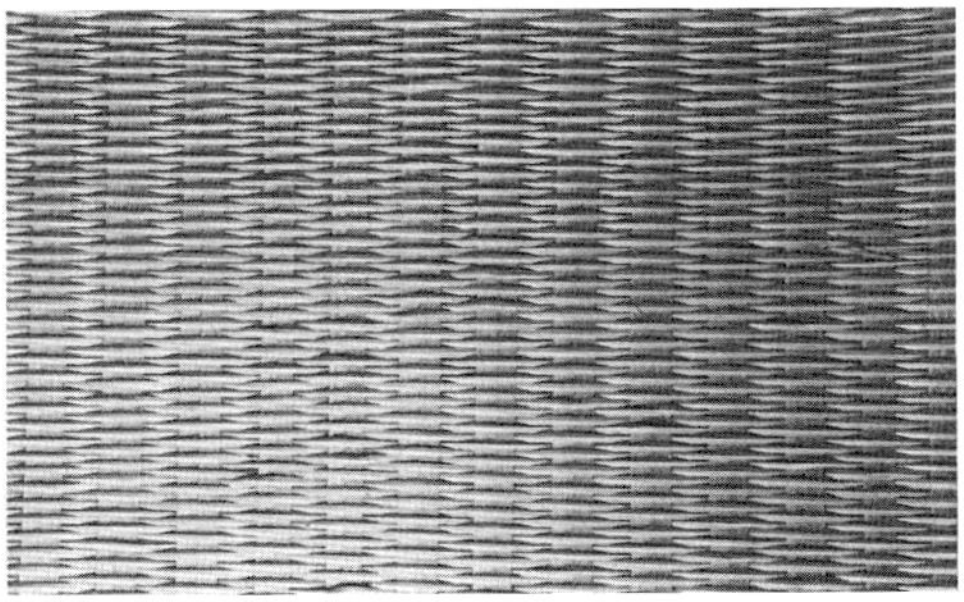
ゴザ目編み

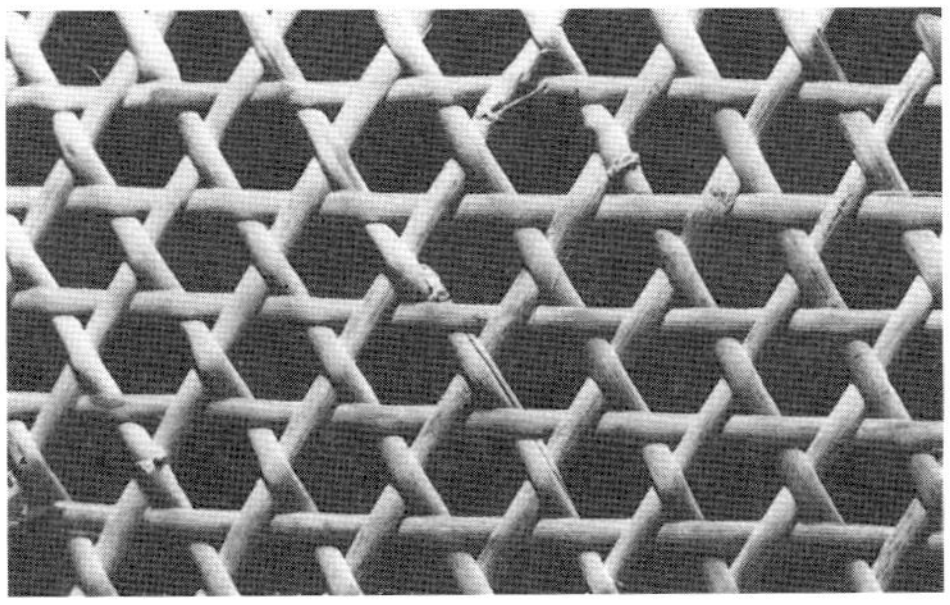
六ツ目編み

アジロ編み

麻の葉くずし

●基本的な**底**の編みかた

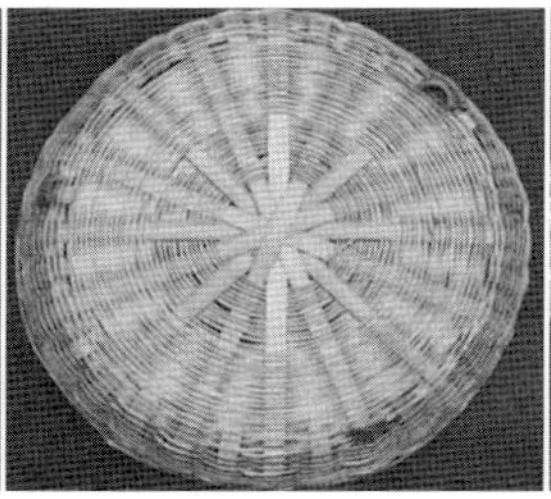
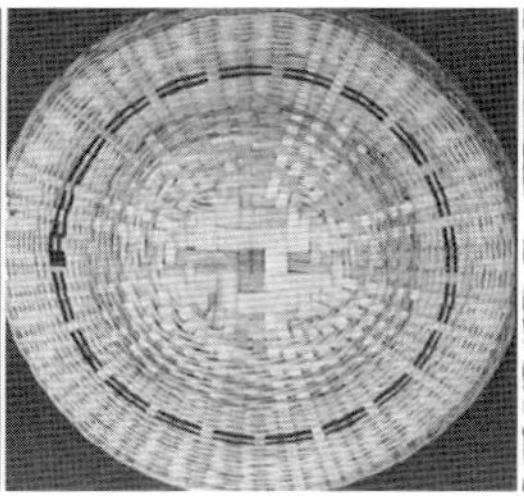
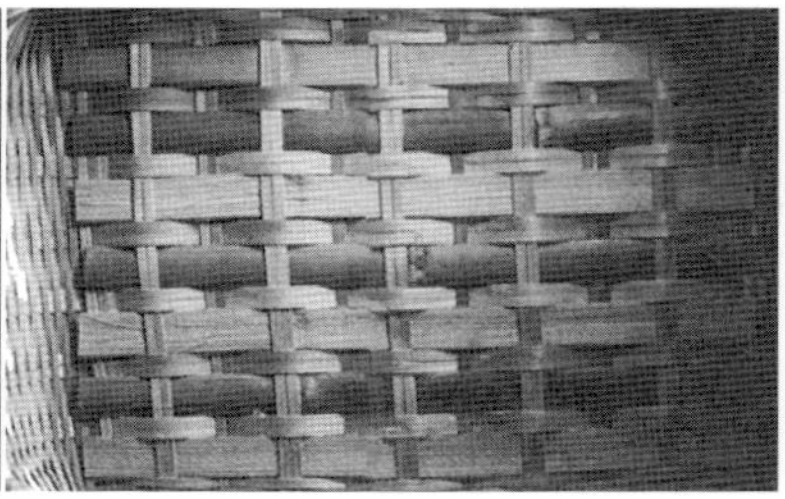

増差し菊底　　菊底　　網代《あじろ》底　　四ツ目筏底

●基本的な**ふち**の編みかた

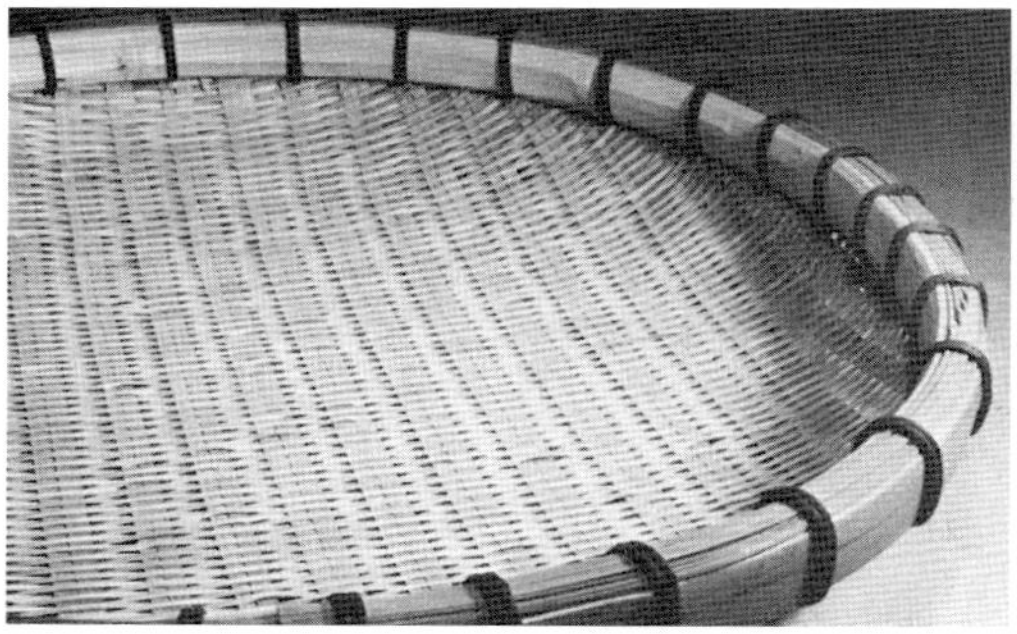
柾割り当てぶち

巻きぶち

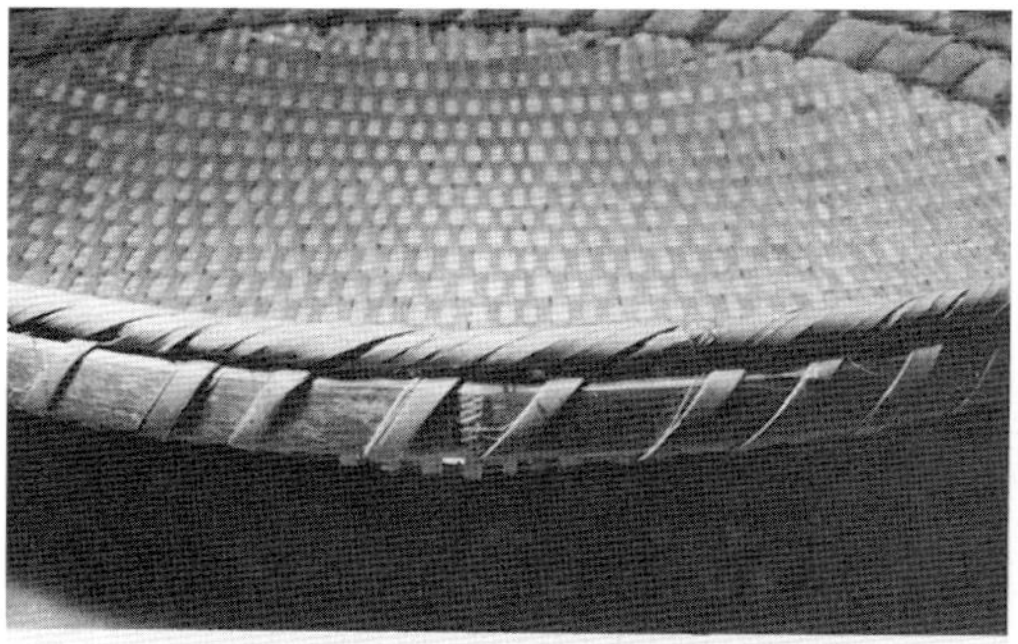
巻き当てぶち

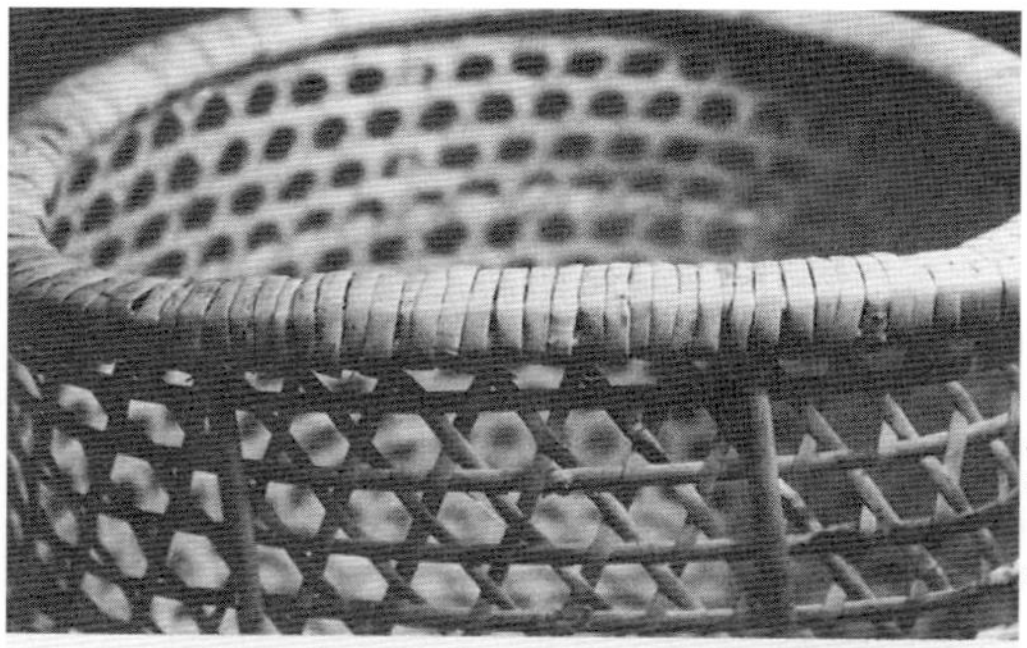
千段巻きぶち

千段当てぶち

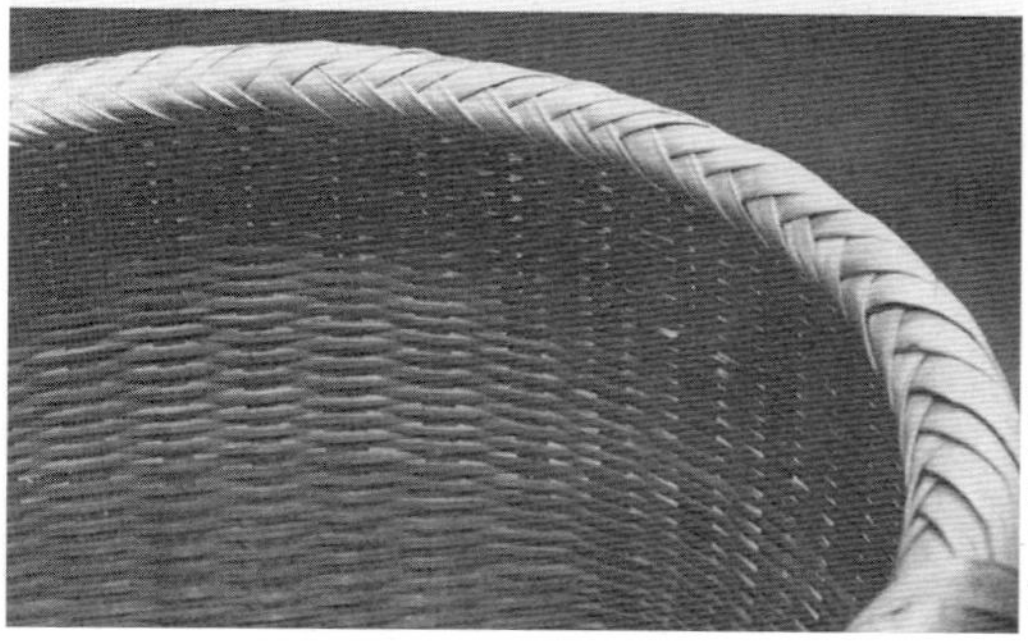
矢はず巻きぶち

東日本の窯場をたずねて

文・写真　神崎宣武

冬は鍋に湯をわかして手を温めつつ轆轤をまわす（相馬大堀の窯場）

関東、東北地方にも窯場はたくさんあった。しかし、窯数が一所《ひとところ》にたくさんまとまっていて、現在まで仕事が継続されている窯場となると数は少ない。ここに挙げた相馬大堀《そうまおおぼり》（福島県双葉郡浪江町）、笠間《かさま》（茨城県笠間市）、益子《ましこ》（栃木県芳賀郡益子町）、会津本郷《あいづほんごう》（福島県大沼郡本郷町）、平清水《ひらしみず》（山形市）ぐらいが大きな窯場である。その他に数軒の窯があって比較的に名前も知れているところに、小久慈《こくじ》（岩手県久慈市）、白岩《しらいわ》（秋田県仙北郡角館）、楢岡《ならおか》（秋田県仙北郡南外《なんがい》村）、堤《つつみ》（仙台市）、切込《きりごめ》（宮城県加美郡宮崎町）、赤井（福島県いわき市）などがある。窯が一つか二つだけの小規模な窯場となると、各地にたくさんでてくる。例えば、宮城県北部栗駒山麓の栗原郡だけをみても、王沢（一迫《いちはさま》町）、尾松（栗駒町）、新田《にった》（若柳町）に窯場があった。

東北地方に小規模な窯場が分散してみられるのは、山が深くて交通の不便な時代には小地域ごとに窯場が必要だったからだろう。もちろん窯数は多くは要らないし、そこで焼くものは周辺の農山村の日常雑器であった。甕《かめ》や壺《つぼ》、擂鉢《すりばち》、丼鉢《どんぶりばち》、徳利《とっくり》、火鉢、湯タンポなどが各地で焼かれている。

ところが明治の末ごろになって鉄道が開通すると、そうした小規模の窯場は成りたたなくなってきた。瀬戸、常滑《とこなめ》（愛知県）や美濃（岐阜県）の陶磁器が東日本各地に出廻ったからである。それらは下り物と呼ばれ、特に磁器はたいへんな勢いで売られていった。磁器は陶器に比べて、硬くて丈夫である。しかも、素地は薄くて白い。絵も美しくはえる。こうした利点から日用食器などには便利であった。それに、下り物は大量生産で値段は安いし、組織だった販売方法もあるので、それまでの東北各地の窯場は競争に負けるところが多かった。小規模な窯場のほとんどが潰れただけでなく、大きな窯場であった会津本郷や平清水でさえも稼働力は半減したのである。そして、下り物との競争で生き残った窯場は、もともと資本力や販売力が備わっていて、その上に特産品を持ったところだけとなった。

陶磁器の窯場が発展する第一の要因は、いうまでもなく良質の粘土が豊富にあることである。それに、かつては窯を焚くための松材などの燃料も多量に必要だった。その上に販売力や特産品も必要だったのである。

こうした条件の中に、ともすれば忘れられがちなのが天候である。古くから続いている大きな窯場がおもに中部地方や西日本各地にあることは、その土地が冬も温暖であるという条件を証明するだろう。事実、寒いところで陶磁器を作ることは難しい。粘土の中の水分が凍るからである。特に成形したものの生地が凍ると、それは割れたり変形して使いものにならない。それを防ぐために寒冷地の窯場では、どれだけの苦心をしたことだろうか。仕事場を土蔵作りにしたり、壁や天井を二重に付けたりする。またそれでも寒い夜には、一晩中火を焚き続けなくてはならない。そして雪でも積れば、登り窯を焚くのは容易でなかった。現在のような暖房設備のない時代には、そんなに苦労をしても結局仕事は夏期の半分もできなかったのである。

ここでは代表的な窯場だけをとりあげたが、条件に恵まれないで消えていった小さな窯場群がこの地方の生活に深く関係してあったことも忘れないでおきたい。

相馬《そうま》の大堀《おおぼり》

相馬焼の窯場・大堀。阿武隈山地が背後に迫る

樹木に囲まれた家

相馬焼の窯場は福島県の浜通り地方にある。浜通り地方は、太平洋に面した平野部のことで、そこは年間を通じて温暖な土地である。

窯場大堀の家々は、繁った樹木で囲われている。松や杉はもちろん、檜《ひのき》、欅《けやき》、樅《もみ》、桑、柿、竹などと屋敷囲いの樹木の種類は実に多い。その中に椿や黄楊《つげ》やシャクナゲなどの暖地に生える木も数多い。冬に雪が積ることもほとんどなく、三月になると早々に梅や椿の花が垣根いっぱいに咲く。大堀は、請戸《うけど》川の支流の高瀬川の河岸にある集落で、川を渡った前方には豊かに水田が拡がっている。しかし、大堀はほとんど焼き物作りを専業としてきたので、所有田地は少ない。稲刈の終るころ、附近の農村では小さな社や道ばたの石像物の前に新しい稲穂が供えられるが、大堀にはそうした習慣があまりない。大堀の背には阿武隈高原が迫っている。その山地は山容のなだらかな山々が連なってできている。しかも、そこには松や杉などの常緑樹が多いので、山の形はなお丸まってみえる。大堀から西へは、そんな山波が幾重にも重なってみえる。

相馬焼は、東北地方では最も古い歴史を持つ陶器である。そして、大堀は数十軒の家が陶器作りを専業にしてまとまってきた集落である。

殿様の威光

相馬焼といえば、灰緑色の肌に金色や鉄釉《てつゆう》で走り馬の絵が描かれた急須や湯呑茶碗が代表的な商品である。また、陶器の肌に貫入《かんにゅう》が入っているものもある。貫入とは俗にヒビ焼きといわれるが、窯で焼く時に粘土の収縮率よりも釉薬《うわぐすり》の収縮率の方が大きい時に起きる釉薬面の亀裂のことである。ごく最近まで相馬焼は、相馬駒焼と呼ばれることもあった。これは、馬のことが駒といわれるからで、走り馬の上絵《うわえ》もここでは駒絵といわれている。

しかし現在、大堀では駒焼という名称は使えない。かつて相馬駒焼と書かれていた看板などでは、駒の字だけがペンキで消されている。これは、大堀の北の中村（相

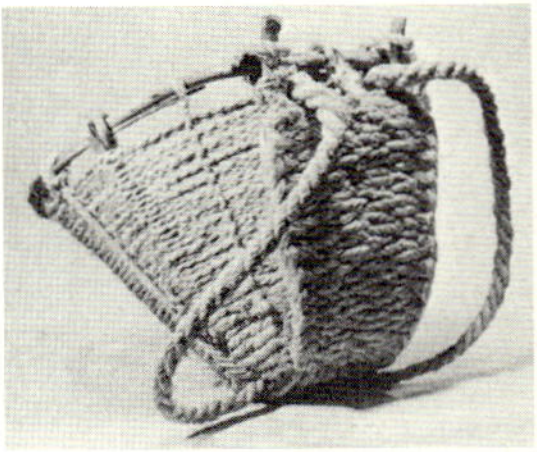

粘土運搬に使ったタンガラ
（但し、中国山地のもの）

馬市）に一軒窯元があり、そこはかつて中村城主相馬氏の藩用窯であったことからその格式を誇り、駒焼という名称は殿様からわが窯だけに与えられたものだと言いだしたからである。それで、裁判沙汰になった。

大堀では昔から使っていた名前だからと主張してみたが、中村の窯元は事前に駒焼の名称を商標登録していたこともあって、以後大堀では駒焼の名前は使えなくなった。今の世の中にも、殿様の威光がまだ残っているのだろうか。それは、ここだけに限ったことではない。日本中いたるところの窯場で、藩用、御用窯の由来が羽振をきかせている。いわゆる偉い人に献上するために作ったことだけが歴史の表にでて、不況の時期になりふりかまわず雑器を焼いたことなどはどこかに消されてしまう。一般庶民のために、あるいは自分たちの生活に追われて日常雑器を焼き続けてきたことは、窯場にとっては誇るべき歴史にはならないのだろうか。

大堀は、庶民の日常生活に使われる急須や湯呑茶碗を焼いてきたところである。それがいつごろから始まったかについて物語る資料に、大堀愛宕神社の境内に建っている「嘉積《かせき》翁碑」がある。それは文久三（一八六三）年に陶家中によって建てられたもので、その碑文には嘉積という人が大堀村の半谷休閑《はんがいきゅうかん》らと陶器作りを始めたことが書かれている。そして、大堀村で開発された技術が隣村の井手や小野田（双葉郡浪江町）にも伝わり、三村で百余軒もの家が陶器作りをするようになったと書かれている。

大堀では陶器作りのことを瀬戸焼、窯元のことを瀬戸屋といっている。井手や小野田には明治時代の末まではかなり多くの瀬戸屋が残っていたが、だんだんと周辺部から瀬戸焼をやめる家がでてくる。明治から大正時代にかけて六、七〇軒はあった瀬戸屋が昭和になると三〇軒前後に半減し、その瀬戸屋も大堀だけに残って続いてきた。

古い話は聞けなくなった　大堀の瀬戸屋を歩いて、瀬戸焼にたずさわっている人々からもたくさんの話を聞いた。しかし、このごろでは明治生れの職人がすっかり少なくなって、古い話を教わることが難しくなった。それでもまだ、製造工程や技術についてはかなり古い時代までたどることができる。例えば、粘土は附近の村の山、特に井手のあたりの山に石炭掘りと同じような横穴を掘って採ったこと。それをタンガラに入れて背負ったり、俵詰めにして馬の背で大堀に運んだことなどである。タンガラというのは、チシャの木（ムラサキ科の落葉喬木でエゴノキともいう）などの枝を曲げて二本ずつ交叉した周囲をフジや藁縄で編んだ運搬用具である。また、轆轤《ろくろ》には手轆轤と蹴轆轤《けろくろ》があり、職人には轆轤職人の他に、金（絵）付職人と窯焼《かまやき》（職人）が専門にいたこと。灰緑色の釉薬は、長石粉と欅の皮の灰を混ぜて作っていたので大野（双葉郡大熊町）のあたりまで欅の皮を買いに行っていたこと。その欅の皮の灰にかわって近年では石灰を使えば簡単に釉薬ができる、などの話をずいぶんと詳しく教わることができた。

しかし、そうしてできた品物をどのような方法でどこらあたりまで売りに出したかについては、鉄道の開通する以前の状態はもうほとんどわからない。鉄道が開通した明治時代末から後は、大堀から行商人が東日本各地に出ていくようになる。特に北海道は、未開拓の市場であったから、急須や茶碗や丼鉢が飛ぶように売れた。そして行商人を何人も使うような大きな仲買商人もでてくるようになり、やがて横浜から出す貿易（輸出）の道も開けた。こうした販売方法はよくわかったが、それ以前に請戸港から船で積み出したようだとか、荷車で行商をしたとかいう話がでても、それは詳しくは確かめようがない。それを証言してくれる人は、もう生きてない。そんな時に元大堀村々長の山田さんから、大堀から少し離れた大川原《おおがわら》（大熊町）にたしか佐藤というおじいさんがいて、その人は天秤棒で品物をかついで行商をしたはずだから訪ねてみたらどうか、といわれた。

赤井焼の徳利。裏に筆書きの文字が残されていた

野馬追行事の馬をイメージして描いた駒絵

佐藤さんの話

佐藤豊さん、明治二九年生れの七八歳。額はもう禿げあがり、少し残っている髪は白い。笑うと顔の中に皺が集まり、歯が欠けているのでその表情は赤ん坊のように無邪気になる。しかし、元気である。佐藤さんは、行商を始める前には轆轤職人だった。

「俺《おら》の時代には一四、五歳で弟子に入っただ。俺は、年期六年という約束で、大堀の堀内という家に弟子に入った。その頃の瀬戸屋は大堀に三五軒、いや四〇軒もあったかなあ。もとの大堀では、甕や丼鉢や摺鉢などをよく焼いただ。それで俺も甕作りの職人になっただよ。いいや、弟子に入ってすぐに作るのではねえ。弟子の最初の仕事は、粘土を練るような下働きだ。それからだんだんと轆轤を覚えるだ。誰も教えてくれる人はねえ。あい間をみて自分で覚えるだ。そうでねえと、いつまでたっても一人前にはなれねえ。

一人前の職人というのは、まあ五升甕を一日に三〇も作れるようになることかな。二斗も三斗も入るような大きい甕は水甕だが、大堀ではあんまり作らなかっただ。五升甕はよく作ったが、これには梅なんか漬けるんだな。摺鉢で尺二、三寸（直径約四〇センチ）のもんだと、一日で五〇枚以上は作れるだろう。

年期があけると、だいたい兵隊検査があっただ。それにあわせて、親方が羽織と袴ぐらいは新調してくれたもんだ。んだども、年期があけても俺は五、六年は親方のところにいただ。その後誰かに赤井（福島県いわき市）に行ってみないかといわれて、一年間赤井に行っただよ。赤井は駅（磐越東線の赤井駅）のそばに二軒ぐらい瀬戸屋があっただな。赤井では甕と摺鉢や酒スズ（徳利）を作っただ。甕と摺鉢は、土管色（赤茶色）酒スズは、白い色で口のところに緑の釉薬がかかったもんだよ。

赤井の粘土は、大堀に比べると悪かっただな。仕事が手に染《なじ》むころには、俺はもう赤井での生活に飽きがきたよ。それに給金も思ったほどももらえなかったんで、また大堀に帰っただよ」

天秤棒を担ぎ陶器を売り歩いたという佐藤豊さん。78歳でまだ現役だった

赤井は、明治時代には一二軒もの窯元があったところである。それが大正時代に五軒に減り、昭和になってからは二軒になった。それからは土管や蛸壺や植木鉢なども焼いてきたが、それもつい数年前までで、現在は窯を潰している。ここには、大堀から佐藤さん以外の職人も入れかわりたちかわり来ていたようである。また大堀の職人は、笠間や益子にもよく出て行っていた。

天秤担いで　佐藤さんは大堀に帰ったが、間もなく結婚して大川原に住むようになる。それと同時に、職人をやめて行商人になった。

「職人では儲けもしれとるように思った。それで商売をすることにしただが、慣れるまでには時間がかかっただ。

天秤（棒）の両側に竹の籠をさげて、一日かけて大堀に仕入れに行くだ。なんで天秤をかついだかというが、その頃は、そんなこたあ当り前だだよ。俺が三〇前だから、今から五〇年以上の昔になるなあ。それに天秤だと、牛や馬や荷車よりも商売の資本はかからねえだ。

大堀では甕、摺鉢、丼鉢、片口などの大物に急須や湯呑の小物を混ぜて買うだ。こんな小《ちい》せえ商売は、仕入れるのも売るのも現金取引だな。仕入れの時は一級品、二級品、三級品と見分けにゃあなんねえ。二級品は一級品のだいたい八掛、三級品はそのまた八掛ぐらいに仕入れるだ。俺は三級品は買わねえだ。三級品になると安く買えるだが、売るのも高くは売れねえから、結局儲けにはなんねえ。一級品でも三級品でもかつぐ荷の重さは同じだから、高く売れにゃあ損だろう。んだろう。

　大堀で仕入れたら、荷をかついでその日は大川原に帰るだ。石熊（双葉町）、野上（大熊町）と山道を歩いて帰るだよ。んだなあ、荷は両天秤で一二、三貫目（約四六キロ前後）はあるだな。荷をかついだというても、歩くのは遅くなんねえ。慣れると天秤かついで歩いた方が早えぐらいだ。途中でも、度々は休まねえ。石熊と山神《やまのかみ》（双葉町）でちょっと休むぐらいだな。朝家を出て、荷を仕入れてその日のうちに帰るんだから、そんなに休みながらではできねえだよ」

　佐藤さんの話を聞いた後で、一度大堀から大川原までの山道を歩いてみた。三里半の道というから約一四キロメートルある。今では一部が国道と交叉して舗装されているところもあるが、大部分は砂利道である。それも、平坦なところはほとんどない。曲りくねった山道を峠まで登り、そこから一旦川に下って石伝いに川を渡る。そしてまた、次の山を登る。こんな道を佐藤さんは天秤棒で荷をかついで歩いたのか。それも二度ばかりの小休止だけで。

　石熊、山神、野上など道沿いに人家のあるところでは、佐藤さんのことを聞いてみた。するとほとんどの人が、ああ、あのおじいさんか、と答えてくれる。そして、もう一〇年ほど前からは歩いているのを見ないが、まだ元気なのだろうか、と逆に聞かれる。


日帰りから泊りがけに　二度目に佐藤さんを訪ねた時その話をしたら、佐藤さんは顔をくしゃくしゃにして嬉しそうに笑った。

「んだよ、あの道は戦後もしばらくは歩いて大堀に通っただからなあ。

　大堀から仕入れた品物《しなもん》は、最初のころ、昭和一〇年ごろまでは、この附近で一日に歩いて行けるところに売って歩いただ。まあ三里（一二キロ）ぐらいのところで、夜ノ森、富岡（富岡町）あたりによう行っただな。はじめは農家を歩いただが、こりゃあよくねえ、と気がついた。農家は隣が遠いし、祭や正月だのの行事の前ぐれえでねえとなかなか売れねえもんだ。それよりも家が並んどる町の方がええ。荷をかついで歩く距離だけでも無駄がねえだよ。

　売り値は、決ってねえな。高く売れるところでは高く売るだ。ただ、籠の荷には藁をはせているだけだから、歩いているうちに二つや三つの割れもんがでるだよ。それまでみると、仕入れ値の三倍ぐらいに売らねえと儲からねえだ。量でだと、んだなあ、一日に三、四貫目（約一三キロ前後）ぐらいが売れればええだ。んだ、一貫目というと急須なら五、六個ぐらいになる。

　昭和一〇年過ぎに、俺は日帰りの商売から一晩、二晩は先《さき》で泊って歩くやり方にかえた。大野の駅から天秤ごと汽車に積んで行くだよ。広野（双葉郡広野町）や久之《ひさの》浜《はま》、四倉《よつくら》（いわき市）あたりに一番よう行っただな。小名浜《おなはま》（いわき市）という所もよう売れるだが、あそこは平《たいら》（いわき市）からちょっと離れているだから、駅に降りてからの時間がかかる。

　それに宿代が高いから、あんまり行けなかっただ。山を越えて都路《みやこじ》（田村郡都路村）や常葉《ときわ》（田村郡常葉町）、船引《ふねひき》（田村郡船引町）、三春《みはる》（田村郡三春町）、あのあたりもよく売れた所だが、昔はバスの便利もよくなかっただからなあ。何度もは行けなかっただ。また、平から磐越東線に乗り換えて、その途中の小野新町《おのにいまち》（田村郡小野町）や神俣《かみんまた》（田村郡滝根町）あたりにも行ったし、郡山から水郡線で須賀川（須賀川市）在に行ったこともあるだ。会津、会津には行かねえ。あんな不便な所には行かねえだ。

　だいたい一、二泊の商売では、ちょうど両天秤分が売れたらええだな。売れ残るようなことはしねえだが、どうしても残った時は、その土地のセト（陶磁器）の小売店や雑貨屋に卸して帰るだ。なあに、店は瀬戸（愛知県瀬戸市）や美濃（岐阜県）のセトばかり置いとるだから、相馬焼だと言えば置いてくれただよ。んだども、相手も商売人だから、歩いて売るほど高くは売れねえ。まあ、卸しでは儲けはしれておるだな」

　佐藤さんに、どうして商売の範囲を拡げだしたのかと尋ねると、佐藤さんはそんなことは忘れた、という。それを聞いて、隣に座っていたおばあさんが笑いだした。そして、いやこの人は子供が可愛くてしかたなくて、子供が大きくなるまでは家を空けることができなかったんですよ、と教えてくれた。

戦後は北海道へ　そのうち戦争が激しくなって、相馬の窯場にも昭和一七年に統制令が出された。こうなると製品も制限される。まして、自由に売り歩くことは許されない。佐藤さんは、行商を一時期やめて、山仕事や炭焼きなどに出て行って働いた。それまで、佐藤さんと同じように相馬焼の行商に出ていた人たちも、みんな商売をやめた。

　そして終戦、佐藤さんだけは、また天秤棒をとり出した。

「終戦後、大堀の行商仲間に北海道に行ってみないかといわれて、思いきって出てみただ。北海道には、三、四人の行商人が組んで行っただよ。荷物は、俵に詰めてあらかじめ行く先々の駅止めで送っておくだ。足りない時や銭が後払いの時は、大堀の仲買（卸商）に送ってもらうだ。

　北海道には二、三ヶ月は行っておるだが、ここを出る時は汽車賃しか持たねえだ。北海道での飲み食いや宿賃は、物を売った中から出してゆくだよ。駅で荷を受け取ってからは、それをかついで売って歩くわけだ。戦後はもうみんなリュックサックでかついだだが、俺は天秤と籠を持って行ってそれでかついだだよ。

　駅止めや丸通預かりで荷を送っておる時には、予定の日にその土地に行けるように頑張って売らねばなんねえ。三日でも遅れて行けば、荷を引取る時に保管料をとられるもんなあ。それじゃあ商売になんねえだ。そのころは、俺もこんにちわと声をかけただけで、ああこの家は買ってくれるという見当がつくようになっていただよ。んだから、商売の失敗はあんまりしてねえ。

　それにしても、北海道ではよく売れただ。売れたから、その後《あと》も毎年のように行っただよ。

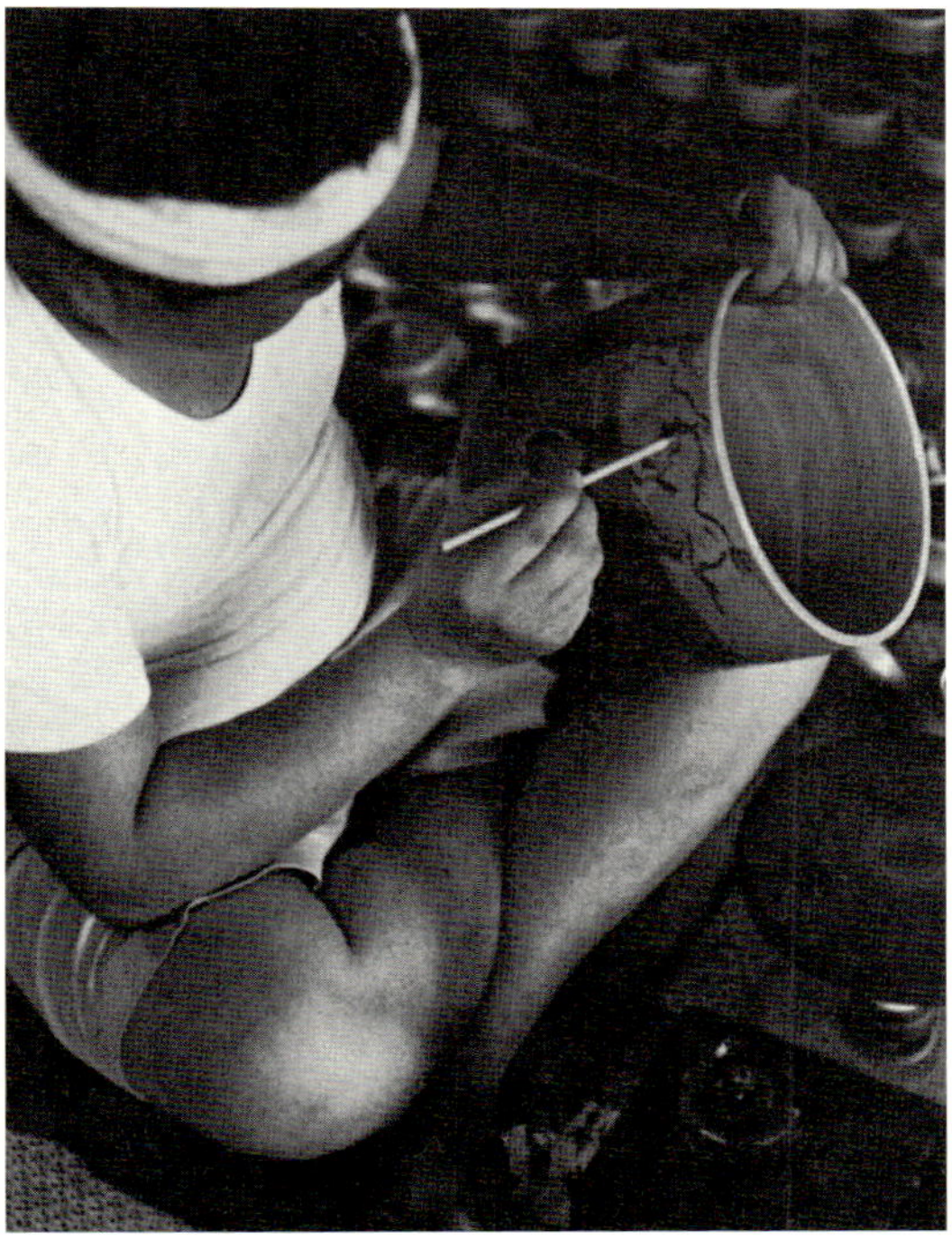

本焼きをした上に金で上絵を付ける

釉薬かけの仕事では時々おしゃべりもでる

最近はプリントの上絵付けもはやっている

北海道の他には、静岡や名古屋あたりにも三回ぐれえは行っただろう。広島にも一回だけ、一六、七年前に行ってみただが、相馬焼はやっぱりここから北の方に受けがええようだなあ」

相馬焼の行商には、何人もの人が出て行った。佐藤さんのように個人で歩く方法もあれば、仲買商人に雇われて歩く行商人もいる。また、陶器製造は職人に任せて、窯元自ら行商に出た場合もある。

そして、そのほとんどは、北海道や東北地方に集中している。佐藤さん以外に北海道での行商をしていた人にも話を聞いてみたが、辛いことも多かったようだ。例えば荷物が遅れて着く時、中味が割れている時、まるっきり違う駅に荷物が送られていたこともあった。それが冬の北海道の旅であれば、吹雪の中で、どんな気持で過さなくてはならなかっただろうか。佐藤さんでも、どうしても相馬焼が売れなくてそれを持ち帰るのも気に入らないからと、同宿の洋服行商人と品物をそっくり交換して帰ったことも二度ほどあるという。

今もなお　佐藤さんは、今ではすっかり腰も曲ってしまった。しかし、それでも杖をつきながら、時々大堀まで出かけてゆく。もっとも、今ではリュックサックを背負い、バスや汽車に乗って行く。そして仕入れた陶器を背負って、今日も近くの町を歩く。家族のみんなが、自動車が危ないのだから歩くのはやめてくれ、と言っても佐藤さんはきかない。

　佐藤さんには独特の言い分がある。

「長いこと、近くの町は毎年毎年歩いとるだから、俺を待ってくれている人もあるだ。盆には線香立てがいるし、年の暮には神棚の花瓶を持って行ってやらねばなんねえ」

　そういわれると、おばあさんらは、あっさり引きさがって佐藤さんを送り出す。何といっても自分らを今日まで喰わせてくれたのは、じいちゃんの天秤棒だからなあ、と家族のみんなが笑って言う。佐藤さんは行商に愛着を持ち続け、家族はそんな佐藤さんを誇りに思っている。

　焼き物に関係しては、とかく世間では由来だの色だの形だのがもてはやされて語られている。しかし、私は思う。本当に窯場を支えてきたのは、職人の技術もさることながら、一度も誉められることもなく歩き廻った行商の力ではないか、と。

笠間《かさま》と益子《ましこ》

さあ寄ってらっしゃい　現在の日本の窯場の中で、展示即売所や窯元案内の看板が最も賑やかに建ち並んでいるところは益子であろう。益子の窯元数約一〇〇戸、そのほとんどが道路沿いに窯元直営の即売店を持ち、色とりどりの看板を建てて店や工房に客を誘っている。それは、不特定多数の客を相手にするにしても、充分すぎる数である。意地悪く例えれば、ダムやコンビナート建設地に急にできた街や各地の銀座通りなる歓楽街とよく似ている。さあ寄ってらっしゃい見てらっしゃい、帰りはただでは帰さないよと、街が客を強引に呼び込んでいるようだ。

　展示即売所は、いずれも格子戸をあしらった入口であったり、古民家風の柱と白壁が使われていたりする。いわゆる民芸風な建物である。その店先に並べてあるのも、もちろん民芸品を最大の売りものにしている。茶碗、皿、壺といろんな品があるが、どれにも厚ぼったい形で灰色の釉薬が掛けられている。そして、どの店先にもほとんど同じ作風の品が並べられている。

　もともと民芸運動が始まったのは、高級美術品だけが美ではなくて一般民衆が作って実用しているものの中にも美しさがある、それを評価してさらに美しく作ろうという趣旨だったように思う。それは、大正から昭和にかけて、柳宗悦《やなぎむねよし》氏らが中心になって始めた活動である。その事の起りはたいへん立派なもので、それまで地方に埋れていた工芸品のいくつかが再評価されることにもなった。しかし、それがいつの間にか歪められて受継がれてきたのではないだろうか。つまり、その土地の材料の特性や技術を大事に伝承するのではなくて、稚拙なものや泥臭くて田舎風なものをわざわざ作りだす。そして、売れさえすればよいといった安易な風潮が製作者側に出てきた。客に対しても、必要以上に媚びを売る。そうした民芸病流行が、益子などにはずいぶんとみられるのだ。

益子の陶器卸売所。軒下にも陶器が置いてある

笠間の焼芋屋の素焼の壺は笠間で焼かれた

異常ではないのか　益子はもともとは、鉄釉を掛けた甕《かめ》や摺鉢《すりばち》などの雑器類が主産品だった。明治末からはそれに土瓶《どびん》や土鍋《どなべ》が加わって、特に鉄道売りの土瓶、土鍋が有名になる。つまり、駅弁につく茶土瓶や、釜飯用土鍋である。土瓶の中には家庭用の白土瓶もある。これは白釉をかけたもので、筆で山水画などが描かれている。絵は単純だが、実に伸び伸びと描かれたものが多い。この絵付白土瓶は、相馬大堀にもある。大堀の窯場で調べたところでは、明治から大正時代にかけて数人の土瓶作り職人が益子に出ているので、そのころに伝わった製品と技術だと考えてよい。
　そうした益子本来の品物の色あいは、現在にあまり継がれてはいない。現在益子で売られている大部分の陶器は、戦後の民芸ブームに乗って作られたものである。益子には、他の土地から移ってきた著名な民芸作家の浜田庄司さんがいる。その浜田さんは、柳さんの亡くなった後の民芸活動の中心的な存在である。浜田さんの作品は、流行の波に乗って売れる。それも、ずいぶんと高価である。そうすると従来は土着の製品を作っていた益子の窯々では、浜田庄司指導という名目で浜田さんの技術をそっくり真似てしまった。その結果は、現在のごとく、どこに行ってもみても同じものばかりという主体性のない窯場の姿が生まれたのである。

しかし、そうした流れもいたしかあるまい、と思ってもよい。まして、それでもどんどん買う人が集まって窯場は大盛況なのだから、部外者が口をはさむこともない。ただここで、その繁栄が正常なもので永続性があるのかどうか、ちょっとだけ考えてみたい。おりしも今日の日本は、石油危機などで世情騒然としているではないか。

私には、益子の民芸病流行の現象は、実は現在の日本の、特に都会生活の虚しさをそのまま投影した姿のように思われる。つまり、コンクリートや合板などで囲われた家、機械量産による道具類によって都会の生活は営まれている。そういう生活は、味気ない。だから、せめて一つや二つは手作りのものが欲しい。多分、そのようなとりあえずの欲求が益子焼などの民芸陶器に集まっているのだろう。そしてまた、その人気というのは物を正当に評価したというよりも、近いところで手ごろに求められればよいという余裕のない生活条件から生まれているような気がする。だから益子が東京から遠く離れた窯場であったなら、こうまで買い手が集まらなかったに違いない、と思えるのである。

益子焼の摺鉢　撮影・工藤員功

轆轤とは

ある時、私は友人に頼まれたコーヒー茶碗を求めて何軒かの店先を歩いてみた。ところが、正円で揃った品がなかなかない。それで、ちょっと不満を口に出したら、たまたま店に出ていた民芸作家が誇らしげに言ったものだ。あたりまえです、手作りだから同じものがないのです、と。しかし、そんなはずはあるまい。轆轤というのは、正円形を作りだすための道具である。かつて熟練した職人は、ぴったり一升入る徳利を何本でも作ったものだ。売れる売れないは別として、やはり物作る人は、轆轤を使うなら円形が歪まないように心を配るべきではなかろうか。少なくとも、稚拙な技術や他人まかせのデザインをもっともらしい売りものにはできないはずだ。

それに、いたるところに「工場見学歓迎」という看板があるのも、私などには納得できない。ヨーロッパなどの工房は、一般客に開放されているところも多いが、それはそうした状態でも仕事ができるというもともと開放的な気質が前提になっている。ところが日本人の、特に職人などには人が出入りすることを極端に嫌う人が多い。よい仕事をするために、わざわざ夜を選ぶ人もいる。それが西洋人と異なる日本人気質だと、私は方々の窯場で感じてきた。むろん、「工場見学歓迎」などの看板をわざわざ用意しているような窯場は、ほとんど他にないといってよい。客を工場に入れると、物はよく売れるかもしれない。しかし、それで本当によいものが作れるだろうか。窯場としたらどちらを選んだ方がよいか、私には少々疑問なのである。

もちろん、いいかげんな作家ばかりではない。昔どおりにこつこつと土瓶を作り続けているような老職人もいる。また、浜田調民芸品から脱皮して新しい陶器を作り

益子の窯場。庭先の棚に乾燥のために成形した擂鉢を並べる　撮影・工藤員功

たいという若い人もいる。そうした人たちの気持を大切にしてあげたい、と私は思う。

笠間と信楽《しがらき》

益子焼の技術は、幕末に大塚啓三郎という人が笠間の窯場に修業に行って、笠間焼の技術を受継いできたと伝えられている。笠間から益子までは仏山峠《ほとけやま》を越えて約七里、歩けばほとんど一日かかる。それ以来も、笠間と益子での職人の往来が頻繁だった。そして、最近では益子の民芸ブームが逆に笠間に伝染するかたちで、展示即売所や看板がずいぶん増えてきた。そればかりか、ここまで益子焼調、浜田風の製品が拡がってきているのである。

笠間焼の窯場は、箱田と下市毛《しもいちげ》と手越《てごし》にある。

笠間焼の歴史も、釉薬をかけた陶器となるとそう古いものではない。江戸時代中期以降のものである。その技術は、相馬焼から伝わったものだともいわれているが、具体的には信楽（滋賀県甲賀郡信楽町）からの流れが強く残っている。『笠間焼陶業史』（小林三郎著）には、安永年中（一七七二〜八一）に信楽より長右衛門という職人がこの地にやってきてからはじめて本格的な陶器が焼けるようになった、と書かれている。これは現在する窯元の系図や墓石などからみても、ほぼ明らかな史実である。その後も幕末ごろ、吉三郎とか用次郎という職人も信楽から来たことが明らかにされている。そうした昔の因縁からでもないが、現在の窯元の中にも信楽からやってきてここに定着した人もある。

このように信楽との関係は深い。さらに、具体的な例

左　笠間焼の茶壺　右　信楽焼の茶壺

では茶壺がある。茶壺は茶箱が出廻る以前に使われていた茶の保存容器である。茶箱は、もとは内部にトタンを張っていたもので、大正時代の末に普及してくる。それ以前は、家庭用にも商売用にも壺が使われていた。小さいものには釉薬がかかっているが、大きな壺は素焼である。もっとも、素焼といっても外側だけのことで、内側には釉薬がかけられている。これは、中に湿気が入らないようにという配慮である。そのためには口も手が入れられる程度まで最小限の大きさになっている。このような茶壺が、信楽で古くからたくさん焼かれていた。

笠間の茶壺

もともと茶は、特権階級の上等な飲み物であったようである。江戸時代には、現在一般化しているような美味な緑茶は庶民の口には遠いものだった。しかし一方、江戸に在住する大名のためには、国元からわざわざ必要なだけの茶が運ばれていた。将軍家への献上茶は、お茶壺道中と呼ばれたほど大事に扱われて運ばれたものである。その茶壺には、特に西国大名の場合に信楽焼や伊賀焼（三重県伊賀市）のものがよく使われたようだ。伊賀焼の茶壺は、石はぜ焼といって石の混ざった粘土をただ焼き締めたものが多いが、信楽焼の茶壺には青や黒の釉薬のかかったものが多い。今でも時々茶舗《おちゃや》の店先に錦織布をかぶせてそれを房紐で結んだ茶壺が飾られているが、その形式はお茶壺道中で生まれたものである。特に東京神田の古い茶問屋などには、江戸時代の信楽焼と思われる茶壺が残っているところがある。これは大名の江戸屋敷で使われた後の茶壺が町中の茶舗などに払い下げられたのではないか、とされている。

明治以後になると、茶は一般の人たちの間でも飲まれるようになり、茶壺もどんどん使われるようになる。

ところで素焼の大きな信楽焼の茶壺は、おもに茶の製産地で使われていた。例えば埼玉県の狭山《さやま》地方や入間《いるま》地方を歩いてみると、この茶壺を残している農家で確かめられる。外が白陶土の素焼、内は茶色の鉄釉がかかっている口細の壺である。これに茶を入れ、口に木の栓をして、湿気の入るのを防ぐためにその上から和紙を貼っていた。壺の外側に縄目が付いたまま残っていたのもあったが、これは運搬の時に縄を網袋状にかけていたからだそうである。そして、壺の多くには墨で住所や家号が書かれている。これは、組合や東京市場に茶を出した時に間違いのないように、という配慮だという。

ところが狭山、入間地方の茶問屋に残っている茶壺の中に、信楽焼のようでもよくみるとちょっとだけ違うようなものがある。これが笠間焼の茶壺であった。明治以後は、笠間でも茶壺を作ったのである。職人も信楽から来たようだから、もちろん色や形もよく似ているはずだ。もっとも、笠間では大きい素焼壺はほとんど作ってはいないが、青や黒い釉薬のかかったものは信楽焼そっくりそのまま、笠間にもある。また、白の地に緑の釉が何本か線で流れた壺も信楽と笠間にある。それに、信楽では轆轤の上に布を敷いて成形するので壺の底に布目が残るが、そうした特徴もそっくり笠間焼の茶壺に出てきている。この笠間焼茶壺は、東京でも使われていたが、大半は笠間近辺の農家で自家用茶の貯蔵容器として使われたそうである。

また、笠間焼の擂鉢は明治末期以後、東京市場を独占するほどの勢いで売れたものである。これは、茶色の釉薬のかけられたもので口の部分が二重にくびれている。この形式も信楽にそっくり共通した特徴である。

狸と狐で

笠間には狸と蝦蟇《がま》の置物もある。狸の置物は、もちろん信楽の特産品であった。通帳と徳利を下げた、たいへんユーモラスな姿で有名である。大狸の置物は、陶器売店や蕎麦屋の店先によく飾られている。これが客の目をひき、店は繁盛するそうだ。

町の中心にある笠間稲荷は日本三大稲荷の一つであるので、祭日などにはたくさんの参詣人がここに集まる。参道には、その客をあてにした飲食店や笠間焼売店があり、その店先に大狸が立っている。これは、狐（稲荷）にあやかる狸商売である。蝦蟇は、いうまでもなく筑波山の四六の蝦蟇がモデルとなっている、笠間焼のオリジナル商品である。筑波山は、笠間の南にある山系で、その山麓は最近学園都市として開かれている。

稲荷神社や筑波学園都市を考えると、この窯場近辺には外来客が今後も集まってくる期待はある。窯場も益子風の民芸流行に頼るだけでなく、狐狸や蝦蟇を大事に扱ってこの土地独自の利益が計れないものだろうか。

会津《あいづ》の本郷《ほんごう》

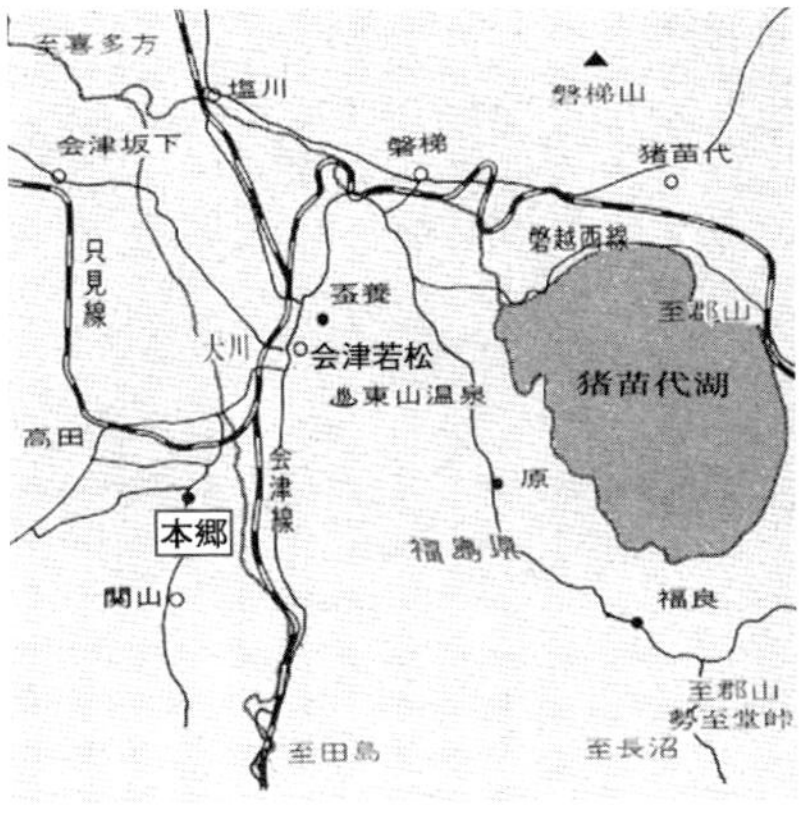

本郷山から

会津若松駅前からバスで約三〇分、本郷に着く。そこは、会津盆地の南端になる。二度目に本郷を訪れた時に、本郷山に登ってみた。本郷山というのは町の東側に、ゆるやかに波うって南北に長く寝そべっている山である。本郷山は、若松市からも望める。それは、南会津の山地から連なり、ちょうど岬のように会津盆地に突き出している。そして、本郷山は三つの峯に分かれており、それぞれに観音山、羽黒山、弁天山と呼ばれている。

まず、本郷の町のほぼ中央の瀬戸町から観音山に登ってゆく。登りかけてすぐのところに、崩れかけた登り窯の跡がある。天井の部分が特に崩れ落ちているが、それでも登り窯特有の連続アーチ型の間《ま》がみえる。窯壁の内側は、ビイドロ状に焼けただれている。今では工場が近代化されて、登り窯は使われなくなってきた。その窯跡のすぐ上には、斜面が大きくえぐり掘られたところがある。昔、陶土を掘った跡だそうだ。その掘り跡をみると、どうも露天掘りで原土を採っていたらしい。

　山には松が植っている。直径が三〇センチ以上もあるような大木もあるが、ほとんどの木は樹齢百年にも満たない若い木のようである。大正時代から後は、窯に焚く松材を新潟県や郡山、福島などの遠方からも運んだそうだが、あるいはそれ以前にこの観音山の松も使われたのかもしれない。山の中腹に小さい社がある。これは、お山の神様といわれ、製陶業の守り神となっている。この本郷では、山の神は陶土に関しての神様だという人が多いが、もともとは文字通りの山の神であり、窯場では山から掘る陶土と窯に焚く燃料の松材の両方に関する守り神であるだろう。厳密にいうと、一つ一つの窯場での意味あいは違うが、窯場の守り神はだいたい東日本で山の神、中部地方で秋葉神社《あきばさん》、西や南日本で荒神様《こうじんさま》であることが多い。

　観音山から羽黒山、弁天山と結ぶ道は、砂利道ではあるが今では自動車も通る。その名も本郷スカイラインという。しかし、普段はほとんど人気《ひとけ》はない。羽黒山頂には羽黒山神社が祀られている。『新編会津風土記』によれば、もともと羽黒山神社は弁天山にあった。弁天山にあった時は、羽黒山東光寺といった。それが永禄四（一五六一）年、若松の芦名盛氏《あしなもりうじ》が弁天山に隠居城を築く時に、神社は隣の山に移された。羽黒山神社の祭神は、倉稲魂神である。この神は五穀豊穣の神様であるので、現在まで附近の農村からの信仰を受けてきた。

　羽黒山の上からは、会津盆地が一望できる。ここに登ったのは、秋であった。盆地は一面に稲が黄色く色づいている。それは平坦に柔らかく拡がっていた。大川を渡って北に、若松市がある。静かに落着いたたたずまいをもつ町も、こうして眺めるとあちこちに高いビルが建っている。デパートの広告塔もよく見える。そのずっと西北には越後山脈の山々が見える。また、盆地からはいろんな音が聞えてくる。プープーピーと自動車の走る音、ゴーゴーザーザーと稲刈り機や脱穀機の音、そして学校の校庭から運動会の歓声。眼を南に移すと、弁天山から南会津地方の山々が、すっかり紅葉してみえる。近くには、ウルシの木の真赤な葉、山葡萄の紫色の実。ススキもなびいている。向いの弁天山の急斜面にへばりついたように人影が動く。後で、その人たちに会ってみたら、腰に竹籠をぶら下げていてその中に松茸や茸《きのこ》を入れていた。山に近いところに畑があり、畑の周りには柿の木がある。その柿の木の下にも人が動いている。この本郷から関山《せきやま》（本郷町）、高田（会津高田町）にかけては会津柿の産地でもある。柿にはごしょ柿やみしらず柿があって、いずれも焼酎をかけて甘くする。これが仙台や東京方面に出されている会津柿である。

街道沿いの町　山のすぐ麓に本郷の町並がみえる。若松から川を渡って伸びてきた道路が、本郷の町の中で直

会津本郷雪景色。町並にはあちこちに土蔵造りの建物や窯の煙突が並ぶ

角に曲り高田方面に向っている。この道は、南山《みなみやま》通りとか下野《しもつけ》街道と呼ばれたものである。今は本郷を離れて大川の東側を国道一二一号線日光街道が走っているが、昔は本郷経由の南山通りが日光街道でもあった。特に江戸時代には、若松から江戸往来というところの南山通りか、猪苗代湖の南を廻る茨城街道、白河街道に限られていた。

本郷からの南山通りは関山、大内（南会津郡下郷町）、田島（南会津郡田島町）と通じ、山王峠（福島県と栃木県の境）を越えて日光、今市へ行っている。街道の途中の大内は、通りの両側がきちんと縦長に地割りされていて、その一つ一つの屋敷の中には茅葺屋根の家が妻側を通りに向けて、これまたきちんと等間隔に並んでいる。ほとんど江戸時代の宿場町そのままに残っているわけで、私の友人の相沢君らはこの荘観な宿場町に魅せられて、民俗調査に数年間もかかりきりでいるぐらいだ。

さて、山の上から本郷の町を見てみると、大内ほど明確ではないが、やはり街道沿いの町であった面影を残している。通りに対して縦長な屋敷地と、妻側を通りに向けた家々がほぼ等間隔に並んでいるのである。その景色の中で、まず色とりどりのトタン屋根が目につく。やや古いと思われる建物にはコールタールを塗ったトタン屋根が乗っているが、茅葺屋根の家はほとんど見当らない。ずいぶんと新しい建物が多い。

本郷に古い建物が少ないのは、大正五年の大火災があったからである。それは五月一二日の昼過ぎに起きて、わずか二時間ほどの間に人家や二百余棟もあった製陶工

仕事場の内部。最近では型抜きで成形する窯が多い

場をひとなめにしている。町は、半分以上が完全に灰になった。全焼二〇五戸、死焼者九人という（『会津本郷焼の歩み』より）。この死焼者の中には、工場の中で煙にまかれた職人も含まれている。話を聞いて想像するだけでも、たいへん悲しい大事故である。家を焼かれた人々は、焼け残った家に分れて寝泊りしていた。火事の後始末には、村中総出でかからなくてはならなかった。しばらくの間は、本郷では仕事どころではなかったという。そのため陶磁器の生産量は減少し、職人の中にも瀬戸や美濃などの窯場に移ってゆく者も出た。しかし、こうした致命的とも思われる大打撃を乗り越えて、本郷の製陶業は蘇った。瀬戸、美濃や有田（佐賀県西松浦郡）などには規模で遠く及ばないけれど、東北で最大規模の窯場として現在に続いているのである。

寒さとの闘い　本郷の町をみると、母屋の裏に土蔵のような建物がついているところが多い。屋根は切妻、側面は四方とも土壁で囲われている。壁は白壁の場合もあり、南や東面には小さな窓がついている。外観は土蔵のようでも、実は本郷ではこれが仕事場になっている。会津地方の冬は寒い。雪が積る日も多い。そんな気象条件の中で焼き物作りをするのには、たいへんな努力が必要だった。先にも触れたが、粘土の中の水分が一度凍ったらもうそのままの状態では使えない。特に成形して生乾きのものであれば、割れてしまって全く使いものにはならない。表面上では見分けられないぐらいの内部のちょっとした水分が凍ったとしても、窯で焚けば割れてしまう。そうした損失を恐れ、寒気を防ぐために、壁が厚い土蔵作りの仕事場がここに造られた。壁の厚さは、だいたい六、七寸（約二〇センチ前後）はある。そして、天井も土天井《つちてんじょう》である場合が多い。細い木や竹を並べた上に土が塗ってある。さらに、土間がなくて床板が張ってあるところが多い。だから本郷では、仕事場のことを板間《いたま》と呼んでいた。窯場の仕事場といえば、ほとんどの場合は土間である。本郷の板間に入るには、当然のことだが外のはきものをはき換えなくてはならない。それだけのことでも、他の窯場からみればえらく異質なことに感じられる。

床には手轆轤《てろくろ》が据えてある。本郷では急須や茶碗など形の小さいものを多く作ったので、轆轤は手轆轤が使わ

陶芸の家と引戸に書かれた土蔵造りの本郷の窯の仕事場

れていた。そして、板間の中央には炉が掘ってあり、壁際には床から天井まで数段の棚がある。炉は、ちょうど囲炉裏《いろり》のようなもので、ここで火を焚いて板間の暖をとる。棚は、成形した品物を板に乗せてここに置き、室内の暖気で乾燥させるためのものである。室内への光は、小さな障子窓から入れる。窓に近いところに轆轤を置いてあるので、その程度の光線で仕事に不自由はしない。冬になると、この障子窓の外にもう一枚の障子戸がとりつけられる。そしてその戸と壁の間は紙で目貼りがされる。これは、最小限の自然光を確保しながら、寒さを防ぐ方法である。それでもなお、冬の夜は寒すぎる。そんな時には土戸《つちど》を閉じる。土戸は障子戸の外にある戸のことで、これも土蔵に使われているのに同じものである。板戸の上に縄を巻き、それに壁土が塗られている。本郷ではこれほどまでに、寒さと戦わなくてはならなかった。現在ではもちろん、このような板間が使われているところはほとんどない。便利な暖房方法が使われて、工場も新しく建てられている。そして古い板間は、物置や住居の一部に使われている。

消えた窯場

寒さといっても、本郷はまだよかった。雪の量も会津地方では少ないところだし、仲買（問屋）のある若松の町へも近かった。以前は本郷の他に、蚕養《こがい》（会津若松市）、杉村（河沼郡会津坂下《ばんげ》町）、原（会津若松市）、福良《ふくら》（郡山市）、勢至堂《せいしどう》、長沼（岩瀬郡長沼町）あたりでも本郷と同じような磁器を焼いていたことがある。これらの窯場は、蚕養を除いては不便なところにある。

福良などでは、雪もたいへん多い。福良は、猪苗代湖の南岸の町である。三方は山であるが、北を向けば湖を通してその向うに磐梯《ばんだい》山が見える。それは、まことに雄大な景色である。江戸時代には、若松と白河を結んで街道（白河道）が整えられた。そして福良はその中宿になっていた。また、若松から行って、福良のちょっと先で左に折れ曲るとその道は郡山に通じる。従って福良は若松と郡山との中間にもなる。福良から若松へも郡山、白河へも一日かければ歩いて出られたが、その道は決して平坦なものではない。若松へは黒森峠や強清水《こわしみず》峠を越えて行かなくてはならないし、郡山に行く途中には三森《さんもり》峠があり、白河へは勢至堂峠がある。バスで通ってみても、いずれもいささかうんざりするような長い峠道である。

福良の窯場では、明治時代の終りごろまで磁器を焼いていた。白磁の酒徳利や、皿、茶碗などが主な品物であった。今では実際に仕事にたずさわった人がもう生存しないので確かな話は聞けないが、原土は福良の坏土《はいど》に加えて勢至堂の陶石も使っていたということだ。勢至堂へは、南へ峠を越えて三里半（一四キロ）ある。その道を馬車で陶石を運んでいた。しかも、焼き上った製品は若松の仲買に納めていたという。これは、たいへんな苦労である。例えば本郷と比べてみると、原料を運ぶにも製品を運ぶにも半日以上の労力が余計にかかる。冬期には深い雪の中で窯を焚き、冬は通行の危険な峠道を行くことを考えると、よくもまあここに窯場があったことだと思う。まして、立地条件がよくて大量生産のできる瀬戸や美濃の窯場や製品と比較してみると、これはもう同じ市場での競争にはならない。明治末期から大正時代にかけて、東北地方にも次々に鉄道が開通した。そうすると、瀬戸や美濃の製品がどんどん入ってくる。と同時に、太刀打ちのできない福良のような小さな窯場は消えてしまったのである。

　鉄道が開通した後に瀬戸や美濃の製品に押されてしまって、潰れた窯場が東北地方にはずいぶんあるが、本郷の窯場はたくましく生き残った。それでは、会津本郷焼にはどんな強みがあったのだろうか。

城の屋根瓦から

本郷で焼き物が作られるようになったきっかけは、江戸時代初期に黒川城（のちの若松城）の屋根瓦を製造したことだ、といわれている。会津地方での瓦は、素焼瓦では用を足さない。雪が積ればその水分が瓦の中にしみ込んで凍り、瓦が割れるからである。

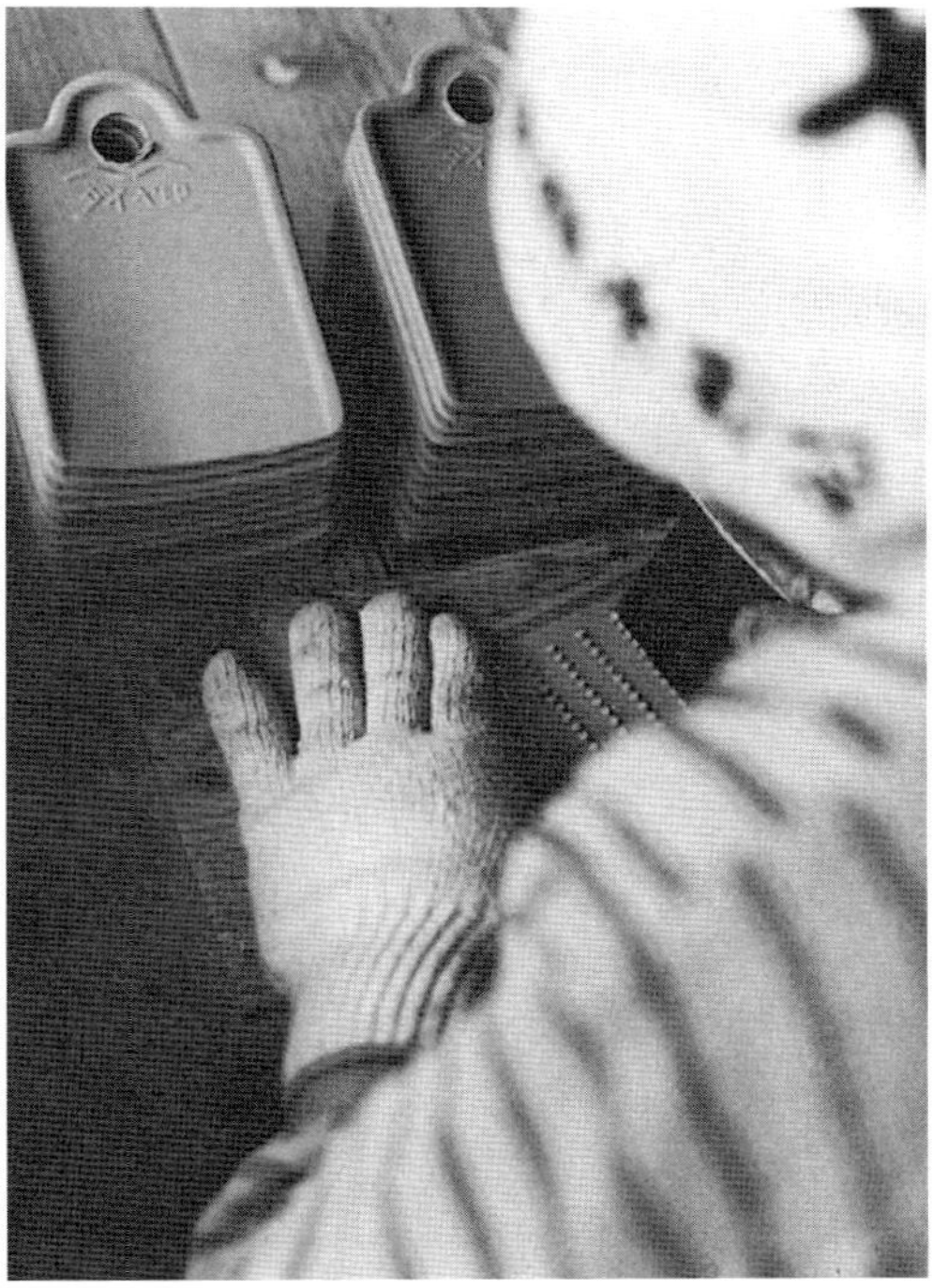
大根おろし（皿）の目をつける

だから、釉薬をかけて高温度で焼く方法が開発された。これは、そのまま陶器作りに通じる技法だと考えてよい。昭和四四年に福島県陶業事業協同組合の編纂で、『会津本郷焼の歩み』という優れた資料集が出されているが、その中にたいへん興味深い二つの古絵図が載せられている。一つは寛文一〇（一六七〇）年の本郷村絵図で、これには瓦小屋と二軒の瓦作りの家が通りに面してみえる。それが天和三（一六八三）年の地図になると、瓦作りの家に代って「瀬戸屋」という標示がでてくる。瀬戸屋というのはセトモノを作る家、つまり窯元のことである。これはおもに東日本で使われる言葉である。それはともかく、この二つの地図から本郷に陶器作りの技術が定着した時代もだいたいわかる。陶器では壺や徳利や摺鉢を作ったようで、それは製品も技術もそのまま戦前まではよく受継がれてきた。ところが、近年の生活様式の変化と磁器生産の増加によって陶器製造は衰退、現在では民芸陶器の部分にだけ陶器が残っている。

　江戸時代末期から現在まで、本郷の焼き物の主流は磁器である。磁器の出現については、いろいろなことが言い伝えられているようだが、だいたい寛政年間（一七八九〜一八〇〇年）前後に本郷で白磁器が作られるようになったらしい。その技術は、肥前有田から伝わったものだといわれる。その後、磁器製造は会津藩の藩営産業となる。先の『会津本郷焼の歩み』によれば、茶碗、皿、丼鉢、徳利などの製品が江戸、越後、上州・野州（群馬、栃木県）、羽州（山形、秋田県）方面に出されている。もちろん、これは藩の資金を稼ぐことになる。

会津本郷焼の切り札だった急須や土瓶類はチビッチョともいう

窯から絵付屋へは竹籠とリヤカーで運ぶ

それが幕末になると、藩の統制力が弱まって自由な商売になった。窯数も倍近く増える。文化七（一八一〇）年に二七戸であった窯元が、幕末には五九戸、さらに明治一九年には五五戸になっている。これは本郷と、隣接する川南地区（北会津郡北会津村）だけの数だが、その他にも磁器製造は杉村、蚕養、原、福良などにも伝わった。このころ本郷で製造され始めたのが、土瓶《どびん》と急須《きゅうす》である。

袋物《ふくろもの》のおかげで　本郷では、茶碗や皿のことを平物《ひらもの》と呼び、徳利や土瓶、急須などを袋物と呼ぶ。そして、明治以後は袋物を得意としてきた。本郷の磁器原料は、弁天山の裏の大久保山から出る陶石だが、これは粉にして練るだけで立派な坏土になった。つまり、粘り気が強い。瀬戸、美濃や有田の磁器原料に比べてもずいぶんと強い。だから、袋物に適していた。袋物は胴が膨んでいるので、粘土の腰が弱いと形が崩れてしまう。それに本郷の粘土は、乾燥して固まるだけで割れる心配はないから、絵付けの前に素焼をする必要がなかった。従って製造工程の上では、他の窯場のそれよりも一工程少なくてよいわけである。そして、それは当然経費を安くあげることにもなる。このようなことから、袋物に関しては、明治以後に有田や瀬戸、美濃の製品と市場で競っても本郷焼は負けることがなかった。

その袋物は、明治時代中期から大正時代まではずいぶんと発展した。浜物《はまもの》がたくさん出荷されたのも、この時代である。浜物というのは、輸出用の土瓶類のことであ

本郷の窯場の冬。窯場にとっては、冬のわずかな光でもありがたい

る。これは、横浜の貿易商人が扱ったもので、おもにアメリカやイギリス、フランスなどに売られたそうである。浜物は、茶漉し入れとか後手《うしろて》ポット、牡丹画とか美人画など外人好みに色々な種類が作られた。茶漉しは紅茶用、後手はポット様式のデザインである。

袋物ではないが、明治二〇年になると腰の強い粘土である特性を生かして、電気用磁器も作られ始めた。碍子《がいし》などの電気絶縁具である。これもめざましい躍進をみせて、ほとんど日本中の需要を独占するほどの勢いとなった。こうして明治から大正時代にかけては、袋物と浜物と碍子類の三本立てで本郷の窯業は発展した。

ところが、昭和になるころには袋物を含めた食器類の売れゆきがだんだんと落ちてきた。大正五年の大火災や、第二次大戦中の統制令などで窯場の規模が自然に小さくなっていったこともあるが、技術的な近代化が遅れたことが原因だと、本郷の人たちは悔む。登り窯から石炭窯に切り換える時期でも、型抜き成形や転写による絵付けなどの技術改革でも瀬戸や美濃に大きく遅れをとった。特に型抜き成形で大量生産をするのには、それまでの利点だった粘土の粘りが仇となった。つまり、粘りの少ない粘土の方が型抜きには適しているからである。本郷で瀬戸や美濃に遅れをとったと気がついた時には、小規模な窯元ではもう経営が維持できない状態になっていたのである。

明治以後の窯場の歩みを、自分の一生そのものだと言うある老人は悔しそうに振り返って語る。

「本郷はチビッチョでもったところですが、いつまでもチビッチョにこだわったばかりにそれが首をしめることになったんでなす」

チビッチョの語源はわからないが、土瓶や急須のことである。

仲買の力で

ここに伝わる諺に、「生かすも殺すも仲買次第」というのがある。仲買というのは問屋商人のことで、本郷ではこれが明治初年から独立して介在した。特に袋物が広く出るようになる原因の一つには、この仲買の活躍がある。仲買は、本郷の町に数軒、若松の町に数軒あり、その商人が各地の卸問屋や小売店から注文をとってくる。横浜の貿易業者から注文をとってきたのも、この仲買である。その注文に従って、仲買がまた窯元に注文する。そうした販売方式が固定したので、本郷の窯場では直接に売り場を心配することは要らなかった。それでは安心して品物を作ることだけに集中できるかというと、逆に弊害の方が多く出る。つまり、いつの間にか仲買に甘えてしまう。資本力の小さな窯元では、前借りをすることもある。その借金が重なると、窯も仕事も全て仲買に支配されてしまう。仲買と窯元の関係では、どうしても仲買の方が優位にたつ。各地方の窯場を見比べた時、特に東北地方ではそうした状況を強く感じる。本郷だけのことではない。山形市の平清水《ひらしみず》でも仲買の力が大きく、製品がよく売れる時代には商人自身が製陶工場を建てたりした。また、宮城県栗原郡若柳町でも、附近に小さな窯がいくつかあったのに、仲買が自分で窯を開いた。売れる時はそれでもよい。しかし、不景気な時代

会津本郷に残る仲買店。訪ねた頃は瀬戸や美濃の製品を多く扱っていた

になると、以前よりも窯の数が増えていればお互いが共倒れになってしまう。瀬戸や美濃でも仲買問屋の手窯がかなりあったが、それは窯元が仲買に頭をおさえられる程度のもので、窯元は窯元で半分は自分の販売先を持っていた場合が多い。つまり、どの仲買に売るかぐらいは、窯元が選んで決めていた。また、西日本各地の窯場では販売を仲買商人だけに頼らず、いざとなれば自分で販売先を開拓したり行商に出るような力をもった窯元が多かった。そして、窯場全体が成りたつ体制を考えるような人も窯元の中にでていた。

　元窯元だった老人が話してくれる。

「そうでなす。この本郷では瀬戸屋（窯元）で自分が行商にまで出る人は、なかったです。売るのは仲買に任せたです。だけんど、仲買には本当は頼れなかったんですよ。それは後でわかりました。

　本郷の品物が売れなくなったならば、仲買はさっさと瀬戸や美濃の製品を扱うことに切り換えましたよ。向うだって商売だから、問屋が駄目なら小売店にも転向したんでなす。商売人はそうして生き延びても、瀬戸屋はそうはゆかなかったです。親に見放された子供のように、しばらくは右往左往したですよ」

　また、仲買の中には自分だけの利益を計って動く者もでた。

「ひどい仲買もいましたなす。東京の日本橋は人通りがねえくらい不景気だべと言って、品物を安く買いたたいたです。それを売る時は高く売って自分だけが儲けるんでなす。

　また、本郷の品を東京に持って出てそれを伊万里焼だと称して高く売り、その代りに福良あたりで焼いたハンパモンをば会津焼として売っていた仲買人もいましたでなす。これで、一時期本郷焼はえらく評判を落しましたですよ。私たちは売ることは苦労しないで、仲買に任せっ放しでしたが、結局は仲買には泣かされたことになるでなすな」

　今、本郷では碍子製造会社を除けば、一一軒の窯元がある。以前に比べると窯場の規模は小さくなったが、同時に仲買の勢力も衰えたのでそれぞれが独立した形で商売をするようになった。窯場全体があえて泥臭さを売り物にするような変な民芸ブームも、ここにはあまり関係ない。それよりも、どうしたら安くて実用的な製品ができるかということを真剣に考えている人が全体的に多いようだ。そして、新しいデザインによる洋食器も生まれている。一方では、老職人にも仕事場を与えて、丁寧な細工を受け継いでいるところもある。また、伝統や芸術には見向もしないで安い食器を量産することに集中した窯元もいる。一見すると、それは窯場がバラバラに解体されたようだが、私はそれでよいように思う。少なくとも、品の良し悪しよりも売れるということだけで皆が同じ方向に乗っかつて、窯場が流行から借りものの同一色で塗りつぶされるよりもよい。

窯元の一軒一軒が主体性をもって独自の道を歩こうとした時、はじめてこれからの新しい窯場の姿が生まれるのではないかとも期待できるからである。

山形の平清水《ひらしみず》

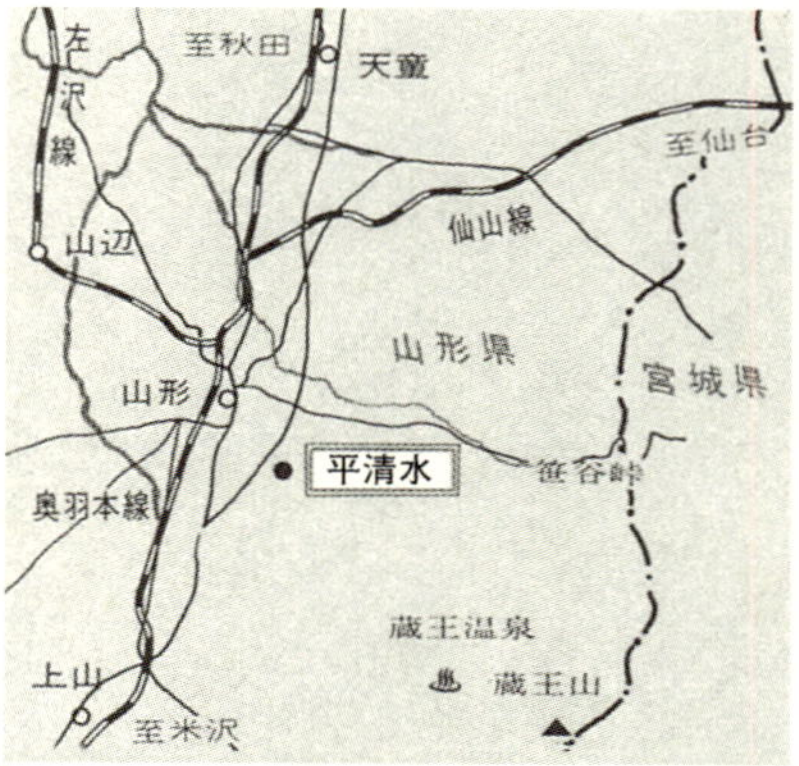

石焼と土焼　東北地方の日本海側で、最も大きな窯場といえば、近世以後は山形市の平清水である。平清水でいつ焼き物作りが始まったかということは、あまりはっきりとしない。地元にある資料では、平泉寺《へいせんじ》境内に明治二八年に建られた「陶祖小野藤治平碑」がある。この碑文には、文化年間（一八〇四～一七年）に常陸国（茨城県）水戸からこの平清水に来た藤治平が陶器の製造を始めた、とある。それはともかく、平清水での最初の焼き物は陶器であった。

平清水の窯場が最も活気を持っていたのは、明治時代だそうだ。しかし、この時の製品の中心は、磁器であった。だから、幕末から明治時代にかけて、磁器製造の技術がここで開発されて定着したわけだ。磁器のことを平清水では石焼といい、陶器を土焼《どやき》という。これは、最も適切な表現だといえる。磁器は陶石の粉を粘土にするので石焼、陶器は土そのものを粘土にするので土焼である。だから、磁器は陶器に比べると硬くて丈夫である。それに形を薄手にまとめることができ、焼き上りの肌は白くて滑らかなので絵付けも自由にできる。そういう使い勝手のよさが、日常食器などを中心に磁器の需要を高めていった。特に平清水では、すぐ近くに山形という大きな町があるので売れゆきも早い。どんどん茶碗や皿が焼かれるようになる。また、三つ揃といって本膳用の食器もよく売れたそうだ。窯元は二〇軒以上もあり、平清水百戸といわれた家のほとんどは何らかの形で窯場の仕事に関係していた。これは、明治四〇年ごろまでの話である。従って、八〇歳以上の人たちの記憶に残っているぐらいの、ややおぼろげな話でもある。

鉄道が通ると　このように盛んだった平清水の石焼はどのあたりまで売られていったろうか。全部の方面を確かめることは難しいが、山を越えて宮城県方面にはよく出ていったようである。ある窯元のおじいさんからは、その先代のころ笹谷峠を越えて仙台まで品物を運んでいたことを聞いたし、山形市の大きな陶器問屋では三つ揃などを仙台から岩手県南部地方まで卸して出した話も聞いた。私が宮城県を実際に歩いて確かめたのは、仙山《せんざん》線沿線の白沢（宮城郡宮城町）附近の農家でである。ここでは三つ揃の器が本膳用に残されていたし、裏藪には平清水焼の白い片口が捨てられていた。また、宮城県北の栗原郡若柳町の陶器店では、山形の問屋を通して平清水焼の取引があったことがわかった。

平泉寺大日堂から平清水の窯場集落をのぞむ

明治末期になると、平清水の石焼は急に売れなくなった。これは、鉄道が開通して瀬戸や美濃の磁器類が東北地方に入ってくるようになったからである。瀬戸や美濃の品物は種類が多く値段が安い。それに、見本を持って地方の問屋や小売店を廻るような積極的な行商活動もあった。平清水には三つ揃のような独特の品があるとはいっても、これは前に述べた会津本郷の袋物（急須、土瓶類）のような強い武器にはならなかった。それで平清水の石焼は衰退してゆく。一軒だけの窯元は昭和二五年まで石焼を続けたが、平清水の磁器は明治時代でその発展力は失ったのである。

土焼に変った物が

一方、土焼といわれる陶器作りは明治から昭和二〇年代まで、だいたい一〇軒前後の窯元で続けられてきた。そこで焼かれたものは、甕《かめ》、擂鉢《すりばち》、火鉢、片口、徳利などのいわゆる日常雑器類である。平清水の土焼には、色や種類に特徴がある。まず色では、白が多い。もともとここの粘土は、鉄分を含んでいて赤い。それを焼くと薄茶色になる。これは、あまりよい色ではない。それで並の品であれば、これにサビ（鉄釉）をかけるから、光沢のある茶色に焼き上ってくる。ところが、ちょっと上等な品物にはコロモ（白釉）かけをする。コロモかけの前にコバルト（青い釉薬）で絵を描いておけば、白の肌に青い絵がついて焼き上る。これは表面的にみれば、磁器のようにみえる。甕や擂鉢などは形からして間違うことばないが、スズ（徳利）などで薄く形を整えたものだと、うっかりすると磁器と見間違える。このコロモかけの手法は、その表情があまりにも磁器に似ているので、きっと磁器をまねて始めたものだろう。

製品には変ったものもある。まず、よく売れた品にインク瓶がある。これは大正年間に、東京の丸善や篠崎などのインクメーカーからの注文で盛んに作られた。もちろんガラス瓶が普及する前のことで、円筒形で上に小さ

平清水に残る登り窯。甕、火鉢、摺鉢などの日常雑器を焼いた

な口のついている陶器の瓶が使われたのである。これは形も小さく、釉薬もかかっていない。

逆に形の大きなものには、藍甕《あいがめ》と衛生陶器がある。藍甕は藍（植物染料）をたて、糸や布を染めるのに使う甕で、だいたい一石（一八〇リットル）入りの大きさが作られた。このような大きな甕は、棒状の粘土を巻きあげた上で形を整えていた。確実な話では、昭和になってからも東村山郡あたりの紺屋に一〇個以上も出している。衛生陶器は、大正時代から昭和のはじめが全盛期で、さかんに便器を作った。アサガオと呼ばれている青っぽい小便器、それに白い便器もある。それが昭和になってからは、瀬戸や常滑（愛知県）の品に押されて姿を消してしまった。

この地方だけに使われた特殊なものに、ドブロクスズ、ドブロクガメと風呂桶がある。ドブロクは、密造酒である。それでも、ごく二〇年も前までは方々の農村で作られていた。これは、隠れて作り隠れて飲む酒だから、仲間同志で使う呼び名が決められていた。例えば、フクロとかコモカブリとか白馬《しろうま》とか地方ごとにたくさんの暗号名がある。それで、窯場へのドブロク容器の注文も、たいていの場合は要領のつかめないものになっていた。五升も一斗も入るような大きなスズ（徳利）を作ってくれといわれた注文が、実はドブロクスズのことだった。また、甕の口を細くして蓋を付けてくれという注文は、ドブロクガメのことでもあった。

風呂桶は、まさしく陶器でできた風呂である。これを瀬戸風呂という。中に鉄砲と呼ぶ鉄製の円管をたて、そ

最近作られたオブジェに刷毛で釉薬を塗る

冷える冬は仕事場の中で火を焚いて生地を乾かす

タンクで粘土や釉薬の調合をする

の中に焚木を入れて焚き、周囲の水を温めるのである。この瀬戸風呂は広く流行はしなかったが、平清水の周辺では実用されてきた。この風呂に入った人の話を聞いてみたが、なかなか肌ざわりがよくて気持よいそうである。後にタイル製の風呂が一般化するので瀬戸風呂が考えられても不思議ではないが、その発想の奇抜さはどうだろう。

小ぎれいな寺

さて、現在の平清水であるが、ここに窯元は四軒ある。一軒は土管を焼いており、三軒は実用品からちょっと離れて今が流行の民芸陶器を作っている。平清水の集落は、山形市内から歩いても三、四〇分、千歳山の南麓にある。最近では山形市郊外の住宅地となっているようで、ここにも新しい家がずいぶんと建っている。だから、古くからの窯場だという感じがあまりしない。ただ、集落の入口近くに大きな登り窯が一基残っていて、その周りに土管が積み重ねてある。それからしばらく集落を登ってゆくと、土蔵作りの建物がある。荒壁に小さな障子窓がついている。これが仕事場である。平清水でも、冬の寒さを防ぐために土蔵作りの建物を用意した。そんな建物がところどころにまだ残ってはいる。

奥山から流れ出る小さな渓流が、平清水の集落の中央を流れている。その渓流に以前には何ヶ所かにバッタラがかかっていたそうである。バッタラというのは、一種の唐臼《からうす》のことで、丸太の一方を掘っておき、それに水が溜まるとその重みで杵先が上り、水が流れ出ると杵が臼を搗く仕掛けをいう。川の流れを利用したこのバッタラが、粘土原料や釉薬の原石を砕いていたのである。もっとも今は、その面影さえもない。渓流沿いの一方には幅の狭い道路があり、一方には欅の巨木が立ち並んでいる。欅の木は、ここでは屋敷囲いや境にも使われている。

　集落を登りつめるちょっと手前に、あまり大きくはないが山門も鐘堂も備えた寺がある。門前に「千歳山大日堂」「天台宗平泉寺」と彫られた二本の石塔が建っている。この平泉寺は、仁寿二年（八五二）に慈覚大師によって大日堂が開基せられたという、由緒のある寺である。それは、境内や裏山の霊場にある石仏や石塔を見てもだいたいわかる。この寺の建物や庭はきちんと手入がゆき届いていて、年月を経ても荒れたところはみられない。そればかりか桜の木が植えられたり、新しい鐘突き堂が建てられたりしていて寺に活気がある。しかし、ここは名高い観光地でもないし、客を呼ぶための寺院でもなさそうだ。それに平泉寺は天台宗であるので、檀家はごく少ない。平清水の家のほとんども、曹洞宗耕龍寺の檀家になっている。檀家をほとんど持たない平泉寺が、どうして今まで平隠に維持されてきたのだろうか。もちろん農地解放以前には、平泉寺にも田地があった。それに加持祈祷の修法を受け継いできた寺だから、祈祷の依頼もあっただろう。しかし、長い間それだけのことで寺が維持できるだろうか。

檀家でなくて信徒だ

　ふと、そんなことを考えてみたのは、鮓本《すしもと》刀良意《とらお》さんの『ダムに沈む村』（昭和四六年、未來社）の中で書かれている化教《けきょう》現象を想い浮べたからである。それは、広島県賀茂郡椋梨《むくなし》地区での話である。そこの家々はほとんど全部が真宗門徒だが、かなりの家数がまとまってどこかの寺の檀家になっているのではない。それぞれに方々の寺に属しているのである。歩けば一日以上もかかるような遠い寺々が旦那寺になっている。しかし、村の中には真宗寺が二寺もある。そしてその寺は檀家数は少ないのに、きちんと成り立っている。これは、村の人たちが日常生活の上で村内の寺に関係していたからである。つまり、葬式などは遠いところでも旦那寺に頼っているが、平常の務めは近いところの寺に頼んで済ませている。だから地元の寺は、旦那寺ではないが大事に扱われているのである。この二重構造が化教と呼ばれているのだ。

　平清水に住む人たちと平泉寺の間にも、日常的な関係があるのではなかろうかと思って、何人かの人に話を聞いてみた。すると、あるわ、あるわ。ここでは平泉寺のことは平泉さんと呼び、みんなが親しみを持っている。もちろん葬式の世話や彼岸供養や法事などは、旦那寺である耕龍寺などに頼る。耕龍寺も平清水の集落内にある。山形市内にある耕龍寺の末寺の法昌院の檀家も少しはあるが、平清水の家の大半は仏事は耕龍寺につながっている。しかし、その他の行事には平泉さんを呼ぶ。例えばアトガタメ。これは葬式の後の浄めの行事である。普通は葬式をとり仕切った坊様が後の浄めもするのだが、ここでは耕龍寺の坊様と入れ違いに平泉寺の坊様がやってくる。また、窯場では初窯を焚く時の浄《きよ》めにも平泉さんを呼んでいた。この行事は、最近では神主を呼ん

障子で外の明りを取り込んだ平清水の窯の仕事場

で祓うようになったが、もともと窯に関する行事は平泉さんの担当だった、という。そして、山の神様の祭主も平泉寺の坊様である。山の神は、窯場の守り神で、旧一〇月二日が祭日だった。今は窯元も少ないし、簡略に扱われているが、もとはこの一日は仕事を休んで祝ったものである。この祭では、平泉寺の坊様は般若心経に加えて法華経を山の神にあげるそうである。

そのように生活の上での結びつきが深いので、春の大日様などの平泉寺の祭りにも平清水の人たちはこぞって参加している。つまり、平清水の人たちは平泉寺の檀家ではないが、平泉寺の信徒であるわけだ。

たてまえと実際　共存共栄というのか、二重構造というのか、こうした関係は何も平清水だけに限ったことではないだろう。表面上のとりきめはとりきめとして、実際にはまた別な方法で生活は支えられている場合が多いはずだ。平清水の場合は、たまたま窯場に関係して、そうした面が特によく出ているのである。

そのもう一つの例は、女の轆轤職人が存在したことである。今でこそ女の人も自由に轆轤を廻すことができるが、かつて窯場ではそれをたいへん嫌っていた。特に九州などの窯場では、厳しく禁じていた。女は粘土を練ったり、釉薬をかけたりする下働きが仕事だったのである。また、窯焚きの時に女が窯に近づくのを嫌うのも、ほぼ全国的に共通している。平清水でも表向きはそうだった。ところが、今年九二歳になるおばあさんは、若いころは轆轤を蹴って陶器を作っていた。一六、七歳で親の仕事を見て習い、そのまま職人になったのである。そして嫁に出た後も、子供が一人前になるまで実家に通って仕事を続けた、という。女だから大きな甕などは作らなかったが、おばあさんはスズ（徳利）作りは得意で、これなら男にも負けなかった。徳利は、かなり熟練しないと作れないものだから、おばあさんの腕はたいしたものだった、といえる。事実、今もおばあさんの手元に残されている五升スズをみると、それが充分に納得できる。それだけではない、おばあさんは窯を焚く時にも活躍した。もっとも、これはおばあさんの実家や嫁ぎ先に働き手が少なかったせいでもあるが、表向きの禁忌とは裏腹におばあさんの仕事が許されていたことも事実なのである。他の家でおばあさんのことを聞いてみても、ああ、あのばんちゃんは腕もよかったし親元の仕事だから手伝ったんだんべ、ということで済まされる。そうしたおおらかな気風がもしなかったら、窯場の仕事がここまで続いてこなかったに違いない。

いみじくも、ある窯元のおじいさんが言ったものである。

「このごろ若い者がこの仕事にも居つかねえというが、そりゃあ当り前だんべぇ。世間並みの給料を出せば今はそれで済むように考えるが、え、それじゃあ職人は居つくめぇよ。

昔も給金を払ったが、その上に仕事場の脇に家を建てて住まわせて風呂には入れてやるし、時には酒も出してやっていただ。職人に子供がいれば、皆で可愛がって世話もしただ。そんな世話は今の親方はしねえし、またできねえだんべぇ。

給料を払っとるからと言うて、杓子定規な扱い方じゃあ、昔だって職人は働いてくんねえだ」

平清水にはダルマを焼く窯もある

宮本常一が撮った

写真は語る

熊本県上益城郡・蘇陽峡

トウモロコシの茎の塚。馬見原にはかつては物資輸送や農耕用の牛馬が多く、その飼料にも用いた
撮影・昭和37年10月（以下同）

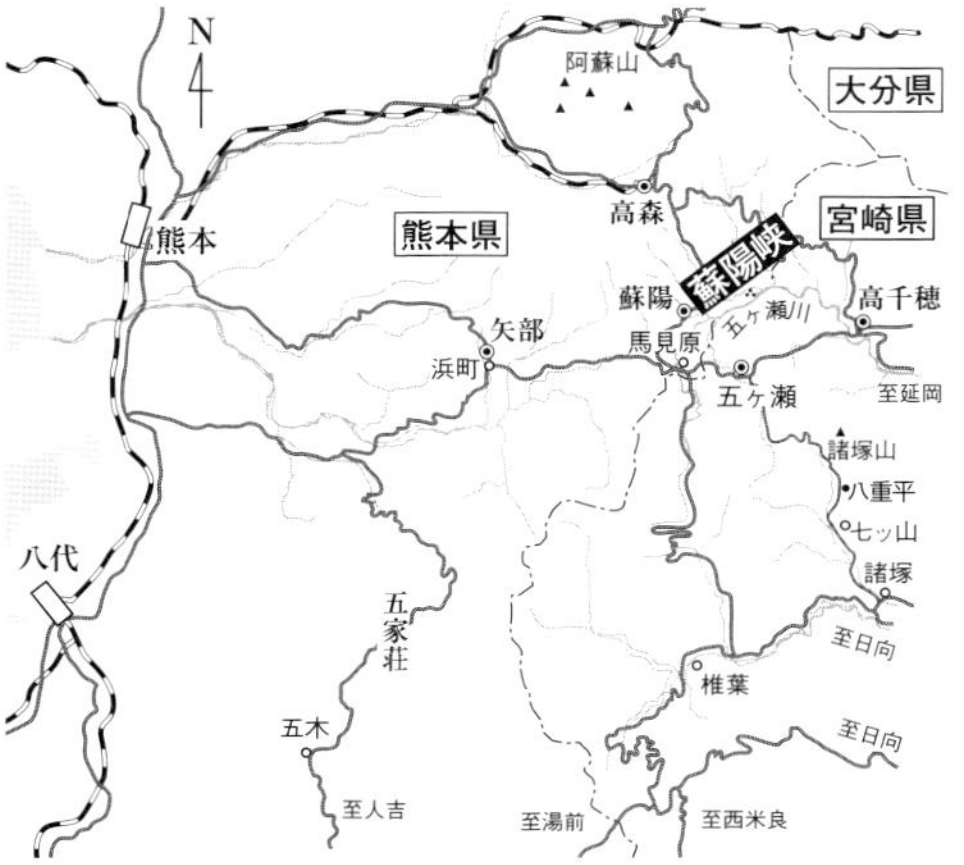

「わが國における殆ど無類の大峡谷、その原始的な渓谷の美しさは、まさに太陽が蘇る如し」昭和二年に熊本県の阿蘇開発調査を受けてこの地を訪れた林学者の田村剛博士はこのように絶賛した。これが蘇陽峡《そようきょう》の名前の由来となったとも言われている。元々は「肥後峡」と呼ばれていたが、昭和二年に当時の熊本県知事により「蘇陽峡」と命名された。

蘇陽峡は熊本県上益城《かみましき》郡山都町東部（旧蘇陽町）と宮崎県境の山間（標高約五〇〇メートル）に位置する大渓谷である。幅二〇〇～三〇〇メートル、深さ一五〇～二〇〇メートルほどの渓谷が、馬見原《まみはら》から高千穂峡上流まで約一四キロメートル続く。今では日本渓谷百選や日本紅葉百選にも選ばれ、秋には、多い時で一日三〇〇〇人もの人が訪れるという有名な紅葉スポットである。

宮本常一は昭和三七年一〇月一〇日にこの蘇陽峡を訪れている。一〇月九日に熊本市内から旧矢部町（現山都町）の浜町へ向い、地元で有名な郷土史家の井上清一さんを訪ねた。蘇陽峡の谷間には、宮崎県諸塚《もろづか》村の七ツ山から来た人たちがたくさん住んでいると井上さんから聞き、蘇陽峡を見てみたくなったと『私の日本地図11』（同友館）で述べている。籠や箕などの竹細工や笹で椀目籠を作ったり、壊れた

馬見原近郊のバス停。その後方には半ば刈り終えた田圃と稲架が立っている

籠の修理をしながら回遊していたサンカの根拠地が、その七ツ山だという。井上さんは、自分が遭遇したサンカの人々とのやりとりや、調べたことをもとに、『山窩物語』を執筆されている。井上さんのサンカの話が宮本の蘇陽峡への興味かきたてたのだろう。

　私は宮本がこの時に撮影した写真や、宮本の記述にある「谷底の人生」に心惹かれた。海辺で生まれ育った私には、山間部や谷間での生活を想像するのは難しかった。どんな所か行ってみたくなり、平成二四年三月に蘇陽峡を訪れてみた。

　幸いなことに、かつて熊本で竹細工の修業をしたという稲垣尚友さんから宮崎県諸塚村在住の甲斐耕平さんを紹介していただいた。甲斐さんの知り合いには蘇陽峡にゆかりのある人がたくさんいるが、実際に行ったことがないとのことで、甲斐さんも一緒に蘇陽峡へ行くことになった。甲斐さんの知り合いで熊本県馬見原《まみはら》の街づくり

旧蘇陽町馬見原の醤油醸造元土蔵造りの店舗。
馬見原は益城地方の農産物や日用品の集積地

蘇陽峡谷を流れる五ヶ瀬川の上流右岸から下流部に向かって撮影した写真。谷底には今日も水田が広がっている。土地が肥沃でトウモロコシやコンニャクなどもよく育つので、宮崎県諸塚の七ツ山から人々が移住してきた

協議会副会長の宮部博文さんから、蘇陽峡の事なら自分よりも詳しい人がいると、ECO九州ツーリスト代表の寺崎彰さんをご紹介いただき、蘇陽峡を案内していただいた。寺崎さんは馬見原で生まれ育ち、地域の自然、文化に詳しく、山の案内人として様々なトレッキングツアーなどを行なっている方である。

宮本が訪れた頃の蘇陽峡は、崖に梯子が掛かっており、それを伝って谷底と台地を行き来していた。およそ二〇〇メートル間隔で梯子が掛かっていたそうである。現在はその梯子も全てなくなっている。蘇陽峡を知るには、まずは右岸からと寺崎さんに言われ、車で右岸の谷底へ下りた。右岸にある長崎展望台からは蘇陽峡が一望でき、その地形を把握しやすい。大正一五年に現在の旭化成馬見原発電所が設立され、そこへ行くための作られた道を下って行っ

た。道幅は狭く、急勾配、何度もハンドルを切り返さないと曲がれない急カーブが続く道であった。

蘇陽峡は古くは「滝下」と呼ばれていたと宮本は記しているが、現在でも「滝下」と呼ばれている。谷底で一つの集落を作っているのではなく、五つの大字に分かれている。五ヶ瀬川の上流から下流に向かって右側の右岸一帯が大字長崎、左岸の上流に近い大字から滝上、米迫、今、花上である。しかし、同じ大字であっても谷底の地域は長崎滝下や花上滝下のように「大字名＋滝下」で呼ばれている。かつて台地上と谷底を行き来する梯子が掛かっていたように、台地上と谷底とは暮らしの面でつながりがあるのである。昭和四〇～六〇年の間に谷底を横につなぐ道がほぼ繋がったが、現在でも葬式組などの付き合いは全て台地上とつながっている。

最も戸数が多かった大正時代には、滝下に五〇軒以上の家があったと言われているが、現在では三〇軒ほどらしい。谷底から台地上へ移った人たちもいる。昭和の後期頃まで谷底の人たちは農業やウナギ、ヤマメ等の川漁で生計を立てていた。谷底と台地上を結ぶ道ができてからは、台地上まで勤めに行く人も出てきた。

谷底に降りてから、宮本の前掲書と『宮本常一と芳賀日出男が歩いた九州・昭和37年』（みずのわ出版）に掲載された蘇陽峡の写真を見ながら、右岸と左岸それぞれの横に続く一本道に沿って行った。所々に岩の裂け目から湧水が出ている。とても冷たく、透き通っていた。写真のアングルなどから、宮本は右岸を歩きながら色々な写真を撮影したのではないかと思った。宮本が訪れた時には、川の両側に女竹が茂っていたとあるが、現在は点在している程度である。真竹（苦竹）、孟宗竹などの竹林もあった。竹細工にはこのような竹が使われ、中でも真竹や女竹が良かったそうだ。

次頁下の写真の家は恐らくこの家ではないかと、寺崎さんが案内してくれた。佐藤イチ子さんの家である。訪ねてみると、イチ子さんが家の前で何か作業をしていた。写真を見せると、まさにこれは自分の家だと言い、他の写真も見ながら、「うわー、懐かしい。私、この本欲しいー！」と本を抱きしめながらとても興奮された。宮本が撮影した写真では、イチ子さんの家の裏山は草刈場になっていた。今ではスギやクヌギの植林をした所が多く、このような風景はあまり見られなくなった。しかし、イチ子さんの家の裏山は、今でも撮影当時の写真の風景を保っていた。七〇歳を過ぎても、イチ子さんは毎年一人で家の裏山の草刈を行なっている。足腰が強くなければとても作業ができないような急斜面。感極まった。

滝下で籠を編む写真の男性は、長崎滝下の岡田近太郎さんという方であった。宮本に、谷底での生活は苦労が多いものの、他の世界と断絶しているので気楽に暮らせるのが取り柄であり、寂しくはない、と語っている。しかし非常に孤立した地域であり、私はどことなく寂しさを感じた。ところが、諸塚村の七ツ山在住の蘇陽峡にゆかりのある人たちから話を伺うと、そのイメージはガラッと変わった。

昔の七ツ山地域、特に八重平《はえのひら》という字は山間部のため田畑を切り開くのも困難であり、食料も少なく、水の確

蘇陽峡の谷底の藁葺民家。下の写真では裏山の斜面は秣用の草刈り場で乾草の塚が点在し、民家と川までの間の水田には稲架が写っている
右の写真は蘇陽峡の台地上と台地下の谷底の行き来にかけられていたハシゴ。今日ではもう見られない

保も大変な所であった。明治時代になって自由に藩を出られるようになってから、元々七ツ山を出たがっていた人たちが一気に蘇陽峡へ集団移住したのではないかという。

今から五〇年ほど前に蘇陽峡で暮らしていたことがある岡田緑さん、ミチさん夫妻の話では、当時の蘇陽峡は七ツ山の八重平から来た人ばかりであった。滝下で横のつながりはあまりないと言われていたが、八重平から来た人たちは離れて住んでいても付き合いはあった。先に行っていた人がとても良い所だと言うので、更に八重平から人が入って行った。当時は、八重平から来た人々で一つの部落を作っていたようなものだったそうである。

蘇陽峡に住んだことはないが、蘇陽峡に親戚がいるという甲斐育安さんは、終戦後七ツ山に食料が少なかった時に、シイタケを栽培して稼いだお金を持って蘇陽峡の親戚までトウモロコシや米などの穀物を買いに行っていた。その頃の蘇陽峡は「穀床」と呼ばれるほど作物が豊富であった。七ツ山から蘇陽峡までは、歩いて一日かかった。蘇陽峡に行くとおじさんの家に一泊して、また翌日一日かけて諸塚へ帰っていた。買った穀物は「カルイ」と呼ばれる背負籠に入れて持って帰った。

籠を編む男性は岡田近太郎さん。宮本が訪れた時、近太郎さんは73歳。近太郎さんは若い頃、宮崎県七ツ山から移り住んだ。籠の竹材はハチクで、家の周りに一山植えられていた

中央と右の背負籠は、この辺りでは「カリメゴ」、「カライ」、「カルイ」などと呼ばれている

また当時、馬見原周辺地域の人たちは、盆や正月の買い物は必ず馬見原へ行っていた。盆や正月には、塩鰯や棒鯨（皮の厚い部分の鯨肉）を買い、それが御馳走だった。そのため、蘇陽峡へ行くというのは都会へ行くような気持ちであったと、皆口々に言っていた。

蘇陽峡の谷底は他の世界とは断絶していたとは言っても、親戚や知り合いを訪ねて蘇陽峡へ行ったことがあるという話を今回耳にすることが多かった。また、七ツ山から蘇陽峡へ行くのは都会へ行く気分だったというように、資源の乏しい七ツ山で細々と暮らすよりは、少々不便であっても資源豊富な蘇陽峡へ行って豊かに暮らしたいという人々が夢を抱いて移り住んだ、当時として蘇陽峡は一種の桃源郷のような場所であったのではないか、と今回の旅と宮本の写真を通して感じた。

（村上めぐみ）

＊宮本写真提供・周防大島文化交流センター

竹細工をたずねる②

文・写真　工藤員功

近郊への竹細工の行商には女性も出かける。曲物のセイロなども一緒に行商する　宮城県岩出山

武蔵野《むさしの》の農村で

今、都会で竹細工を求めるには、何といっても数年前からあちこちにできはじめた民芸店に行くのが一番だ。それぞれ地方色を持った藁細工や人形玩具などに混じって各地の竹細工も並んでいる。都会育ちの人、地方から都会に出てきた人たちが、労せずして懐かしい故郷の味らしき物を得られるからか、物珍しさからかこの手の店はけっこう流行《はや》っている。民芸店に並んでいる籠《かご》や笊《ざる》は、比較的小さな物が多く、だいたいが小ぎれいに仕上っている。本来は台所や納屋や野良が指定席であった物が、部屋の中で手軽な物入れに使われたり、装飾に使われるとなると、故郷風をそこなわない程度に、しかし都会的に小ぎれいにまとめるのは当然かもしれない。だが東京のような大都会の周辺にもまだまだ田舎があり、そこでは籠や笊が今もなお実用品として使われてもいる。

埼玉県の所沢《ところざわ》、入間《いるま》、飯能《はんのう》、東京都下の青梅《おうめ》、八王子《はちおうじ》、府中《ふちゅう》などは、今や東京のベッドタウンとなっているが、街をわずか離れれば林があり畑がある。新興住宅地と小さな商店街もあるが、昔ながらの農家もある。ところどころに昔の武蔵野の面影を残すその辺りを歩いてみると、農家の庭先や畑で働く人の腰に、大きな籠、小さな籠があちこちで目につく。地方の田舎と変らないほどだ。

かつては武蔵野から埼玉、群馬、栃木、山梨、長野にかけての農業の中で養蚕のしめる割合が大きかった。だいたい養蚕の盛んな所では竹細工が多い。何といっても養蚕に使う蚕座《さんざ》の籠の需要が多かったのだ。養蚕が下火になり蚕の飼育法も変った今、使わなくなったその籠が垣根に代用されているのもよくみかけられる。土蔵の下屋に一〇〇枚以上も積み重ねられたままになっているものもある。一軒の家で一〇〇枚以上も使うのであるから、大変な数の蚕籠が作られていたことになる。それだけに籠作りをなりわいにする人も多かった。

■上安松《かみやすまつ》の竹細工 所沢市上安松。池袋から西武線で三〇分足らずの秋津駅近くに、柳瀬川という小川が流れている。そのすぐそばに六角地蔵が立つ四つ角がある。その斜め向いの洗濯屋さんに竹材が立てかけてあり、奥まった所にある小屋で一人籠作りをしているのは石井伊三郎さん、すでに六〇歳を過ぎている。

関東の野菜畑で上安松で作られたタカザルを見かけた

「今作っているこれかい。メカイだよ。昔は芋洗いに使っただけども、何に使うといって決まりはねえだねえ」

だいたい関東の竹細工はマダケを使った物が多いが、関東のマダケは比較的繊維があらい。そのせいばかりでもないのだろうが、細工も柔らかさとか繊細さとかいった感じはない。何よりも頑丈そうである。だが、石井さんの作っている籠はどうもモウソウチクを使っているようだ。

「ええ、昔はみんなマダケで作っただけどねえ、今はマダケがねえから。昔はこの辺りで一里から二里の範囲にもあったんだがね、枯れてしまって。あれはどういうわけだか、枯れる前虫がたくさん飛んできたよ。ひい爺さんからだって枯れたって話しは聞かないし、初めてじゃねえのかねえ」

盛んだった昭和三〇年頃までは、千葉や群馬、九州からもマダケをとりよせていたという。もともと上安松で作る物は小ものが多く、中でも関東に多い形である、底を網代《あじろ》に組んでゴザ目編みで編み上げた安松ザルは近在でも有名だった。

2升入るのに5合ザルとよぶ「安松笊」

今は用済みになったエンロ籠

熊手作りの仕事場。熊手の歯にする竹を小割りにする

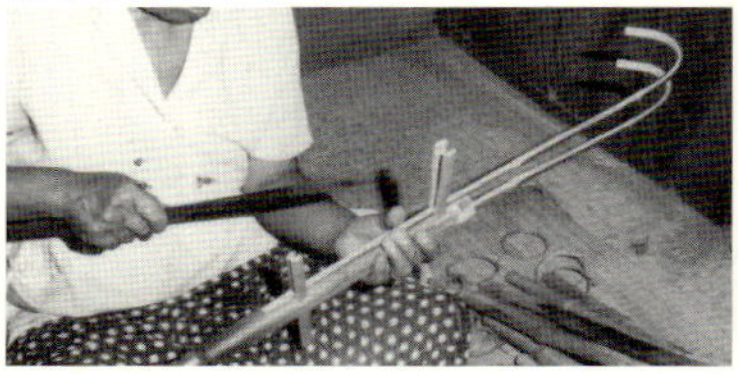

熊手の歯を棹にとりつける

一そろえにしたものを炭火で熱し、先部を曲げる

竹細工のはじめは、まず竹割から

「この辺は米あげのアゲザルなんか小さい物が多くてね、私はでかい物を作りたくて一七の時に志木《しき》（埼玉）に習いに行ったんですよ。さあ、私の他によそに行って習う人はなかったかねえ。志木には籠屋は二軒しかなかったですがね、昔はほれ、とり入れた野菜を運んだり、市場に持って行くのに使う籠があったでしょう。エンロカゴっていって四角な目つぶししたやつですよ。一年ぐらいでしたがそればかり作ってました。昔は一年中一色《ひといろ》のをやってたって売れたからねえ。そりゃあ一年ぐらいじゃできるもんじゃぁねえが、家でほれ、親父がやってたからねえ、だから竹割なんか自然に覚えちゃってたから―」

上安松では竹細工専業の人もいたが、農家の人が冬場の仕事にする方がずっと多かった。冬になると、男衆は竹細工をやり、女衆は手伝いをしたり、村山絣の賃機《ちんばた》を織ったものだという。

石井さんのすぐ近くに住む鈴木さんは今年七六歳。農業のかたわら竹細工を作り続けてきた。今はもうほとんど作っていないが、昔仕事場だったという板間の天井棚には割ったヒゴ竹がおいてある。

「そうだよねえ、土蔵倉建ってるような大きな百姓でも冬は竹細工をやってただからね。よそ村の人には、冬も仕事があっていいなっていわれたですよね。道具っていったってトバ（竹割包丁）と鋸《のこ》と自分で作った物差しだけだし。よそからも神奈川県に近い稲城《いなぎ》や東京都内から修業に来ていましたよ。昔は三年も四年も修業中はただだかんねえ」

メカイを編む

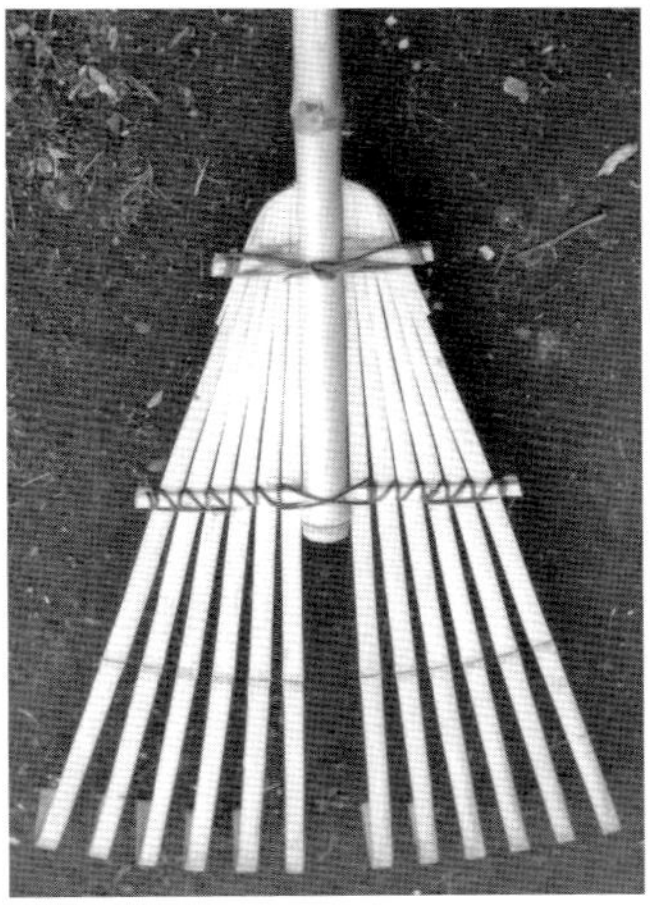

完成した熊手

竹を割る時につけた印を仕上げ前に再度そろえる

■東京への行商　鈴木さんの話が続く。

「作るんは作るばっかり。行商や問屋商人が五、六人いましたからね。その人たちが八王子や立川《たちかわ》や青梅（東京都）などに卸したり、市《いち》ぶったり（だしたり）、行商したりしてました。先輩の話では、その先輩の商売は池袋《いけぶくろ》（東京都豊島区）が中心でね。そのころは天秤棒で、それも六尺じゃあなくて七尺のやつで、大きなザルの中に小さなのをいっぱい入れて、一度にかなり担《かつ》いで行ったらしいですよ。心やすい農家に泊まっては戸別に売り歩いたんだっていうからね」

話しの中に突然「心やすい池袋の農家」という言葉が出てきたので瞬間、池袋がどこのことか分らなかった。今では都心と変わらないような池袋しか知らない私にはザルの行商人の歩く場所としてはピンとこなかった。考えてみると今年七六歳の人の先輩の当時というのだから、多分明治の中ごろだろう。とすると池袋に農家があっても何の不思議もない。

鈴木さんの時代になると販売先が池袋より安松寄りの練馬区関町あたりまでに狭ってきて、特に行商よりは市によく店を出したという。関町の市は一二月一〇日、他に埼玉県和光《わこう》市の吹上市（一二月一〇日と一八日）、東京都世田谷《せたがや》のボロ市（一二月一五日と一月一五日）、東京調布《ちょうふ》の五宿《ごしゅく》（一二月二五日）、府中の晦日市《みそかいち》（一二月三一日）などがあった。

「関町じゃあ駅の近くのお寺の畑を借りといて年に一回出るんだが、籠屋だけでも一〇〇軒ぐらい出てたかんね。桶屋なんかも三〇軒も四〇軒も出てたですよ。金物なん

農家の土蔵の軒下のコノメ（蚕籠）。もう使われなくなった

かも出てたが、今よく出ている植木は昔は見なかったねえ。私の頃は手車で運んだですよ。それから府中の晦日市ね、ありゃあツクリコミ市っていってね、ツクリコミっていうのは、ほれあそこにあるあれですよ。外が六ツ目の中に笊を作り込んでるやつね、あれが二、三〇〇〇枚は売れたですよ。何せ市に来るとみんな最初にツクリコミを買ってね、で、縄をかけてやると、紋付なんか着た人でも背負っていって正月用のいろんな物を買って中に入れて帰るんですよ。府中のあたりもカイコをようけいやってたですよ。ツクリコミは主に桑摘みに使うんですよ。府中のあたりもカイコをようけいやってたかんねえ」

籠とか笊は農家と兼業の人が多く作っていたが、養蚕籠とかお茶に使う箕《み》やフルイは専業の人が作っていた。

■養蚕と竹細工

養蚕は、処により、時代により飼い方や道具が違ってくるが、上安松の場合を例にすると、先ず蚕の卵を産みつけた種紙《たねがみ》というのがあり、これを購入する。卵がかえって稚蚕になると鳥の羽根のはけで、蚕座紙《さんざし》という紙を敷いた、このあたりではコノメとかイビラと呼ぶ平たい六ツ目編みの蚕籠《かいこかご》の上にはらい落す。上安松のあたりでは蚕座紙を使うようになったのは大正の中頃からで、それ以前は薄いコモを使っていたという。コノメに入れた蚕に桑をやって育てるのだが、桑を食べると当然糞をする。その糞や喰いかすを取り除くために、コノメの上に蚕の大きさに応じた網をのせる。網の上に桑をばらまくと蚕は網の上にはい上がる。一通り桑を食べ終るとさらにその上に網をのせて桑をくれてやると蚕

上
養蚕農家で使われたコノメ。蚕の糞がたまると取換える

左
ツクリコミ。主に桑摘みのほか、野菜や草を入れるのに用いる

は上の網にはい上がるので、上の網を持ち上げて下の網をとってコノメに残った糞や喰いかすを棄てる。その時上下の網をとりはなしやすいようにヌカブルイという竹製のフルイで米ぬかをふる。蚕が大きく育ち、透きとおる程になるとコノメの上にマブシをおいてそれに蚕を入れる。マブシはずっと昔は藁製で、後に竹を心棒にして縄をかけたセントウマブシになり、さらに大正一〇年頃にはコノメを使わないボール紙製の回転マブシに変った。マブシの中で蚕が繭を作ると、さらにそれを笊にとってはまたコノメの上にひろげた。桑は手にツメをつけて葉を摘み、小さな笊に入れては、いっぱいになるとツクリコミとか大きな六ツ目の籠にうつして運ぶ。桑は桑切り包丁で蚕の大きさによって小さく切ったり大きく切ったりする。切った桑をくれてやる時には大きさに応じた桑フルイでふるいながらくれてやった。昔は家の中で飼うので、板の間に木と竹で作った棚をとり付けてコノメをその棚にさし込んで飼っていたという。

ところによると東北などでは丸い蚕籠を使うところもあるが、いずれにしても桑摘みから繭を収穫するまで、養蚕で竹製の道具を使う割合は実に大きかった。桑を摘んだり、運んだりする笊や籠は、養蚕以外にも転用して使われたが、桑フルイとかコノメは養蚕専門の道具であり、特にコノメは大量に必要なものであった。コノメの中で育てた蚕をマブシに入れかえる時にはコノメ一枚分の蚕を、三、四枚のコノメにばらまいて移すのであるが、上安松あたりでも普通は八〇枚から一〇〇枚、多い家では二〇〇枚前後のコノメが必要だった。それが竹細工の専門職をなりたたせる主たる要因だったと思われる。だが、回転マブシというコノメを使わずに上蔟《じょうぞく》（マブシに蚕を上げる）する方法が用いられるようになって、コノメの数はかなり少なくなった。そのうえ昭和一〇年頃には木枠に割竹を打ちつけるだけのコノメを使うのが多くなり、竹製のコノメはほとんど作らなくなったという。それが竹細工を衰退させる事にもつながってゆくのである。当然のことだが、竹細工も需要の多い少ないでその技術が残りも消えもする。特に養蚕のような生産に使われる道具では、その現象が顕著になる。それにたいして日常雑器類は、急に需要がなくなることが少ないので、その技術もまだ残っている。

　上安松の熊手《くまで》もその例である。モウソウチクを割って、それに白炭で焼いた鉄棒をつけて焼き曲げる。歯が集まる途中に一本の横竹が当てられ、九州からとりよせる藤蔓《ふじづる》で止めてある。歯は注文により八本から二〇本まで作るが、籠や笊同様、いかにも頑丈そうな熊手だ。今年七三歳になる斉藤清三郎さんは、代々熊手を作り続けて四代目になるという。今は地元の問屋さんに出しているが、盛んだった昭和六、七年ごろには自転車の後につけたリヤカーで、直接渋谷《しぶや》、代々木《よよぎ》、高円寺《こうえんじ》、錦糸町《きんしちょう》などの東京都内の荒物店に出していたという。

■細工の修業　上安松のように自然と技術を受け継ぐ環境にない人は、どうしても修業に出なければならない。

埼玉県入間郡日高《ひだか》町市原。高麗《こま》川と秩父《ちちぶ》へ通ずる国道二九九号線とが交わるこのあたりは、奥武蔵県立自然公園の中に含まれている。高麗川にかかる高麗橋のすぐ近く、道に面して籠屋さんがある。主人の新井馬太郎さん（五四歳）は、昭和八年から同じ日高町の栗坪《くりつぼ》で五年間の年期奉公をしたという。

「当時、市原は三〇軒ぐらいの部落でね、その半数以上が、半分農業をやりながら山仕事をしてました。山から橇《そり》で木を出したり、吾野《あがの》から材木を筏《いかだ》に組んで流したり、市原組の揃いの半てんを作って吾野の正丸《しょうまる》峠から青梅までの材木運びの仕事をしたりするんです。朝三時ごろ出かけてね、夜は寝る前に翌日はくワラジを編むのが日課になってました。手車という大きな荷車に八〇貫くらいの材木を積んで運ぶんですが、この家の前の道を何台も続いてね、毎日ガラガラと通っていました。さあ、昭和七年ぐらいまで続いてたでしょうか」

新井さんの父親も山師だったが、長男の新井さんは手職の方が好きだった。当時、高麗では屋根屋さんも多かったが、どちらにするか考えた末に竹細工を選んだ。

「私の場合は、比較的家がらくだったから職人になれたんですよ。当時は長男は家を継ぐと決っていましたから、学校を終えると家にいて家計を助けるために近所の大農家に奉公に出るんです。そうすると年に一〇円くらいもらえたし、また弟《おとうと》株《かぶ》は都会に出て奉公人になるのが常でした。その時も少しでもたくさんの金がもらえる店に行ったもんです。先の事考えて店を選ぶなんてのは少なくて、たちまちの事だけを考えるんですね。そんな頃ですから、四年も五年も無報酬に近い職人になるというのはこのあたりで一割もいなかったでしょう」

新井さんの親方は、石井良市さんで、今年七四歳。今も弟子から婿養子になった人と一緒に竹細工を続けている。石井さんは小物が専門だったので、弟子の間は新井さんも笊ばかりを作らされた。兄弟弟子が五人いたが、今も続けているのは二人だけ。新井さんも途中何度も止めようと思ったが、昭和二八年には栃木の鹿沼《かぬま》から当時で三五万円もする竹割機械を買い入れた。今では機械も増え、従来の籠や笊だけでなく装飾用の竹細工や、お宮で御札を付けて参詣人に売る小さな縁起物の熊手などを作っている。

最も需要の多かった蚕籠は、約一八〇センチと一〇〇センチの大きさであるから、作ってから売り歩くのは大変である。作る方も買う方も都合がいいのは、注文した農家で竹を揃えておき、職人が道具を持って注文の家に行って作ることである。このあたりではそれを庭仕事とか出仕事といった。中にはその庭仕事を専門にする人もいた。

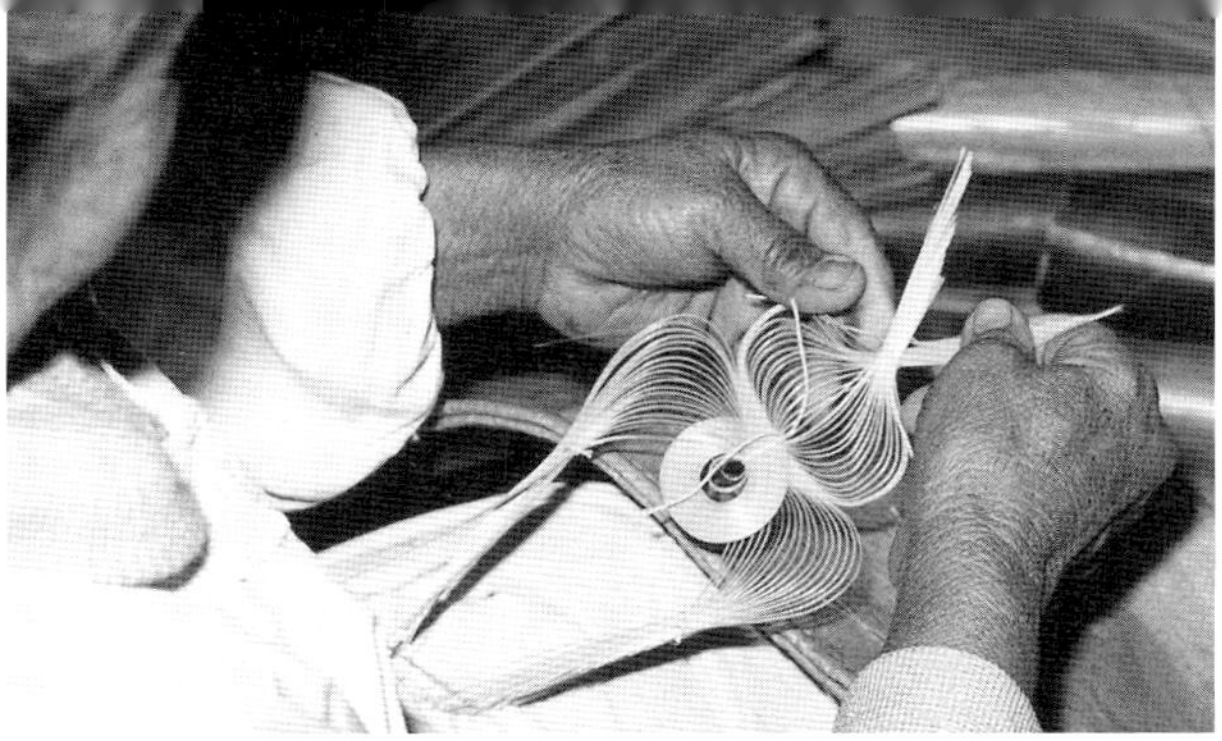

上　薄く割った竹で御酒の口を作る
右　御酒の口は竹の芸術品
左　稲荷祠に供えた御神酒徳利に御酒の口がさしてある　日高町

埼玉県入間市寺竹の昼間良治さんは三九歳。鳩山村赤沼の石井律三さんは四三歳。今では、四〇前後の籠屋さんは全国でも極めて少ない。おそらく現在、現役の籠屋さんの平均年齢は五五歳を下るまい。私は、たまに若い職人さんに会うと何かホッとする。昼間さんは高麗川で修業し、石井さんは越生《おごせ》で高麗出身の親方について習ったという。二人とも笊のような小物ではなく、主に大きな籠を作る大物師で、専門ではなかったが庭仕事もした。庭仕事は、たいてい日帰りの範囲で、朝早くに出かけ、一日で終らない時には翌日にまた出かけて行った。昼間さんは一〇年ほど前までやっていたが今はもうしていない。石井さんは、今も注文があれば出かけていくそうで一昨年の冬は五軒で一〇日余りの庭仕事をしたという。

■竹細工も数多くあるが　安松の熊手のように、籠や笊以外の特殊な物だけを専門に作るところもある。埼玉県比企《ひき》郡小川町竹沢は、団子やうどんをすくい上げるスイノウ専門で、他の人に聞くと、スイノウの竹沢として有名だし、青梅の今井や日の出村では、正月の御神酒徳利にさす竹製の様々な御酒《みき》の口《くち》を作っている。またこの付近で使っている箕は、ほとんど千葉県八日市場市の木積《きづみ》で作っている藤箕だが、たまに見かける山桜の皮と竹で編んだ箕は入間郡毛呂山《もろやま》町葛貫《くずぬき》で作っている。

昭和八年には、飯能《はんのう》を中心に日高、名栗《なぐり》など一町一二か村でおよそ八〇人もの竹細工職人がいた。坂戸《さかど》、越生、小川のまわりでもやはり七、八〇人の人が、籠を作り笊を作っていたという。それが昭和三二、三年頃から急激に減り始める。そして、今はその一割ほどに減ってしまったという。私が訪ねることができたのは、そのうちのほんの一部でしかない。いろんな話しを聞かせてもらったが、それもほんのわずかのように思う。私が知り得ただけでも、前述以外に、東京の近辺では青梅市千ヶ瀬、瑞穂《みずほ》町箱根ヶ崎、西多摩郡羽村《はむら》、所沢市本郷、埼玉県比企郡都幾川《ときがわ》で、それぞれに小物を作り、大物を作っている。守備範囲を拡げて、もっと都心に近いところや、あるいは神奈川県をも歩いてみると、さらにたくさんの籠屋さんに出会うであろう。青梅街道沿いにも五日市街道沿いにも、甲州街道沿いにもそれぞれ何軒かの籠屋さんがあることも聞いている。いずれにしても早目に訪ねてみないと、それらの仕事がだんだんと姿を消してゆきそうだ。

東北一の竹の町 岩出山《いわでやま》

■東北線小牛田《こごた》駅　ここから左右に二本の支線が出ている。一本は太平洋側の女川《おながわ》町まで走る石巻《いしのまき》線。もう一本は仙台平野を北西に山形県新庄まで走る陸羽東線である。早朝や夕方になると、一般客と共にあの独特のにおいと騒音をまき散らしながら、学生服の黒い通学集団が乗り込んでくる。ドアのステップ脇には四角なブリキ缶も目につく。行商用の物であろう。その陸羽東線に乗って約四〇分のところに岩出山町がある。仙台からの羽後街道と、石巻別街道の国道一〇八号線とはこの町中に入るあたりで一緒になり、さらにこけしとスキーで有名な鳴子《なるこ》温泉へと続いている。

　この町、岩出山は、伊達政宗が仙台に城を構え城下を形成して住みつく前、つまり天正一九年（一五五〇）から慶長八年（一六〇三）の間、政宗が城を構えていたことで知られる町である。少し以前のNHK大河ドラマ『樅の木は残った』の主人公原田甲斐の生誕の地でもあり、日本最古の藩校、有備館がある。

　だが、初めてこの町をおとずれた他所者《よそもの》が何よりも先に気がつくのは籠屋の多い事であろう。小さな駅舎を出て殺風景な駅前通りを歩き始めるとすぐ右手に一軒、その先一〇〇メートルも歩かぬうちに左手に一軒、さらに小さな橋を渡るとまた右手に一軒、これはこれはと思っているとじき左手にまた一軒、国道一〇八号線につき当り、その国道沿いに続く町並にも数軒、実に籠屋が多いのである。今、各地を歩いてみても籠専門店に出くわすのはめずらしい。この岩出山では品物を仕入れに来た行商人が自転車の荷台に籠や笊や箕を山ほど積んでいる姿を見かけることもあるし、夕方には近在廻りの行商をするおばさんが、売れ残りの籠を風呂敷で背負って帰ってくるのに出会うこともある。それだけに岩出山は、竹細工を基に活動している町という感がする。

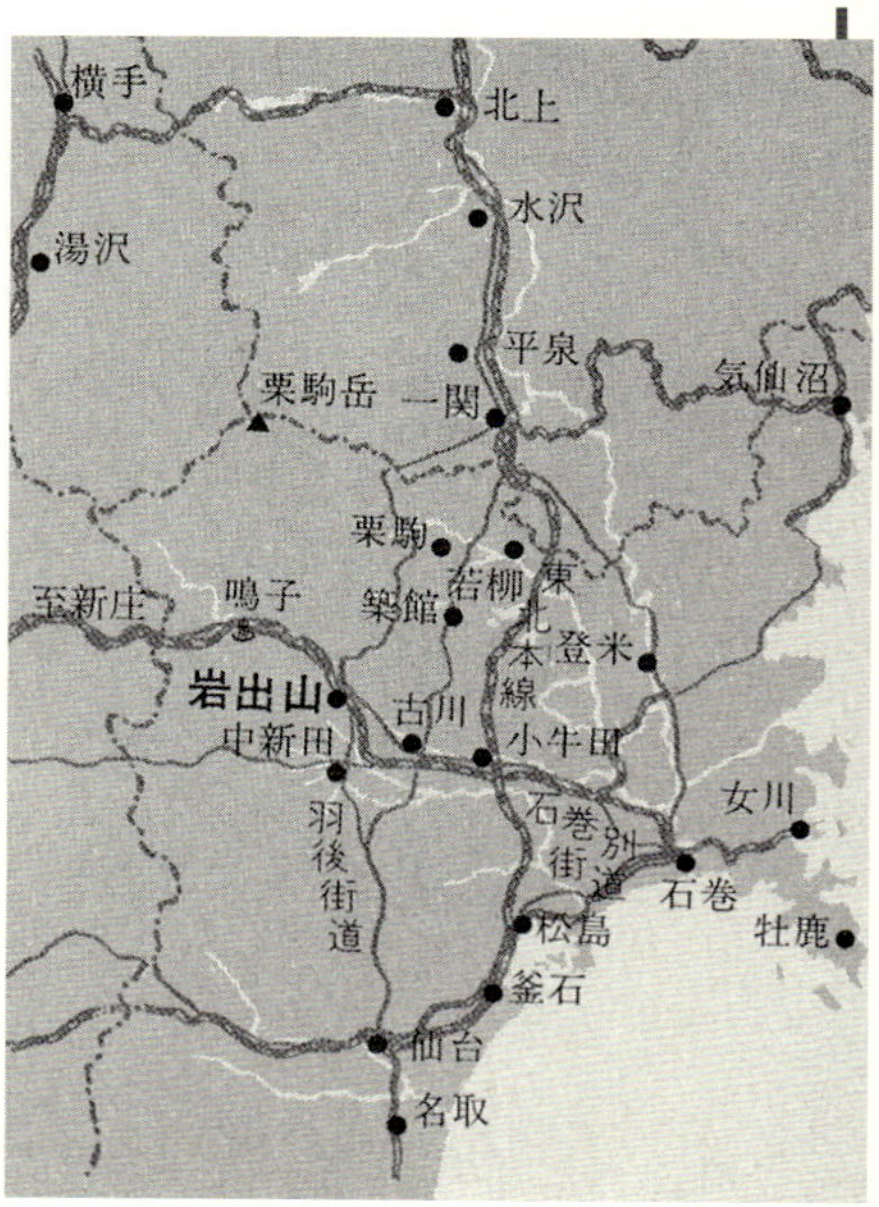

■岩出山の竹細工の由来　私は竹細工の盛んな土地を訪ねるとたいてい、ここではいつ頃から竹細工が始まったのですか、と聞いてみる。だが、たいていの場合、「サー、昔からやっているから」とか、「三代前にやってたことは確かなんですがね」、といったあんばいで、いわゆる昔むかしの答が返ってくることが多い。だからといってたいしてがっかりもしないのは、私自身それが大して重要な質問と思っていないせいでもある。なぜなら、

竹細工を売る荒物屋さん　宮城県中新田町

籠とか笊は使うために作る物であり、たまたま竹が細工に適していたから竹細工があるので、たとえ四代、五代前まではさかのぼれたとしてもその先はやはり昔むかしの推測になる。もちろんその推測も必要ではあるが、それよりも今聞ける話を聞き、見れる物を見て記録しておく方が大事である。ところが、たいした期待もせずに聞いた岩出山横町の中条籠屋さんから、

「今から約三〇〇年程前、政宗公のころ京都から竹細工をする人が来て、それから始まったといわれてます」

　案に相違して期待以上のはっきりした答が返ってきたのにいささか驚いて、他の籠屋さんにも聞いてみたがやはり同じように、政宗公のころ、という。だが、これまでに岩出山の竹細工を記事にした新聞や雑誌を見ると、

「享保（一七一六〜一七三五）のころ、岩出山伊達家四代村泰公が、貧乏な藩政を助けるために京都から竹細工師を呼んで、士族の内職にしたのが始まりとされている」

とあり、町の籠屋さんの記憶とはちょっと違ってくる。そこで私は町営の竹細工指導所の飯田さんを訪ねてみた。

「それがだすなあ、その村泰公の奥方というのが京都の公家でして、それで村泰公が京都に行った時、当時は公家といってもやっぱり生活が貧しかったらしいんだすなあ、内職をしていたそうだす。それがカラダケ（マダケ）を割って簾《すだれ》を作っていたらしいんだすなあ。それを見てこれはいいといって連れてきたということなんだすが、何しろ岩出山の材料はシノダケでしょう。京都にはシノダケの細工物はないということだから、技術的には違ったものだったはずですがね。ここにもカラダケはあるんだすよ」

　飯田さんのいうように、岩出山近辺の山にはシノダケと呼ぶメダケ類のアズマネザサが多く、品物もシノダケ製が圧倒的に多い。マダケの細工はあるのだが、少ない。ではなぜ、マダケを使っていた京都の竹細工師がここに来て、シノダケを使う細工を拡めたのだろうか。京都から竹細工師が来る以前から、このあたりではもともとその豊富なシノダケを使って籠や笊を作る人がいたのではないかと私は思う。今のように盛んではないにしても、それまでこのありで籠や笊をまったく使わなかったとは思えないからである。いずれにしても竹細工のおこりは、はっきりとしないほどの昔むかしなのである。

■広く売られるには　さて、岩出山竹細工指導所には、飯田さんを中心に毎日数人の人が集まってくる。ほとんどが町中の奥さん連中の内職で、男の人は少ない。めいめい自分の都合のつく範囲の仕事をしている。だから人数も決っていない。二〇畳ぐらいの板の間には石油ストーブが置かれ、一角には製品の見本ケースもある。そこにめいめいにござや座布団を敷いて、笊や飯籠《めしかご》を作っている。ここで作る製品は、多少は地元の問屋にも出すが、そのほとんどは各地のデパートで催される宮城県物産展といった展示即売用だという。

　では、地元の問屋や籠屋さんでは品物をどうするかというと、そこは竹細工二五〇余年の伝統を持つ岩出山、指導所に行かずとも町内には作る人がたくさんいる。籠屋さんや問屋さんはその一軒一軒をまわって集めるのである。集めた品物はそれぞれの店先で売られるのは当然だが、それだけでは商売にならない。町中だけでなく在《ざい》の農家でも副業で作っているし、近くの築館《つきだて》や若柳、栗駒や仙台の街中でも作っている。とても近辺だけでは品物をさばききれない。県内だけでなく、各地に出しているのである。

　各地の民芸店には、他の産地のいろいろな竹細工に混じって、たいてい岩出山の製品も並べられている。特に岩手、山形、福島、秋田などでは、土地で作った籠や笊と同じくらい岩出山の製品もよく見かける。福島県会津若松などでは近くに喜多方《きたかた》という竹細工の産地があるにもかかわらず、問屋さんでは岩出山の品をかなり扱っている。秋田県でも横手、六郷、湯沢などで竹細工を作っているが、やはり店先では岩出山の物が多く目につく。一大産地である大分県別府の製品以外で、これ程広範囲に使われている竹細工はまれである。

　たとえば、奈良県高山の茶筅《ちゃせん》、香川県丸亀の団扇《うちわ》、愛媛県松山の果物籠、京都の花籠など特殊なものを専門に作っている場合には、日本中全国に出まわっているが、日常雑器ということになるとあまりない。岩出山と別府

湯沢駅前の旅館で岩出山からの行商人と出会った。入口に竹行李が積まれている

大風呂敷の中に籠。行商人が仕入れたものか
岩出山町

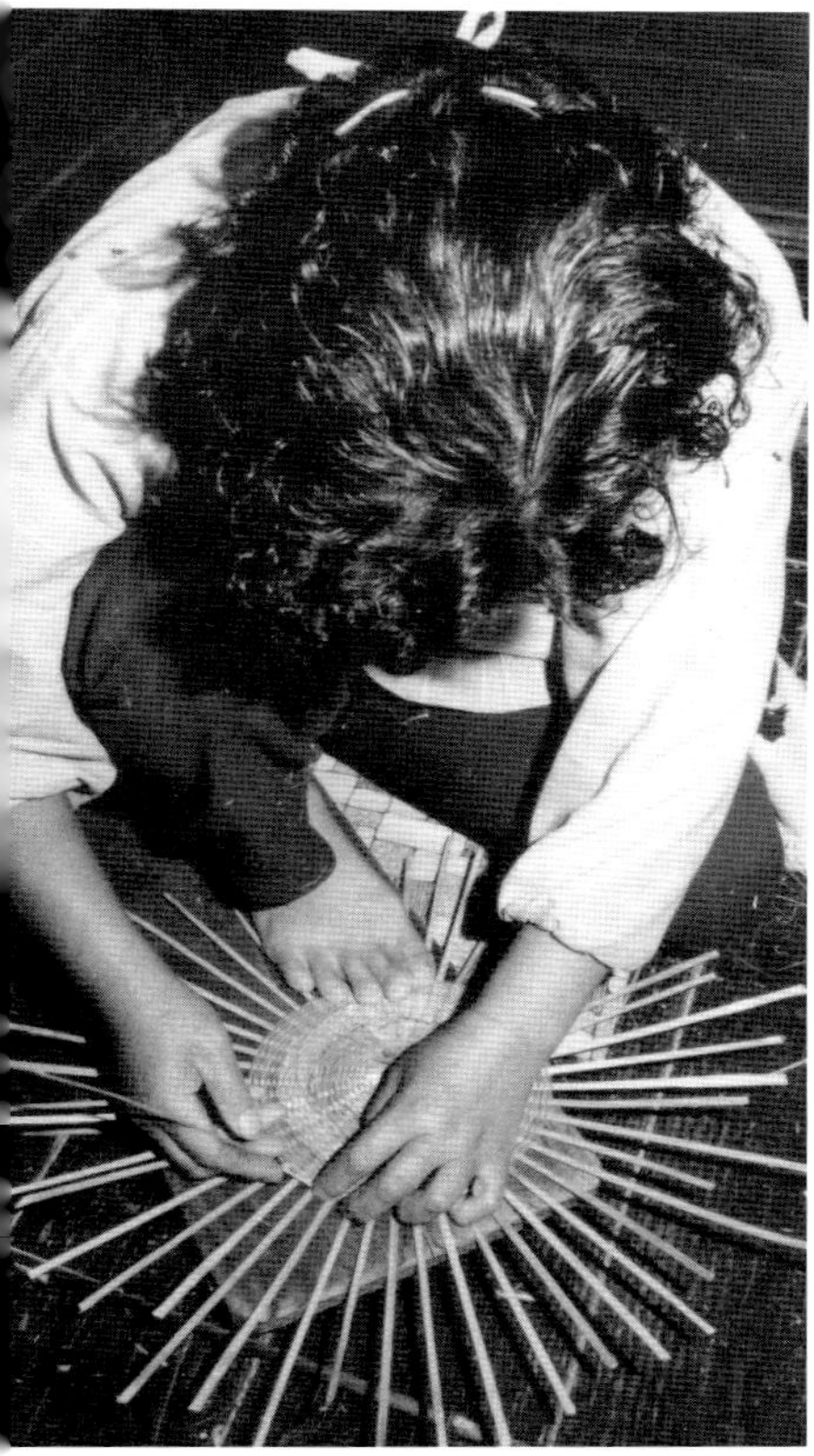

岩出山では町中にも農村部にも竹細工を内職とする女性が多い。細いシノダケだから女性にも扱いやすい
右　ヒゴの皮と身を小刀でへぐ
上　二本の棒でヒゴをはさんでしごいて、ヒゴの面取りをする
左　足で押さえ、両手の指先で籠の菊底を編む

の他に新潟県佐渡、岡山県勝山、富山県氷見《ひみ》ぐらいが比較的広い範囲で使われている竹細工の産地である。佐渡もそうであるが、特に別府は温泉と竹細工で知られる有名な観光地である。全国各地から集まる客は必ず何か土産を買う。別府土産は何といっても竹細工である。だから別府では、作った品物を店に出しているだけでもかなりの量が売れる。しかも客はそれぞれの土地に持ち帰るのであるから、別府の竹細工はますます有名になる。それは商売の上ではたいへんな強みとなる。

ところが、その他のところは観光地ではない。待っていても客は来ない。逆に品物を欲しい人のところに持って行かなければ商売にならない。だからといって各地の問屋に送ればよいというわけでもない。なぜかというと、竹細工にはその土地独特のものが今も多く残っている。たとえ似たようなものでも今まで使い続けてきた物の方がよいとする場合が多い。ポンとこれを使って下さいと新しい品物を売りに行ってみても、そう簡単にハイ、そうですかというわけにはいかないのだ。特に同じような籠や笊を使っていたところで新しい物を売るためには、何か特別な利点が必要となる。作りがよいとか丈夫であるとか安いとかいったセールスポイントである。また今まで使っていないところでは、なぜこれ使うと便利かという説得が必要になる。つまり積極的な行商である。一軒一軒売り歩いて商売を拡げる努力をするしかないのである。岩出山もそうした行商人がたくさんいた。その人たちの気長な努力が、今もなお盛んな竹細工をささえている大きな力だと思う。

上　竹細工店。製品の奥の間では竹細工を編んでいる
右　味噌コシ笊、米アゲ笊、メカゴ、ウケ、ビクなど、さまざまな竹細工製品で埋もれた竹細工店。竹の香りがたちこめる
いづれも宮城県岩出山町

■旅先で聞いた行商の旅　秋田県の湯沢を訪ねた時のことである。駅前の一見商人宿風の旅館の玄関に、積み重ねられた竹細工が目に入った。岩出山では今もなお行商人が各地を歩いているのを聞いていた私は、もしやと思って宿の人に訪ねると、やはり岩出山の人が売りに来てるという。すっかり嬉しくなって、夜再び訪ねてみた。一日の商売を終えてゆっくりしたいところへおしかけるのは迷惑かなと思ったが、館内《たてうち》二夫さんは一向に気にする風もなくいろいろと話をしてくれた。

「昭和二一年、私が二三の時、兵隊から帰って来まして、その年からずっと続けて

マダケで編んだウケ。大きいものはサワガニを捕るのに用いる。宮城県中新田町

います。始めはこの仕事をするつもりはなかったんですよ。戦争から帰って来て、家で手伝いていどに竹細工をやっていたんです。父もやってましたし。もともと作れたですからね。それである時、知り合いの家に行くのに土産に笊を持って汽車に乗ったら、乗り合わせた人が、その笊を売ってくれというんです。それがきっかけで商売やるようになったんです。秋田に来るようになったのも、山形県の新庄に注文の品を届けに行った時、秋田県の雄勝《おがち》の人に頼まれてからなんです。こっちに来てみたら他にも欲しがる人がいるもんで、今はもう決まって廻るもんだから廻らなければならないし、注文もあるしで続けてるようなもんです。最初、秋田県南部の雄勝から始まって、北の平鹿《ひらか》、仙北に商売を拡げてゆくまでには四年ほどかかったです。昭和二六、七年ぐらいまでは逆に茨城県の土浦や福島県の浪江にも行きました。二八年には北海道も廻りましたよ。伊達門別だとか岩見沢だとかです。そうですねえ、他には岩手県の久慈、福島県の小名浜、茨城県の那《な》河湊《かみなと》や水戸などにも行ったことがあります。

　私の場合、今は三月から一一月にかけて、秋田県だけ廻ってますが、一回の旅は二〇日ぐらいで、また荷を入れに帰ってはまた出るんです。生産が多かった二八年くらいまでは、馬車で鉄道まで運んで送ったもんです。そのころは作る人が問屋や私らの所に持って来たですが、今は売ってくれといってこっちが廻らなければだめなんです。まあ、前もって注文してるのもあるけれど大てい私のような行商人は問屋から仕入れてます。少し高くなってもその方が集める苦労がなくていいですよ」

　品物は、問屋から借りるかたちで売り上げ勘定というか、依託販売のようなものである。

「今は品不足なことは品不足なんです。最近はあまり売れないし、私が廻るこのまわりはもともとあまり竹細工を使わないとこですから、不足なりに釣合うくらいで丁度いいですが、岩手県の方廻る人は品不足で大変でしょう。今は売るよりも仕入れが大変になってます」

　なんといっても岩出山の竹細工は宮城県内が一番多く売れたが、その次に山形、岩手、福島の順によく売れたという。春には四月の初め頃になると、種籾を洗う大きな笊がよく売れ、お盆には小さな笊、秋になると米をといだりする大きな笊がまた売れる。そのため、冬の暇な時には大きな笊を主に作ることになる。

鴨居にかけて保管されている米揚げ笊やスイノウ　岩出山町

■商売の工夫と知恵

「竹製品の他に曲物《まげもの》のセイロも持って歩いて売ってるんですが、もともとこのあたりでは長い桶状のを使ってましてね、最初はあまり売れなかったんですがここ四、五年やっと売れるようになりました」

セイロは、岩出山の籠屋さんではどこでも置いてある。北海道からトド松の材を取り寄せて竹細工と同じように町内で作っている。これは修理の注文もあるので籠屋さんも行商の人も作り方を覚えておかなければならない。

竹細工とセイロと、もう一つ岩出山で作るシミ豆腐も同じ行商の人たちが売り歩く品物である。農協が主体となり、専門の豆腐屋さんではなく農家の副業として約三〇軒、一一月から二月いっぱいの冬期に作っているのを行商の人たちは農協から仕入れている。ここでは竹細工だけの単一の行商ではないのである。もちろん竹細工が中心ではあるが、セイロやシミ豆腐をあわせて売って歩いている。当然籠や笊を買った家からシミ豆腐やセイロの注文を受けることもでてくる。それが行商をより広く、より着実にしているのではないだろうか。そこには行商の積極的な工夫がみられる。

工夫といえば、ただ岩出山の物を売るだけでなく、品物にもいろいろな工夫を続けてきた。出かけて行った土地ではどんな籠を使っているかを観察しながら歩くのも商売には大事であった。岩出山でも作れそうなものがあれば覚えて帰ったり、実物を持って帰って同じものを作っては逆にその土地に持って行くのである。たとえば背負籠や手籠はマダケで作るもので、もともと岩出山周辺では使わなかった。行商に行った岩手県で使っているのを見て、今はかなりの量を作っては持って行くようになっている。それが今、四、五人のマダケ細工をする職人（岩出山ではタカザイクの職人といっている）が、他町村からやって来て岩出山に住みついていることの発端にもなったのであろう。また丸フゴとよばれる腰ビクはほとんど登米《とめ》（宮城県登米郡）方面専用にだすものである。さらに秋田や岩手県花巻の北では岩出山製のような丸く編み上げた深い笊は使わないとわかると、富山県の氷見から亀ノ子笊とよぶ口の付いた米アゲ笊を取り寄せてまで持って歩いている。

岩出山の駅前通りで、竹細工の店を出している鈴木さんは、行商では館内さんの先輩である。今ではバイクも使うようになったが、鈴木さんの当時は自転車で歩き廻ったという。二〇年ぐらい前までは物々交換も多く、竹細工を雑穀と交換してはそれを地元の店で現金にしたこともあった。宿のない在の方に行くと、そこの民家に泊めてもらう。そんな時には品物の話よりも行商して歩いた各地の話をするのが喜ばれた。北海道に行って岩出山から移住している人に会うと、故郷にことづけを頼まれたりもしたという。そういった直接商売と関係しない話をすることが逆に商売には大事なことだったのである。そうした行商をする人それぞれの、足と工夫と長い間の努力が、岩出山の竹細工を各地に拡めていったのであろう。

現在、岩出山の行商人約三〇人、竹細工を作る人約三〇〇人、それが三〇年以前には行商人五〇人、竹細工を作る人約一二〇〇人いたという。売る人作る人の工夫や努力にもかかわらず、時代の波はこの産地の規模をだんだんとせばめつつあるのである。

奄美、沖縄、台湾の島々

竹はだいたい南の暖かな土地に多い。インドからビルマ、マレーシア、タイ、インドネシア、台湾などの東南アジア各地では太く大きな竹が豊富で、籠などの細工ものばかりでなく、その豊富な竹だけで作ったみごとな家もある。

沖縄もまたどこまでも青く美しい空と海を背景に、芭蕉や蘇鉄などの植物がありいかにも南国を思わせる暖かな亜熱帯の土地である。にもかかわらずなぜか竹はあまり目立たない。

だいたい日本の竹林といえば、その多くがマダケ林かモウソウチク林である。それは青々とした竹がひとかたまりとなって大きく風に揺れ動く独自の竹林風景を作りだしている。ところが、沖縄には大きな竹林が見当らない。つまりマダケとモウソウチクが少ないのである。

沖縄での竹といえば、マータクとかウンジャダキと呼ばれているホウライチク属の竹が全域に多い。マータクはマタクともいい、ウンジャダキはイガタケともいう。

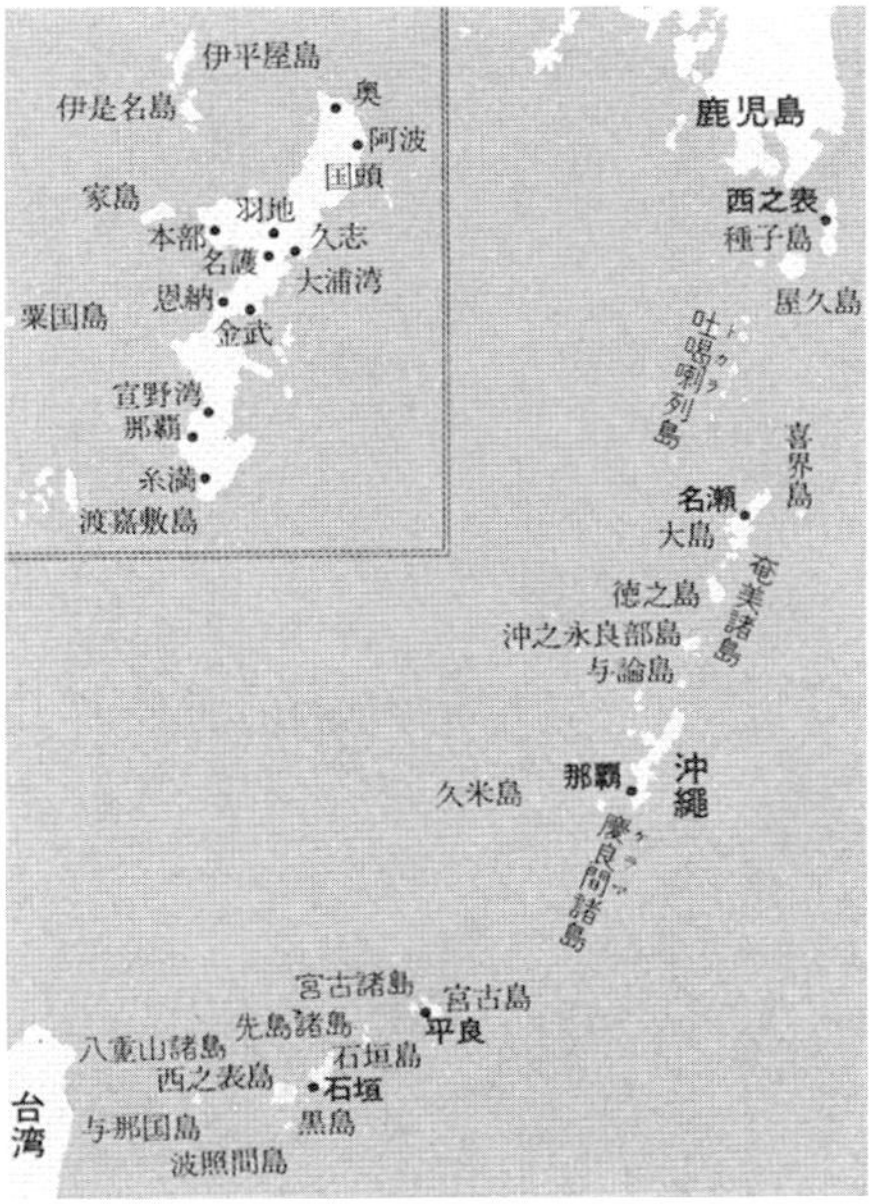

それにヤンバル（沖縄本島北部国頭《くにがみ》地方）あたりには俗にヤンバルダキ、リユーキューチクといわれているメダケ属の竹も多くある。しかしいずれも、あのフワフワした竹林とはなっていない。それは量が少ないだけでない。ホウライチク属の竹などは、モウソウチクやマダケのように地下茎がはって増えるのと違い、地下茎が地上に伸びてそのまま棹《さお》になる竹だからである。だから茎わけをしないかぎり竹林を形成することはない。鹿児島にはマダケもモウソウチクも多く、台湾にはやはりマダケ属のケイチクがある。その中間に位置する沖縄になぜマダケ

の類が少ないのか不思議な気もするが、自然とはそんなものであろう。ただ、珊瑚礁の上に浮ぶ沖縄の島々では地下水が乏しい。しかも台風の通り道であるからしょっちゅう雨風に襲われる。さらに大きな竹を栽培するだけの土地の余裕がないこともその原因であろう。

籠とか笊は生活の中で必要に応じて作り使われてきたものである。細工にはマダケが最も適しているが、マダケの少ない土地ではその土地でとれる竹の中で細工に適した竹を利用している。たとえば東北では俗にシノダケと呼ぶメダケ類、長野の松本ではスズダケ、戸隠《とがくし》ではネマガリダケというふうに、マダケ以外の竹を使って盛んに竹細工をしているところもある。さらに秋田とか福島の山中では、竹以外のイタヤ、アケビ、あるいは藤蔓などで作った籠や笊を使っているところもある。沖縄もまた前述のマータクやリュウキュウチクを使った種々の竹細工がある。

穀物の風選風景。沖縄では円形の平たい箕を用いる（国頭地方）

那覇の市場。穀物を入れるミジョケは穀物屋さんにはなくてはならない容器

■沖縄は広い　私はこれまでに、仲間の神崎君、西山君、神野君らと共に四度沖縄を訪ねている。沖縄の民具をみるためだったが、たいていは沖縄県立博物館の上江洲均さんに一緒に歩いてもらう。上江洲さんは、特に沖縄の民具については長年研究を続けられている。

歩いてみると、一口に沖縄といっても実にひろいと思う。本島、八重山、宮古の他に六〇以上もの離島があるのだ。それが、南北五〇〇キロ以上もの海上に点々と浮んでいる。沖縄の島々の分布は、山口県から青森県までの本州列島がすっぽりはまるぐらいに広いのだ。一つ一つの島は小さいが、島から島へ渡るのは実に遠い。陸続きの交通に比べて、海を隔てた交通には大変な苦労が伴う。それが逆に民具の上では今もって島独特のものを持ち続けていることにもなる。また、同じ用途で同じ形のものでもところによって呼び方がいろいろと違ってくるのも、それぞれの島に、島独自の文化が根強く残っていることを示す一つのあらわれだろう。

たとえば沖縄の各地で見られる竹細工の一つに、大鍋の上においてその上で餅を蒸すのに使うの平たい籠がある。これを国頭《くにがみ》や大宜味《おおぎみ》地方ではウブサーユイとかウブスユイといい名護《なご》や本部《もとぶ》半島ではムチウブサー、竹富島ではンブシアマダー、糸満《いとまん》や伊是名《いぜな》、伊平屋《いへや》島ではムチアガラサー、石垣の黒島ではンブサーとよんでいる。他にもヤンバラーグーとかハジャマとか呼ぶところもあり、実にさまざまである。

沖縄の北には奄美《あまみ》大島など薩南諸島があり鹿児島がある。一方南には台湾がある。鹿児島は、日本でも最も竹

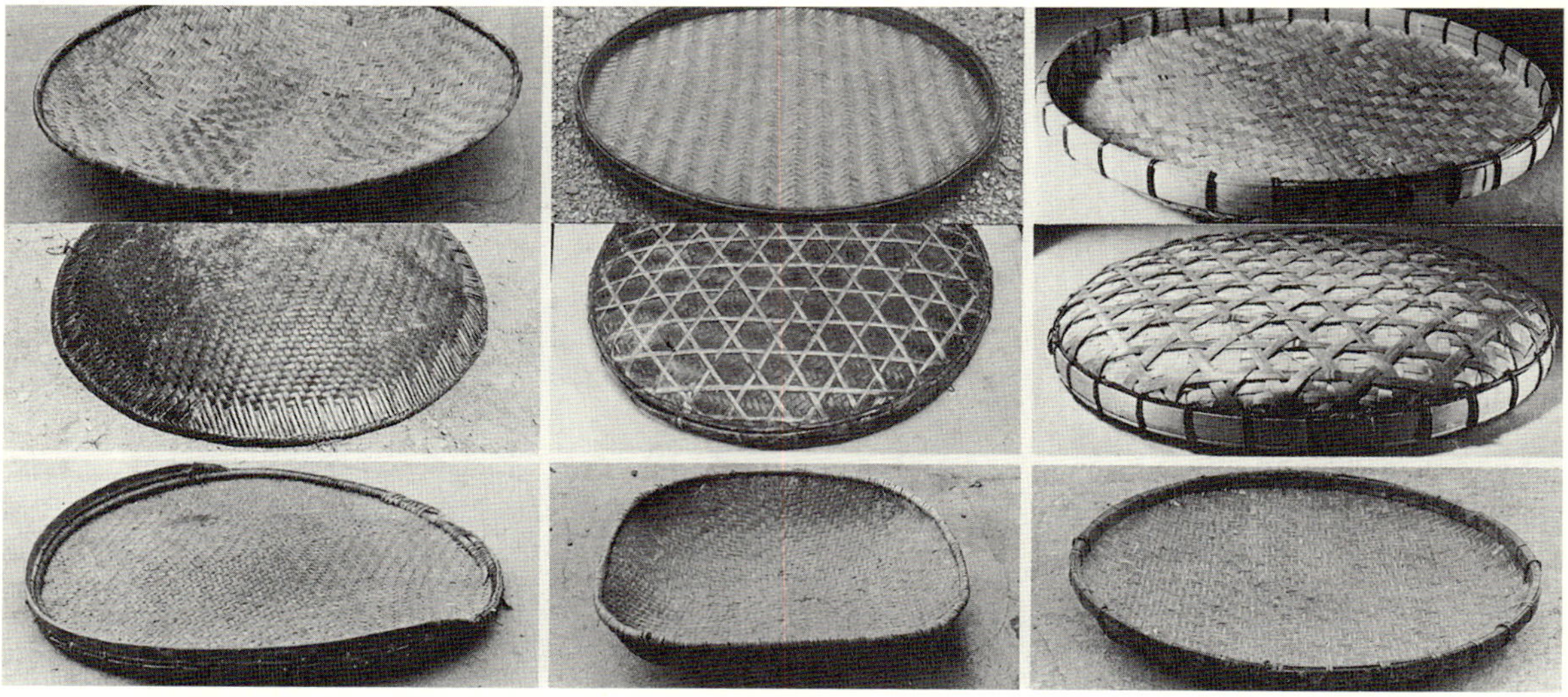

■各地の平籠
上段　右＝鹿児島　中＝沖縄　左＝台湾高砂族
中段　上段の平籠の裏面
下段　右＝台湾高砂族　中＝台湾高砂族　左＝台湾高砂族

平籠状の箕を使って穀物を選別する
台湾高砂族の村で

細工の盛んな土地であり、台湾は、もし竹だけしいという言葉があるとすれば、まさにぴったりするほど竹細工の多いところである。ところがそれに比べるとその中間に位置する沖縄や奄美諸島では竹細工はずっと少ない。そして沖縄の竹細工をみる時、この鹿児島や台湾などと比較しながらみると、いろいろとおもしろいことに気付く。

■円形の平たい籠　たとえば、沖縄で最もよくみかける籠の一つに、網代《あじろ》に編んだ円形の平たい籠がある。ムイゾーキ・ムイバーラー（国頭地方）、ソーギ（八重山）、ミーゾーキー（伊是名、伊平屋島）、ミージョーキ（島尻地方）などと呼ばれているが、その形は鹿児島のバラとほとんど同じである。魚の干物をひろげたり、片栗粉を撒いて餅を仕上げたり、中に石臼を入れて粉をひくのに使ったりする用途も沖縄と鹿児島では変らない。ただ一つ大きく違うことは、沖縄ではこれを箕と同じように使うことだ。脱穀した穀物のごみをふるい飛ばすわけである。

以前、鹿児島で行商の人から、種子島《たねがしま》、屋久島までは箕がよく売れたが、奄美大島では箕を使ってくれないので一度行っただけで諦めた、という話を聴いたことがある。なる程そのとおりで、種子島、屋久島までは平籠とは別に先の開いたチリトリ型の箕が単独民具としてあった。だからそこでは平籠を箕として使うことはない。ところが奄美大島以南では、チリトリ型の箕ではなく、平籠型の箕が使われているのである。

しかし、チリトリ型の箕がない沖縄にも例外はある。ただ一ヵ所、宮古島の与那覇《よなは》ではチリトリ型の箕をみかけたことがある。それはマーニと呼ばれる黒ツグの葉柄の外皮を材料に作ったもので、竹製ではなかった。しかしなぜ沖縄でもポツンと一ヵ所、与那覇にそうした箕があるのか不思議な問題として残っている。

さて平籠は、南九州から北ではほとんどみないが、南九州、薩南諸島、沖縄から南は台湾、さらに東南アジア、インド、ネパールにまでその分布は広範囲にわたっている。そして、種子島、屋久島以南ではすべて箕の用途を第一に持っている。

■周辺の島から入る籠 沖縄でも北部国頭地方でみるこの平籠は鹿児島のものに近い頑丈な作りで、中には底が六ツ目の二重になっているものもある。一方八重山、宮古地方のものはかなり薄くて軽い感じで、聞いてみるとこれは台湾製だという。ここから船で行くなら、沖縄本島よりも台湾の方がはるかに近い。台湾製品が入っていても何の不思議もない。台湾製品が増えたのは、安価なのが原因だろうが、だからといって、新しい道具がただ値段が安いということだけで、そう簡単に定着するものではない。もともと、宮古や八重山で作ったり使っていたからこそ、台湾製の平籠も入ってきたのだろう、と私は思っている。台湾からの輸入品は他にもある。先の平籠同様、沖縄全域で使われているソーキがそれで、平籠ほど多くはないが、やはり宮古、八重山で台湾製のものをみた。円形で丸くて深いいわゆる笊で、ゴザ目編みである。これもいろいろの呼び方があるが、特に細かい細工のものをフブシゾーキともいう。

本島の北、国頭村の奥部落では、昔からソーキは与論島のものを使っていたという。奥から与論は目と鼻の先、晴れた日にはことさら近くに見える。与論には木が少ないので、奥からは材木を出し、そのお返しに与論からは家畜とソーキを持ってきた。「こっちの竹細工はひらたいヒゴで作るが、与論のはヒゴを丸く丁寧に作っていたので、粟などの細かいものでも漏らなかった」と奥の老人が教えてくれた。そういえば、確かに沖縄の竹細工は粗い作りのものが多い。なぜなのだろうか、昔からこの程度の作りだったのだろうか。沖縄では大きな竹細工の産地も少ない。自家製のものを使うことが多い。商品としての価値よりも、必需品としての価値の方が強いのではないだろうか。

沖縄の民家というと、赤い瓦と白いシックイの屋根を

工事用のバーキは、魚入れにもなる

餅を蒸す平籠のムチンクブサー。沖縄全土に分布する

上　沖縄の民家の台所でもやはり籠が使われていた　伊是名島
左　泡盛の工場で用いていたユナバーキ（米揚げ笊）　伊是名島

思い出す。そして、その軒下に手の付いた籠が下っている風景はまた印象的である。一般的にはサギゾーキーと呼ぶ籠で、ティバヒ（国頭村奥）、サギディール（八重山）など他にもいろんな呼び方がある。軒下ばかりでなく、台所や炉の上にも下げているが、中にはたいてい食べ物が入っている。編目から風が入るし、蓋があるので蝿の心配もない。この手のものは、全国各地にもあり、多くは夏場の飯籠に使われている。沖縄の場合、ざっと見て三つの型がある。最も多いのが、籠も蓋も網代編みのもの。これは沖縄で作っているのだが、台湾製のものとも実に似ている。次がやや小さい形で、籠も蓋もゴザ目編みのもの。時たま見かけるのが、さらに小さい卵形をしたやはりゴザ目編みのもの。後の二つは、鹿児島の日置《ひおき》郡吹上町入来《いりき》で作ったものである。以前入来を訪ねた時、戦争で一時中断したが、昔から沖縄にはかなり送っていたという話しを聞いたことがある。上江洲さんはこのサギゾーキーは他処《よそ》から入ってくる以前には、沖縄では使われていなかったのではないかという。同じ食料保存用の籠にフタディルというのがある。四角形だが口の方を広げて、それに合った蓋も籠部と同じくらいの深さに作ってある。下げ手は付いてないが、その代り紐をわたしてやはり吊して使っている。サギゾーキーのように数多くはみないが、おそらく昔はこの形の方が多かったのではないだろうか。

■背負運搬と頭上運搬　国頭地方を歩いていると、女の人がティールという背負籠《しょいかご》を持ち歩いているのに出会うことが多い。底が四角で口がやや広がった円形の籠で、肩に四つの耳があって、そこにカサギナンとよぶ背負縄を通して、それを額にかけて背負っている。これは女専用の運搬具である。芋、野菜、草、焚木や、時には赤ん坊までこの籠に入れて運ぶ。こうした運搬方法をみると地域によってかなりはっきりした分布が出てくる。ティールを使うのは、沖縄本島本部《もとぶ》半島の中央を横ぎって東海岸の大浦湾へひいた線のその以北の地域のみで、伊是名《いぜな》、伊平屋《いへや》の両島でも使っているが、おもに国頭地方の習慣といえる。それに対してそれ以南の地方では頭上運搬になる。籠もティールではなくバーキと呼ぶ底が四角で口が急に広がったいわゆる鉢型の笊を使う。頭にガンシナとよぶ藁製の輪をあててその上にバーキを乗せて運ぶのである。だいたい竹籠はかなり多様的に使われるものが多いのだが、ティールのような背負籠にははっきりとした単一の目的がついている。運搬以外に使われることはほとんどない。それに対してバーキは、運搬具としてだけでなく一般容器として用いる場合も多い。ティールを使う国頭地方にもバーキはあって、頭上運搬には使わないが細かい細工のものは穀物入れに、荒い細工

国頭村安波ではバーキと呼ばれる紐を額に当てて背負う運搬籠が用いられる

背負運搬と頭上運搬あれこれ

国頭村奥の男性用運搬具バーキ

金武村で見かけた男性用運搬具のミミューチャー

沖永良部　撮影・伊藤碩男

徳之島　撮影・伊藤碩男

鹿児島県坊津

鹿児島県坊津

台湾アミ族
撮影・西山昭宣

台湾アタイヤル族
撮影・西山昭宣

沖縄県名護市　撮影・
神崎宣武

沖縄県国頭村

のものは芋や野菜入れに、小さな工事バーキと呼ぶものは砂や土石を入れるのにも使っている。これは沖縄全土に見られる多様的な容器である。

女の運搬方法にティールを背負う方法とバーキを頭上に乗せる方法とがあってその分布もかなりはっきりするのに対して、男の運搬方法にもある程度の分布は見られる。国頭の奥や安波《あは》では、ティールとほとんど同じ形で耳がなく口に二つの取手のついた籠を使っている。これもバーキとよんでおり、取手に天秤棒を通して前後に下げて担ぐのである。それが、本島中部の恩納《おんな》村や金武《きん》村になると国頭のバーキよりも小形で口に耳の四つ付いたミミューチャーを使っている。これは耳にまず二本の紐を通してそれを天秤棒で担いでいる。かなり沖縄全域にあるとみられるのは、オーダという網状の運搬具である。これは普通天秤棒の両側に下げて草などを運ぶもので、もちろん男の運搬方法である。ただし、伊是名、伊平屋

背負い籠のティールを編む　国頭村

地方や八重山地方には、私の見た限りでは数少なかった。

さらに運搬具について範囲を広げて、北の薩南諸島をみると、鹿児島県与論島、沖永良部《おきのえらぶ》島は頭上運搬になるが、徳之島や奄美大島になると国頭地方と同じように背負籠を使っている。ただし奄美地方では女だけでなく男も使っている。つまり島によって運搬方法ははっきりと違っているが、どこを境にするのかは、わからないようにばらばらに分布する。

さらに本州をみると背負籠が全般的に多くみられるが、これは沖縄の国頭地方や奄美大島のように一本の紐を額に掛けて背負う方法ではなくて、両肩に負い紐を掛ける方法になる。そして瀬戸内海沿岸地方や伊勢志摩地方や伊豆地方などには、頭上運搬法もみられるのである。また沖縄より南の東南アジア各地に目をむけてみても、頭上運搬と背負籠運搬は混同されて使われることはないが、やはり分布はあちこちに散ってくる。例えば背負籠は台湾の高砂族、ボルネオの陸ダヤック族、ネパール、チベットなどの村々に見られる。そしてこの背負籠に関しては、だいたい奄美、沖縄、東南アジアに共通して紐を額にかけて背負っていることがわかる。また頭上運搬は、その他のマレーシア、インド、アフガニスタンなどによく見られるのである。

こうしてみると、ただ民具の形や製作技術だけではなく、たえず広い範囲で比較しながら、その土地の生活文化や習俗の違いと系譜まで考えてみなくてはならないように思う。

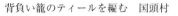

茅で編んだ蓋つきの籠　八重山黒島

葛で編んだ蓋つきの籠
宮古島平良

トウヅルモドキで編んだイディル
八重山黒島

■竹の少ない八重山では　沖縄の中でも宮古や八重山は、本島以上に細工に通した竹が少ないところであるが、そういうところでも籠や笊はある。竹に代わる材料で籠や笊を作っているのである。八重山では、クーズとかイトゥと呼ぶトウヅルモドキで作った籠が実に多い。ただ竹ほど丈夫でないのと、太いヒゴがとれないので、それらはだいたい形の小さなものが多い。イディルとかフタディルと呼ぶ芋などの食料を入れる蓋付きの籠や、ビンロウの実や海草をとったりする籠、食べ物をのせる笊なども同じ材料で作っている。宮古の平良《ひらら》や、石垣の川平《かびら》では、マサシと呼ぶ葛《くず》で作った籠もある。ビラフと呼ぶ弁当籠などがそれで、トウヅルモドキの籠よりも繊細な感じのものが多い。それがうけてか、今では観光客のお土産品としてもてはやされている。

薩南諸島もそうであるが、沖縄を歩いていると家の周りに素焼の甕《かめ》がころがっているのが目につく。一軒の家に多いところでは一〇数個の甕や壺を見ることもある。おそらく戦争前はもっとたくさんあったのだろう。沖縄の焼物はほとんどが那覇の壺屋《つぼや》製である。それだけにかつては離島への運搬は大変だったであろうし、事実、沖縄本島よりは離島の方が甕の数は少ないようだ。だから離島では甕は嫁入りの時に持たすほど貴重なものであったという話しを聞いたことがある。

甕は、水甕や酒甕のほかに穀物の貯蔵容器としての役割も実に大きかった。八重山では、高価な甕を買えない場合の代用として種籾や穀物を入れるための茅《かや》製の容器が使われているのもよく見た。マカヤとかススキを枯らして、それを直径一・五センチ程に丸めたものを、アダナシ（アダンの気根の繊維）とかマーニでしばりながら巻き上げて作るもので、ガーマキとかガイズバラあるいはガージと呼ばれている。円形でやや口の広がったもの、ただ円筒形のもの、縁の低い平籠状のものと、用途に応じて形もさまざまだが、何といっても驚いたのは、壺や甕と同じ形のものである。私たちはそれは高価で入手しにくかった甕に対しての憧れが表現された形だと考えてみた。もちろん茅製の容器は自家製だが、実に丁寧に編み上げたもので、離島の人たちが道具を作る時にかけた想いの深さが感じられる。この茅製容器が数少なくて間に合わないような時には、トウヅルモドキの籠なども穀物容器に使われている。沖縄本島では竹製のバーキも穀物入れに使われているので、そういう関連で、私は竹細工だけでなく茅製、トウヅルモドキの容器も大事にとりあげてみたいのである。

籠作り入門記

文・写真　稲垣尚友
写真　大島　洋　工藤員功
杉本喜世恵　伊藤幸司

昭和52年4月、トカラ列島の平島で暮らしていた私だが、一念発起、熊本県人吉へのカゴ屋修業にでた　撮影・杉本喜世恵

正午前、肥薩《ひさつ》線の人吉《ひとよし》駅に降り立った。
駅前の喫茶店に入りコーヒーをすする。
どこの地方に行ってもコーヒーを飲む。
コーヒーが好きだからではなく、
喫茶店に入りコーヒーをすする自分を
遠くからながめているのが好きなのである。
すでにここ数年の自分の体になりかかった習性である。
店内はガラ空きであった、というか誰もいなかった。
小ぎれいな店の装いは私の習性を充たしてくれた。
店内から隣町に電話する。
「いまから行きますから」という旨を伝えた。
相手はこれから私が世話になる師匠であった。

三食付きで三万円

昭和52年4月26日

人吉駅から湯前《ゆのまえ》線というのに乗り換えて、一武《いちぶ》駅で下車する。ずいぶん小さな駅であった。ここは無人駅である。駅前には二軒のタバコ屋があるだけで、静かなたたずまいであった。何軒かの家並を過ぎると広々とした田んぼにさしかかった。まだ、ここら辺は田植えの準備すらしている様子はない。私がいま住んでいる鹿児島の島では、とっくの昔に田植えは終わっている。三月に植え始めて、四月中ごろにはどの家も終わっている。台風にやられるのをおそれて、七月には稲刈りを終わらせてしまおうとするからである。

少し付け加えておくと、この島とは、鹿児島県本土の南、奄美の北に点在するトカラ諸島の島のひとつで、平《たいら》島という、人口九五人、周囲七キロ弱の小島である。島に惚れたのが運のつきで、四年前から家を構えて妻子ともども住んでいる。むろん、住民票もそこにある。

ショッピングカーを引き、その上に段ボール箱ひとつを乗せている。移動するときは、極力手荷物は避けろ、というのが私の内なる至上命令であった。それで、今回も、必要な衣類、寝具の類は鉄道便で先に送ってある。島から出てくる途中、友人宅に寄ったのがいけなかった。電気鋸やら、乾電池、プロパンガス用のレンジまで貰ってきてしまった。自炊するとなれば使うだろうし、そうでないときは島に持ち帰ればいい。相手が、「くれる」といい出したときでないと貰うチャンスを逸すことだってある。それで、この重量物運搬となった。島暮しが長くなると、物に対する執着は必要以上に強くなっていった。なにせ、これが欲しい、あれが欲しいといっても、店屋があるわけでなし、当座は入用のないものでもため込んでおくといつかは価値が生まれてくる。これは島暮し哲学である、といってもいい。要するに、捨てる物は何もない。

この野中の一軒屋みたいな駅からテクテク歩くはめになったのも、この哲学のせいであった。鉄道便で送ると

球磨盆地の穀倉地帯（免田町）　撮影・伊藤幸司

きはチッキ（手荷物扱い）にすると、普通運賃の半分以下になる。それには切符がなければいけない。私は一武駅までの通し切符を買ったのである。人吉からはバスに乗り換えると師匠の家のすぐ前に停車するから、と電話口で教えてもらったが、汽車に乗った。切符を無効にし、その代わりに高いバス代を払うことをいさぎよしとしなかったのである。


　駅からは遠かった。途中の山道で人に出合ったので、

「この辺で竹細工をやっているTさんの家を知りませんか?」

と聞いてみるが、わからない。私のこれまでの経験では、この程度の大きさの集落であれば、おおかたは知れわたっているはずだが、不思議であった。

「ここを出れば国道があっから、そこの農協で聞いて見たらよかばい」

と教えてくれた。


　街並は以外と大きかった。そのはずれに真新しい建物の食堂がある。その裏だということだった。すぐにその食堂はわかった。


　私は脇道を入りTさん宅の玄関口に立つ。

「ごめんください、先ほど電話したイナガキですが、おそくなりまして」

と、出てきた奥さんにあいさつする。

「いまさっきまで待っとったですが、どけえ行ったじゃろうか。ウチのジイさんは尻が軽かで」

と説明してくれた。


　しばらく玄関口に立っていると、そのジイさんが帰ってきた。この人なら、さっき食堂の前ですれ違っている。

「はじめまして、イナガキです」

「そうですか、Tです。まあ、あがんなさい」

私が想像していた「師匠」というコトバからはほど遠いやわらかいもの腰であった。

「ワシは、電話口でもお断わりしたように、ほんとは弟子をとりとうないんじゃ。師匠付きしとらんもんでなあ。あんたが、是非というもんやからお受けしたが、ほんとうは好かんのじゃ」

と、独言が始まった。

「師匠付きしとれば、それこそ何でも教えてあげるですが、教えてもらっとらんのに、人に教えられんもんね。四〇年以上も前にカゴ作りを始めたことは始めたばってん、我流やもんね」


　Tさんとその奥さん、それと私との三人で世間話にも花が咲いた。茶を飲んでいる台所の一室は北側がガラス戸であった。そこを開いて一面のレンゲ畑を見ながら話しこんだ。

　私は三五歳になっての弟子入りである。鉄も熱いうちに叩けば叩き上げる甲斐もあろうが、いささかとうが立ってからでは教えるほうでも苦労であろう。それでも、竹細工を何とかものにしてやろうという意気込みだけは並以上である。なにせ、籠屋で生活を立ててみようというのだから、趣味の域は越えていた。


　そんな、意気込みだけが先走りがちな私の目の前でTさんは、

「本当は竹細工はワシに向いとらんのじゃ。ジッとしとるのが好かんもんで」

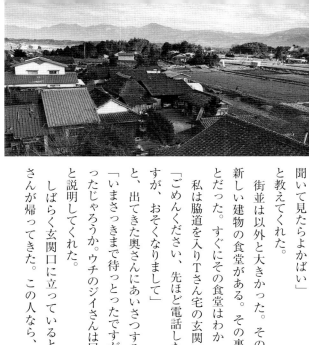

ひっそりとした免田駅　撮影・大島 洋

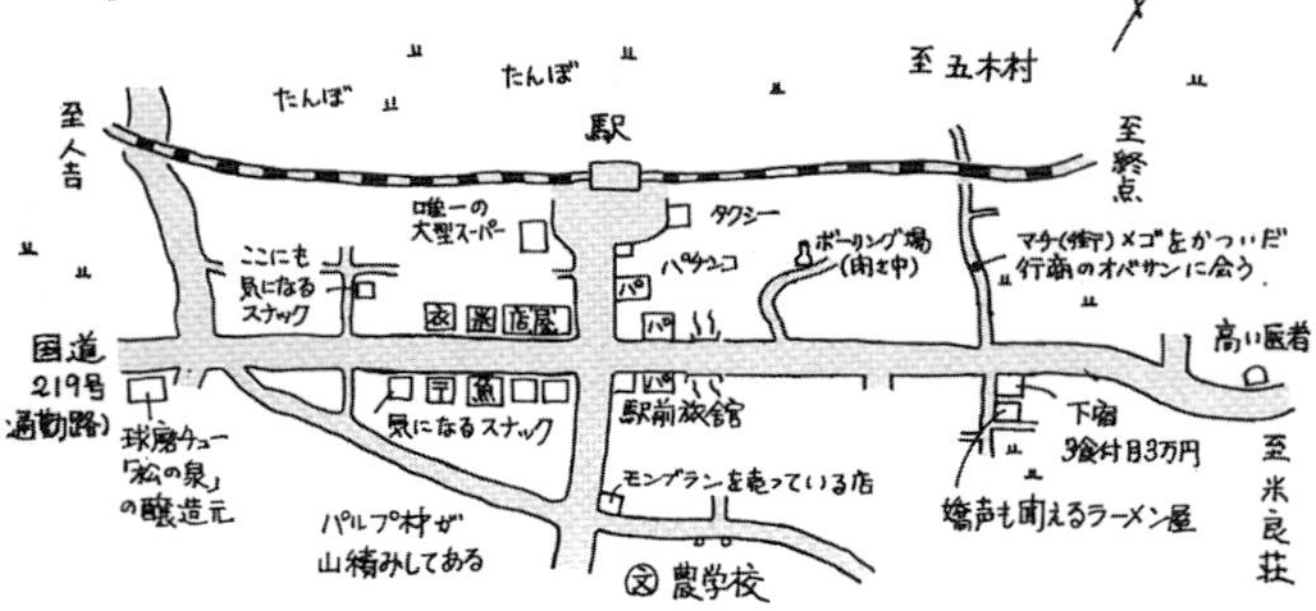

《下宿していた免田の街》

といってくれる。出鼻をくじかれた思いであった。きょうからでも竹を握ってみたいと思っている性急さを否定するがごとくに、Tさんとの世間話は続くのであった。あんまりおそくなっては下宿屋捜しもできないので、三時前にTさん宅を辞して人吉市に出た。今度はバスである。人口四万の街であれば何とかなるであろうと思った。アパートもあったが、賄い付きではない。

次に免田《めんだ》町に向う。同じ球磨盆地の中では人吉市、多良木《たらぎ》町につぐ大きな街である。人口七〇〇〇人というが、けっこう店屋がある。パチンコ屋が三軒あった。後日聞いた話だが、後背地の農村部に金があるのだという。飲み屋だけでも二三軒あるとか聞いた。

街の表通りをひと回りして下宿屋はすぐみつかった。偶然だったといっていい。人吉で見つからずにここに投宿している人もいたほど、この盆地には下宿屋が少ないらしい。

魚屋の二階が宿であった。三食付きで月三万円。そこから師匠のいる隣街まで通うことになった。

4月27日　向かんと思えば、止めなさい

午前中はまたお喋りをする。持参の弁当をたいらげて、午後から師匠に連れられて人吉の鍛冶屋に行く。竹割り包丁を注文する。他の小さな道具も一緒に頼んだ。竹屋は、板前と同じで、包丁一本あればどこにでも渡り歩ける。実際、Tさんもそんなことをしてきた。戦後の食料難時代には宮崎県の椎葉《しいば》村に出かけたのだという。

いまでこそ、デコボコ道とはいえ、自動車道が通じているが、三〇年前は山道しかなかったという。農家に泊り込んでカゴを編んでいたのだが、一軒が終わり隣りの家に行くには峠を二つ越えていった、とTさんは笑っていた。カゴを作った礼として米や小豆をもらってくる。一軒に数日、多いと一〇日以上滞在したそうである。包丁一本で何斗だか、何十斗だかの米を稼ぎ出してきたといえる。

鍛冶屋の帰り、二人でパチンコ屋に入った。玉の出方が違い、別々に帰ってきた。Tさんのほうが後になったのである。ひとりTさん宅に帰ってくると、奥さんが、

「あれ、ジイさんは？」

と私に聞き、そのあと続けて、

「また、パチンコ屋やろう。金を持っとったもんやなあ」

と、あっさりとした感想をもらしていた。

夕方、スッテンテンでTさんは帰ってきた。竹の握り方、割り方の入口を教わる。あすから始まる修業の準備も兼ねている。これまで、いくらか我流でカゴ編みをやっていたとはいえ、やはり、専門職をめざすとなると、おのずと握り方も違ってくる。ああすればいいのか、こうしてみてはどうかという迷いもいらない。Tさんの一言一言を忠実に守っていけばすむのである。私は竹を握ったそのときから、Tさんのことを「シショー」と呼んでいた。が、スムーズには口に出てこない。これまであった師匠と弟子という関係とは一風変わっていたからである。互に勝手にパチンコを打って帰ってくることからして、私の予想した関係ではなかった。私は、はじめのうちは師匠とは呼べなかった。「Tさん」といったり、また奥さんには「オヤジはどこ?」と聞いたりもした。要するに「シショー」といういい方に両者ともなじめなかったのだろう。

師匠はいまでこそ職人であるが、二年前までは、阪神地方で働いていた。一七年間出稼ぎを続けたという。都会が好きなのである。また、旅が好きだともいえる。バスに乗っただけで酔ってしまう奥さん（私は彼女のことをはじめっから、おばさんと呼んでいた）を前にして師匠は、

「ばあさんは乗り物に乗れば気分が悪かていうが、ワシは乗らんと気分が悪うなる」

と笑っていた。

「息子らは、出稼ぎは止めんか、食うぐらいなら皆で仕

師匠の一言は千金に値した　撮影・大島 洋

送りしてやるから、というてくれるけども、やっぱり出かけて行ったもんね」

とくったくがない。七〇を過ぎているとは思えない。そのはしゃぎ方は少年のようであった。

　長い都会生活、それも、ひとりだけの旅の生活であった。そういう経験があったから、私に対しては実に開かれた接し方をしてくれたのだろう。これまでの私は行った先で説教をされていた。曰く、いい年こいて少しは先のことも考えろ、とか、カミさん子供はどうすんだ、などなど、すべてもっともなお説であった。そして、そのつど気ままな自分に嫌悪すら抱いたのである。勝手ないい方をさせてもらうのなら、おそらく、この師匠も若いころは説を垂れる側の人間ではなく、される側ではなかったかと思い、私の心は安らいだ。

「あんたはこうして竹細工の修業に来とらっしゃるが、これから先、一生竹職人になるかどうかはわからんこっでしょ。やりたければやればいいいし、向かんと思えばほかの仕事をしとるかも知れんし……」

と、師匠はしょっぱなにいった。

「弟子入りするからには……」

という、私の神風精神を見抜いて喋っているような気がした。

上　石畳のゆかしい人吉の通り。下は師匠と通ったパチンコ屋のある通り　撮影・大島 洋

4月28日 第一作から売り物にしてやろう

茶摘みテゴを作り出す。一本の竹ヒゴの幅が二分五厘（七・五ミリ）、高さ一尺二寸（三六センチ）、直径一尺ほどのカゴである。球磨盆地は茶の栽培が盛んである。学校の周囲にも茶が植えてある。一番茶の採れるころはこのテゴを腰にさげて生徒や親たちが摘む。その茶代は学校の父兄会予算にでもなるのだろう。カゴ屋は何を編むのかはその土地でおのずから決められていく。需要のあるものを編むわけである。

上　人吉の竹材店。下は竹材店の倉庫に山と積まれた竹材　撮影・工藤 員功

竹の泥をふく。カゴ屋の朝の仕事の第一歩である
撮影・大島 洋

ヒゴは幅、厚み、長さの三拍子がそろわないことにはいいカゴは編めない。分厚ければ丈夫というものでもない。たてに入れるタテ骨と横ヒゴが競合して折れてしまう。やはり、用途に応じた厚みが必要なわけだ。

しょっぱなからそろうわけがない。隣で仕事をしている師匠の手元が別もののように映った。こちらは下を向きながら、ゆっくり竹を割っていく。そして、三拍子をそろえるのに、それこそ全神経を使っていた。それでもそろわない。一方の師匠は、空を見ながら、パリパリと快音を発して竹を割っていく。

「勘ていうもんは偉大なものなんやねえ」

と師匠はいいながら、指先の感覚だけでヒゴの厚みや幅を計っていた。

私のカゴ編みは赤子同然であった。それでも、

「第一作から売り物にしてやろう」

という気概だけは人一倍旺盛であった。下宿代のいくらかは編み出そうと思ったからである。ここに来る前、私は本誌『あるくみるきく』の事務局長とかけ合った。そして、足代の援助を乞うたのである。見えも外聞もない。カミさん子供は実家にあずけてきたので、親に迷惑をかければ済む。心の中では、済むなどと気楽には思ってなかったのだが、結果は同じことであった。が、自分の食い扶持は自分で何とかしなければならない。心やさしい事務局長は足代と一四日分の滞在費を認めてくれた。目に見えた成果も期待できないこの私に資金援助をしてくれた日本観光文化研究所は、いったい何をするところなのだろう、と私のカミさんは、ありがたがり、また、あきれていた。

不足分はカゴ代で稼がしてもらうつもりでいた。編む手は赤子であったが、気概というか、ズーズーしさだけはここ十余年のキャリアがあったわけである。

師匠は私に手とり足とりの指導である。

「ジイさんは、とことん教えんと気の済まんタチやから、あんまり、心配せんでよかよ」

とおばさんはいっていた。自分の仕事もできないありさまだったからである。が、こちらも、遠慮してばかりもいられない。こ

こまで出てきた甲斐がない。ひとつわからないといっては、立っていって師匠の元に持っていく。そして、そのつど、しつこく食いさがった。

4月30日　腰が曲がって立てない

二個目の茶摘みテゴができあがる。夕方六時半までかかった。朝七時過ぎからこうして師匠宅の庭先にむしろを敷いて座っている。できあがって腰をあげると、曲ったまま立った格好になる。腰を叩いてみると、実に気分がいい。全身の血行が一挙に回復していくのがわかる。座ったままの姿勢が習い性になるのには何年かかかることだろう。

　これだけ座っていて一個のテゴしか編めない。一個を一一〇〇円で分けている。これから竹代を引くと、稼ぎは八〇〇円か九〇〇円というところである。師匠は三個作った。しかも、きれいで丈夫なカゴを。

　仕事をおえ、むしろをたたみ、道具をしまう。先日注文した包丁の切れ味はいい。刃の角度もよくできている、と師匠はほめていた。二八〇〇円であった。

　行きも帰りも師匠の自転車を借りて通っている。バスは、往復三〇〇円する。そのうえ、自由な時間に通えない。一時間に二本か三本しかないからである。

　下宿に帰り着いたのが七時であった。風呂が用意してあり、メシが待っていた。ありがたい。私の他に三人が下宿していて、共に階下の食堂でカレーライスをほおばる。

　ひとりは人吉の高校に通う高校生、ひとりは下宿屋の近くにある農業高校の先生、もうひとりは隣街のパルプ会社に通うサラリーマンであった。皆ひとり身である。

5月1日　ワシは竹細工が好かんとじゃ

　日曜ということで、師匠は朝のうちは竹ぼうきを作って仕事を終わる。午後からは「お出かけ」であった。師匠の出かける先は二つしかない。ひとつは球磨《くま》川。これは自転車で行く。魚釣りである。朝早くから出かけることはないが、おおかたは午前中である。それでも弁当は持っていかない。

「弁当は食うヒマが無《の》うして」

という。それほど、いちずになる人なのだろう。竹細工をしていても、いちど仕事をはじめたら、終わるまで気を休めない。それだから、

「ワシはだいたい、竹細工が好かんとじゃけん」

ということになるのだろう。いいかげんで切り上げることができないのである。だから、できあがる直前のカゴを風呂の焚き物にしてしまうこともある。もっとも、これは一年前に一度やっただけで、本年はまだそのようなことはないといっていた。

　もうひとつの行き先はパチンコである。おばさんも何もいわない。

「ほれ、またジイさんの病気が始まった」

といって、笑っている。

「いいジイさんじゃばってん、パチンコさえせんばよか

がなあ」

と本人にいうと、

「いや、そうやなかとじゃってば。イナガキさんもわからっしゃると思うが、竹細工ばかりはしとぅれんのじゃってば。一日中座っとれば、気晴しもしとうなるがな」

とカミさんに釈明するときの師匠は少年であった。

　私は茶摘みテゴの四個目を作り出す。七時までかかった。日が長くなったとはいえ、もう手元はうす暗くなり、玄関の電灯をつけてもらった。

「またあしたがあるでしょうが。もう、止めんば帰りがおそうなるばい」

と、おばさんにいわれながら、どうやら仕上げることができた。作りおえてしまわないと気が落着かないのである。

　できのほうはあまりよくなかった。一作一作、ヒゴはそろっていくようだが、テゴの形がおもわしくない。底の起し方が不十分だったために、大きく横に広がってしまい、幅広のができた。まずは、同じ高さ、同じ幅のものを作れるよう修業する必要がある。

5月4日

竹に笑われる

　きのうはテゴの底の起し方を失敗したから、きょうは師匠に見てもらう。師匠がひと通り手ほどきしてくれたあとは、とにかく、自分で作ってみることにしている。それでないとおぼえない。何度聞いても、聞くだけではおぼえない。一度失敗すれば二度とわすれない、とは師匠の弁でもあり、私の実感でもあった。

　師匠の一言は千金に値した。やはり、きれいにできるものである。

　テゴの口のところをフチというのだが、そのフチを薄くはいだ竹皮で巻いていくとき、巻いたフチが次から次へと上手に重ならないと、芯の輪竹が見えるのだが、これを「竹が笑っている」という。つまり、見苦しいわけである。私は笑われっぱなしであった。

　夕食は親子どんぶりであった。食後、街を自転車で散歩する。東西に走る国道が一本あるが、そこがメインストリートである。その両側の路地にスナックがあったり、ラーメン屋があったりする。私は、その中の一軒を目ざして下宿を出た。喫茶店兼スナックである。この街では喫茶店だけというのはない。人口比からして、そういう店は成り立たないのだろう。だから日中開いている店はない。おおかたは夕方である。早い店でも正午近くのようだ。

　お目当てのスナックをガラス越しにのぞいてみるが、中の雰囲気に押されて入ることができない。代って、シヨンベン臭いバーやホルモン焼きの扉の前にも立ってみるが、今度は金の心配があった。もったいない、所持金はあと一万円である。立寄る店もなく一五分ほどで帰還。途中で球磨焼酎「松の泉」を一本手に入れる。地元の焼酎である。

　下宿のおばさんに氷をもらい、自分の部屋で球磨チューのオンザロックを口にする。二つ折りにした万年床に体をもたせながら、天井のフシ穴を数える。つい二ヶ月前までは女子高校生がこの八畳の間に二人でいたとい

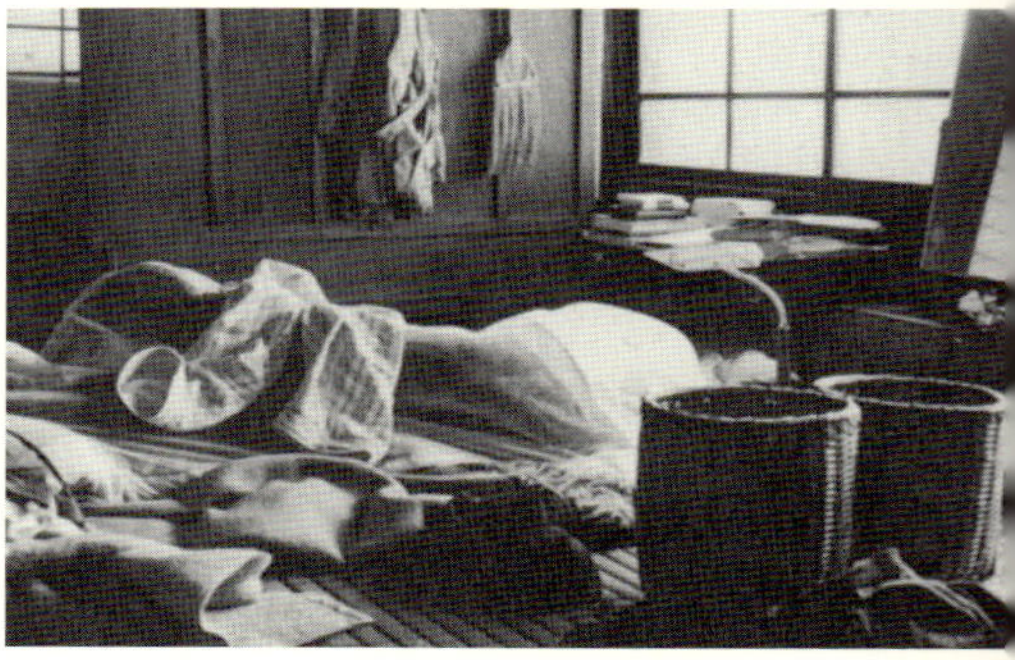

上　師匠の家へ通うのに単車を買った。単車に乗るのが私である
中　人吉の町の日中の陽ざしは、もう夏である　撮影・大島 洋
下　下宿屋のわが部屋。八畳間に万年床

う。そういわれてみてあらためて見直すと、女の子らしいこまやかな手形が残っている。押入れの戸の破れたところにカーテンを張ってあったり、障子の破れを人気歌手の顔写真で埋めてあったりしている。かわいい女の子だったという。

飲むほどに私はしだいに頭の中の回転数が上がっていった。女の子が女になり、あの子この子と思い出していく中で、カミさんまで出てきた。それから次は鯉のぼりであった。きょう、どこかの農家の庭先で見たっけ。そうだテツに鯉のぼりの絵でも書いて送ってやろう、などと思いながらねむくなった。テツとはこの三月に誕生した私の第二子である。別れたときは、やっと目が見え出したところであった。カミさんの手紙によると笑うこともおぼえたという。乳をよく飲み、コロコロとして太った大きな子だとある。

「ゴクドーはつれえなあ」

とひとりでほざいてもはじまらない。

5月8日
アメリカに帰ったアニ弟子

前夜のアルコールが午前中は残っていて、頭がボヤッとしていた。昨夕、帰る間際に、おばさんに呼びとめられ、焼酎をよばれた。近くに住む娘さんの手作り餃子をつつきながら、話がはずんだ。

師匠とおばさん、それと私の三人に共通の話が出た。マークさんのことと、クドーさんのことである。前者はアメリカの若者。竹細工にほれて、師匠の元で何ヶ月か修業した人である。それまでは竹というものを握ったこともなかったというから、さぞ苦労したことだろう。

もうひとりのクドーさんというのは、師匠の元に以前訪ねてきたことがあるという。本誌を出している日本観光文化研究所の所員である。各地の竹細工を見て歩き、その収集につとめている人で、私も、彼の紹介で師匠を知ったのである。

「マークさんはなあ、ほんに、家族のごとしておったがなあ、いまはもうアメリカに帰っとらっしやるとじゃろうなあ。こけえ来て初めてゴエモン風呂に入ったていうて、えらい喜んでなあ」

と、おばさんはなつかしさを満面に浮かべて話すのである。彼と師匠夫婦とのつき合いは並なものではなかったようだ。互に初めての異国人とのつき合いであった。

が、こと竹細工に関しては、マークさんと私とは異なる相手として師匠はとらえていたようだ。いつか、おばさんが師匠のいないときにこんなことを教えてくれた。

「マークさんは、ひとり身。また、アメリカに帰って竹細工するかどうかもわからんが、イナガキさんは子供もおることやし、精一ぱい教えとかんば、ってジイさんがいうとったですよ」

　師匠も、

「ふたりを区別するわけじゃなかが、マークさんは、やっぱりひとり身。それに、竹ちゅうもんを握ったこともなかったでしょうが……」

という。彼は砥石も使ったことがなかったという。それだけでも大きなハンディキャップがあったであろう。私の場合、大工仕事が好きで、ノミだけでも二桁の種類を持っている。当然、砥石も常用している。荒砥、中砥、仕上砥とある。

　師匠のいうように、ひとり身とそうでないのとは大きな違いがあろうかと思う。下宿屋を朝七時過ぎに出て、夕方六時、七時まで仕事をし続ける。一日も早く技術を習得して金にしようというわけである。やはり、子供のいるおかげである。ゴクドーの延長ではあるが、趣味ではない。ゴクドーは半分は遊びが入っているが、半分は命がけである。（言ってしまった）

　ボヤッとした頭では仕事にならない。気分一新のため街にでも出てみるか、と思いつつふんぎりがつかない。バス代を考えたり、気が重かったりして、能率の悪い仕事を昼過ぎまで続けた。が、それも二時までしか続かなかった。

「気が乗らんので帰ります」

と師匠にひとことという。

「ハイ」

と師匠は応えた。いつもこういう返事を彼はする。口やかましい師匠であったら、こうはいくまい。

「気分が乗らない」

ということを実にスムーズに師匠は受け入れてくれるのである。もしかしたら、彼は職人であると同時に、稀な指導者ではないか、と私は思った。

「乗らないときは無理をしちゃいかん。乗るときにやりなさい」

と、たえず私の働き過ぎを戒めていた。

　明るいうちに帰るのは初めてではなかったろうか。街並が新鮮に見えた。パチンコでも打ってみようか、という気分にかりたてられる。もっとも、百円か二百円しかやらないのだが。大きなカケができないのが私の短所である。石橋を叩いて渡るほどに用心深い歩みをしているのだが、その叩き方が間抜けているために、ちょくちょく川に落ち込む。落ちっぱなしじゃないか、という人もいる。

　夕方、下宿にオートバイ屋が訪ねてきた。先日来頼んでおいた単車（五〇ＣＣ）を持って来てくれた。一万円までのがあれば欲しいと頼んでおいた。とにかく隣街まで朝夕通うだけなんだから、ボロでいいから、と念を押しておいた。

　それなのに、みごとな中古車を持ってきた。四千キロ走っている。まだ新しい。三万五千円という値段をいわれた。買えない、金がないからというと、二万五千円までまけるという。ずいぶん気前のいい商売人である。というか、値のつけ方がそもそもおかしいのである。

　保険、税を入れて二万九二〇〇円也。買うことにした。手持ち一万円だから、これを渡すわけにはいかない。

下宿屋のオヤジに一万円借りて、そのうちから端数の九二〇〇円を払う。残りは後日、収入のあったときの払いとした。

5月11日 ヨメの気持ちがよくわかる

ミソコシザルの三つ目に泣かされる。いまでは金網が普及しているが、昔は味噌をこすのはザルに限られていた。現在でもこのザルの注文があるわけだが、味噌こし用には使われていない。くだものを入れたり、菓子を入れたりしている。一個が一二〇〇円もするのだから、欲しくても手に入らないのが実状であろう。

ミソコシザルは細工がこまかい。

「ワシはこれがいちばん好かんな。ほんに好かん」

と、師匠はミソコシザルの注文がくるたびに嘆いていた。細工がこまかいから手間をとる。だからといって、大きいのと同じような値はつけられない。いく分安くしないと買手が納得しない。この辺は、まだ、買い手市場のところがある。大も小も手間は同じなのだ、といくらいっても通じないところがある。

ミソコシザルの芯作りに泣かされ、底の編み方に泣かされ、ヨメザキの部分に泣かされた。そして、仕上げの段階に入り、ふち巻きに泣かされた。

ヨメザキというコトバの意味がおもしろい。ゴザ目編みの両端は、当然ながら、立ってくる。そして、タテに入れてあるヒゴ骨は、互の間かくがせばまり、編むのに苦労する。指のかたい人は思うようにいかない。それで、タテ骨が隣のと接近してくるにつれて、骨を外へ外へと広げるようにして編みやすくする。ヨメザキにした細いヒゴをこの端の部分に使う。底のヒゴよりも細く薄いので編みやすい。それでも苦労する。

「行った先で苦労する」からヨメザキ（嫁先）というとか。

夕方六時過ぎても終わらない。師匠がふち巻きを手伝ってくれたので七時頃やっと終わる。ふち巻き用のヒゴがどうしても薄くとれない。三度やり直した。

「こげな難儀したかなあ、って、きっと、あとでためになっとよ」

と、おばさんは慰め、励ましてくれる。帰り着いて七時半。腹ペコで食卓に座わる。

メシを食べ、風呂を浴びて部屋にたどり着いたころは八時半を回っていた。

五月もなかばになると、もう、初夏である。夜風が気持ちいい。単車で街に出てみる気になった。体のほうはいたって調子がいいようだ。飲まないこともあるし、また、適度の労働をしているからでもある。島での生活はたえずオーバワークであり、オーバードリンクであったが、ここでは適度である。メシが実に待ち遠しい。

小さな街をひと回りするのに一〇分もあればこと足りる。喫茶店はなし、飲む気力もわかず、また巣に向う。帰りに農学校前のパン屋に寄る。周囲の森閑とした闇の中にここだけがあかあかと電気がついていた。

この辺では球磨農業高校のことを農学校と呼んでいる。この地方に最初に建てられた高等技術学校であった。当時も、そして、いまも免田地区の最高学府であ

●師匠の茶碗メゴ作り

撮影・工藤貢功

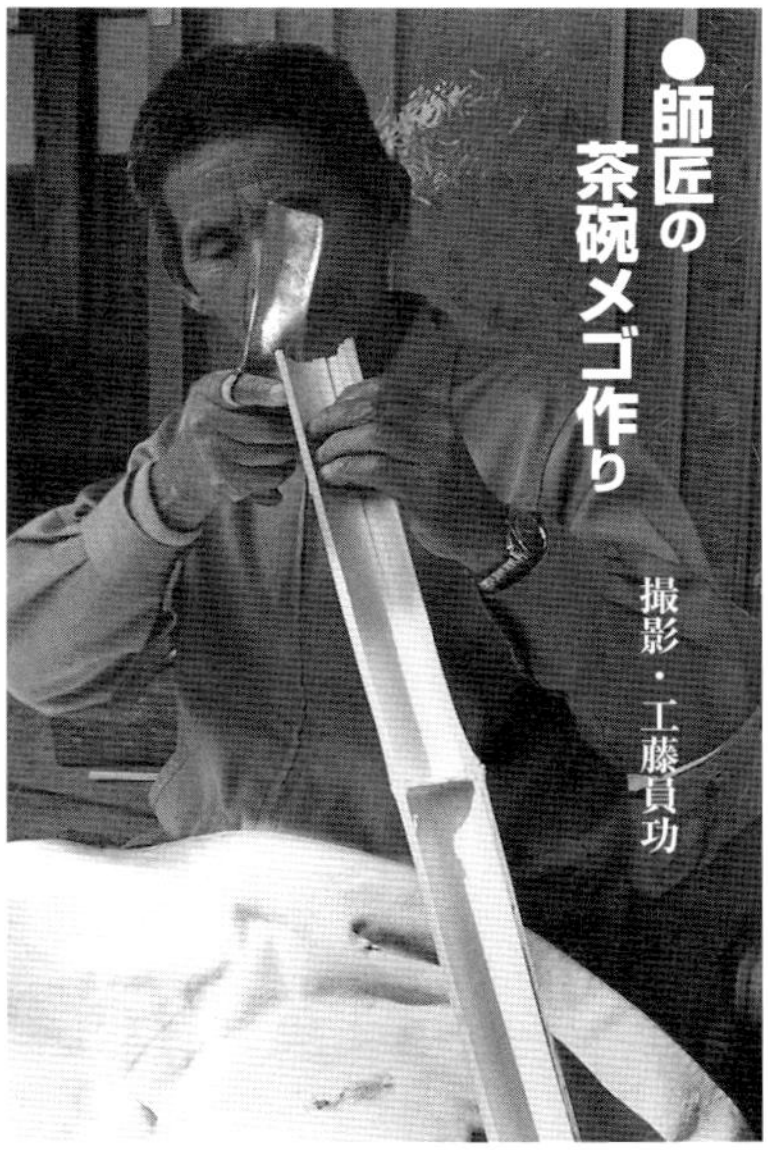

タテ骨用の竹を割る

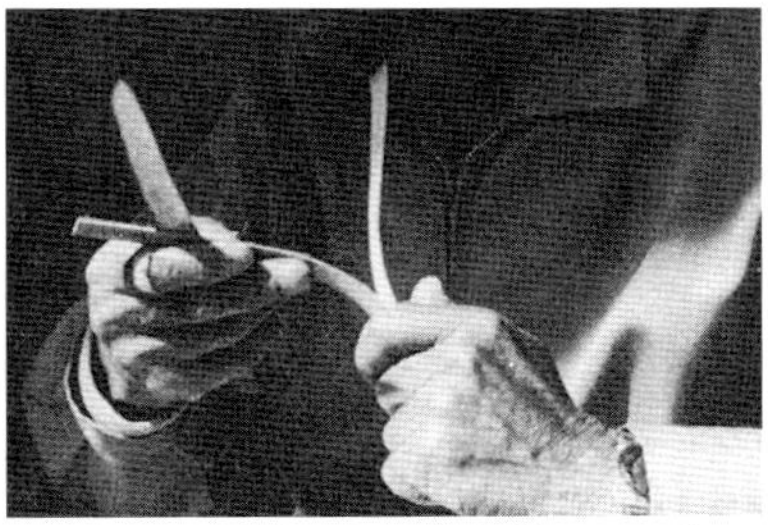

タテ骨用の割竹の皮と身を裂いてへぐ

ヒゴの幅をそろえる

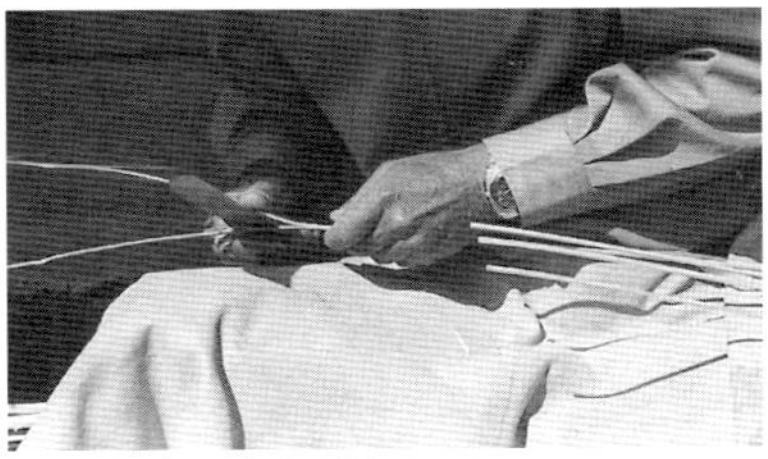

ヒゴの身と皮を裂く

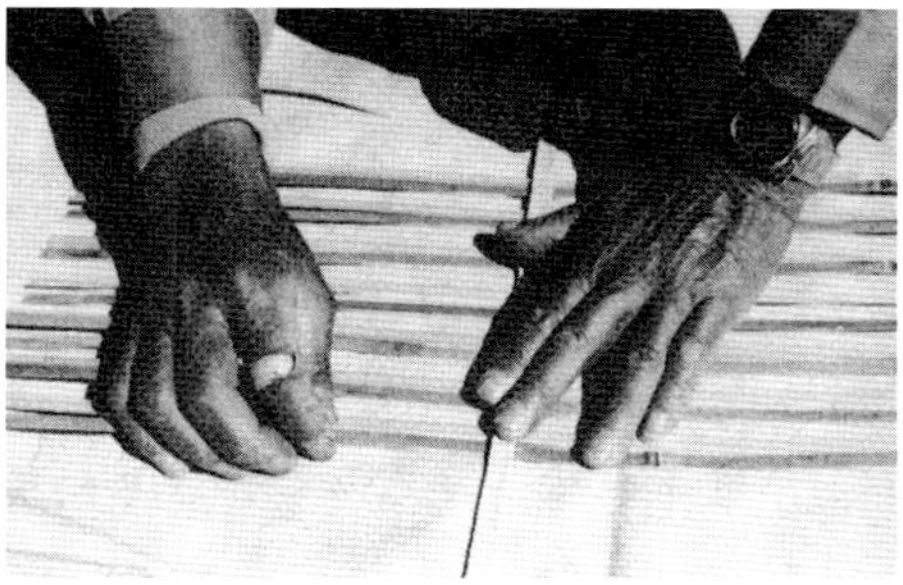

メゴの底のタテ骨を組む

足でおさえて手で組む

底から腰を起す

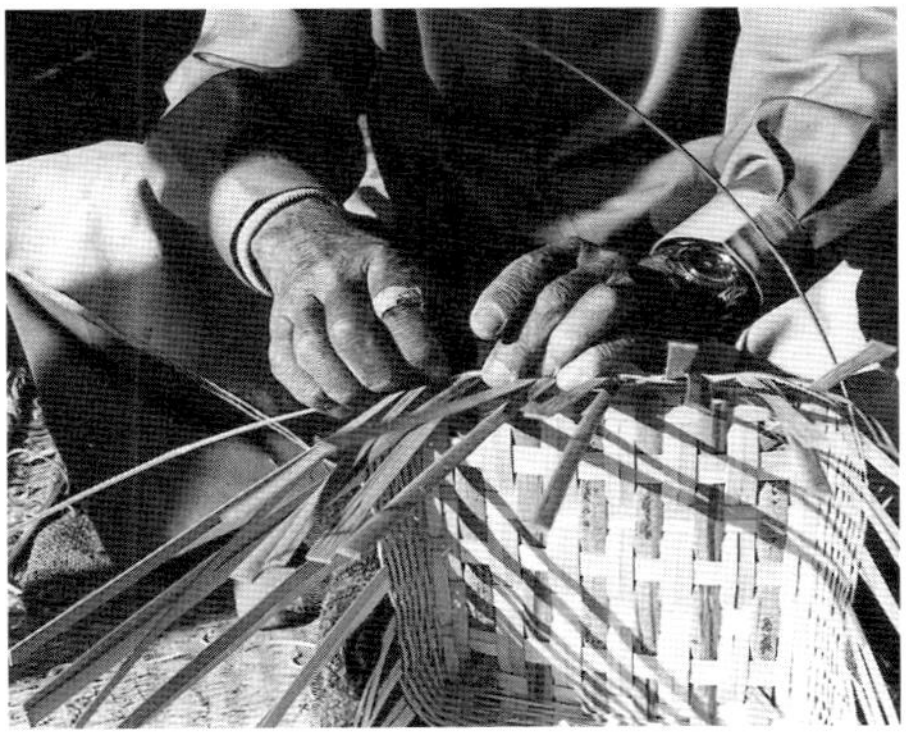

腰部を編む

フチ作り

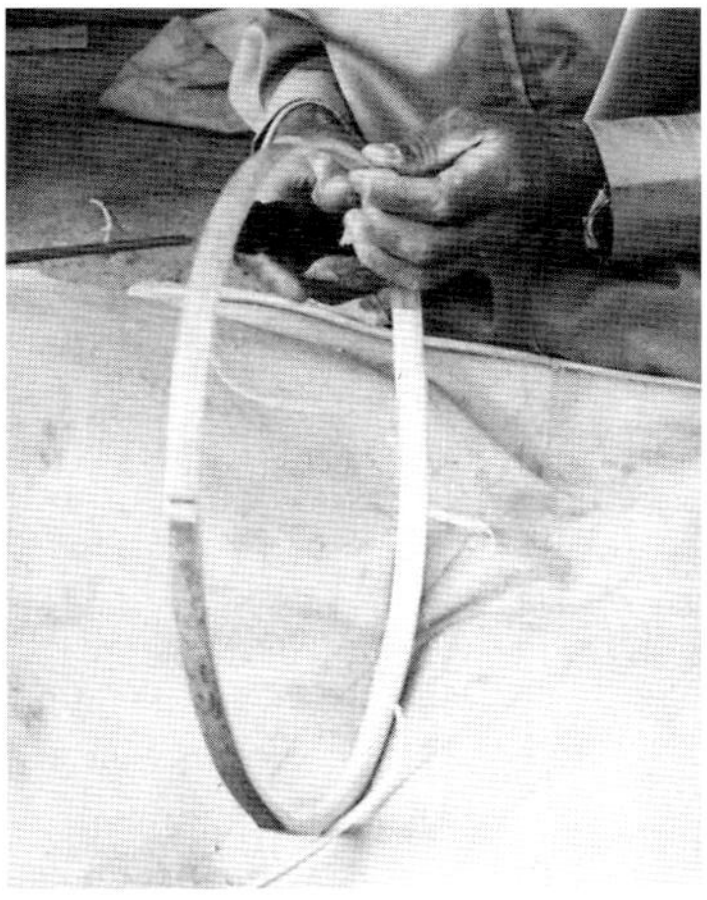

フチの芯を作る

フチを巻く

師匠の手ほどきで茶碗メゴを2作目にとりかかる。後にあるのは一作目の茶碗メゴ。茶摘みテゴはもう何個も作った　撮影・大島 洋

る。

師匠の家の近くには一武《いちぶ》小学校というのがあるが、ここも一武校と呼ばれている。バス停も同じく、「一武校前」となっている。いまほどに中等教育の普及していなかった時代には、ここもやはり、地区の最高学府であったわけだ。一武尋常小学校があり、一武高等小学校があった。

最高学府の門前で、私はおいしいケーキを買うことになった。きょうはモンブランケーキばかりがやたらと置いてある。何かの注文品なのかもしれない。何日か前にも寄ったのだが、

「ケーキは注文していただかんと、腐りますもんねえ」

ということだった。やはり、購買力がないのである。この街にある唯一のケーキ屋であるが、それでも思うようには売れないらしい。

私は二つ買って帰る。三〇〇円。こればかりは大都会並の値段であった。

きょうで一六日目である。ようやく、竹割に慣れてきた。まだ、入口に過ぎない。これからが長い。子供にも会いたい。が、竹を割っていると、そんな考えをめぐらしている余裕もない。ただただ、竹ととっ組み合っている。それが、夜になるといけない。子供恋しや、女恋しや。女房恋しや、と書けばカミさんは喜ぶのかもしれないが、この際は、やはり、房の字が抜けている。金があれば悪気が起るのだろうか。もっとも、金が手元にあったなら、竹細工など思いつかなかったはずである。悪循環なのか、好循環なのか、私にはこれしかない。

5月15日

五木村行商記

きょうは朝から空模様が気になった。五木村にカゴの行商に出かける日である。そのために、きのうの帰りには茶摘みテゴやら三角ジョウケやら、師匠のも私のもみんな持ち帰った。下宿に置いてある自作もいれると一二個たまった。

これを単車に積んで北隣りの五木村に売りに行くのである。五木の子守歌で有名になったあの村である。

なぜ、五木村を選んだかというと、ここは山間にひらかれた集落だからである。山は平地よりも春が遅い。それで、まだ、茶摘みの始まってない地区もあると聞いたからである。いや、予想したといったほうが正直であった。下宿屋のおばさんの息子は水上村に住んでいるが、その人が先日親元に遊びに来ていた。私が、水上村の茶

摘み状況を聞いたら、いま最中だという。それなら、そこよりももっと山深い五木村ではまだだろうという、宿のおばさんの判断であった。それほど山深いところなのだろう。

球磨盆地では、もう五月初めに茶摘みは峠を越していた。ここでは、やはり、八十八夜の茶摘みが歌の通りにおこなわれているようだ。五木あたりでは一〇〇夜、一一〇夜にもなるらしい。そのころが夏も近づくころとなる。

私は何としてでも、茶摘みを追いかけなければならない。茶摘みテゴを作ったからである。テゴを作るにも高い竹代を払っている。周囲六寸の竹一本が三三〇円である。これでカゴが一個と半分できる。また、鍛冶屋には一万円以上もの借金がある。作ることは売ることでもあるわけだ。

茶摘みテゴとは名付けてあるが、クズカゴにしてくれてもいい。要は買手がつけばいいのである。それで、一度は、人吉の中心街の路上で売ることも考えた。が、それにはあまりに品かずが少ない。それに、五木村に出かけるのもおもしろいではないかと考えたのである。

朝七時のころ目をさましたら雨が降っていた。雨のときは中止するから、と師匠にはいってきた。が、一度こうと決めたとなると出かけてみたくなる。いまさら、竹割りをする気にもなれない。遠足前のはずむ気持ちがあったのである。

せめて、新聞の天気予報だけでも私の味方をしてはくれまいかと思い、昨夕配られてきた新聞をひろげてみる。「人吉新聞」という地元紙を私はとっている。

「あすは、球磨郡地方は大雨である……」

とある。これも余計なことを書いている。

食事をとり、部屋で窓ごしに空をみあげていた。こんなにゆっくりしたのは初めてである。

「カゴ屋さんは、ようガマン出しなはんなあ」というのが宿の評だった。ガマン出す、とは、頑張るという意味のようだ。

「きょうは何のガマン出しなあ?」

というと、何の仕事に精を出しているか? という意味になる。

きょうは五木村にカゴ売りのガマン出しに行きたいのだが、いっこうに晴れ間が見えない。竹は湿気を嫌う。カビが生えると、黒くシミが付いて売り物にならない。売れるかもしれないが、そのつど買手に釈明しなければならなくなる。

「手は遅くてもいいから、ていねいに作ること」

というのが師匠の教えであった。カビで黒くなったカゴでは、せっかくのていねいさを殺すことになる。

九時のころだったか、雨が上がった。空は少しではあるが明るくすらなった。二時間もゴロゴロしたかいがあったというものだ。私は、そそくさと階下におりて出発準備をした。荷台いっぱいにテゴ、ザルをくくりつける。そして、おばさんから弁当を手渡される。出発の折、テレビニュースが耳に入ってきた。

「本日、球磨郡地方には大雨注意報が出ています……」

という。おばさんも、大丈夫かなあ、と心配気であった。が、私にはもうすでにニュースに貸す耳など持ち合わせていなかった。

《五木村行商路》

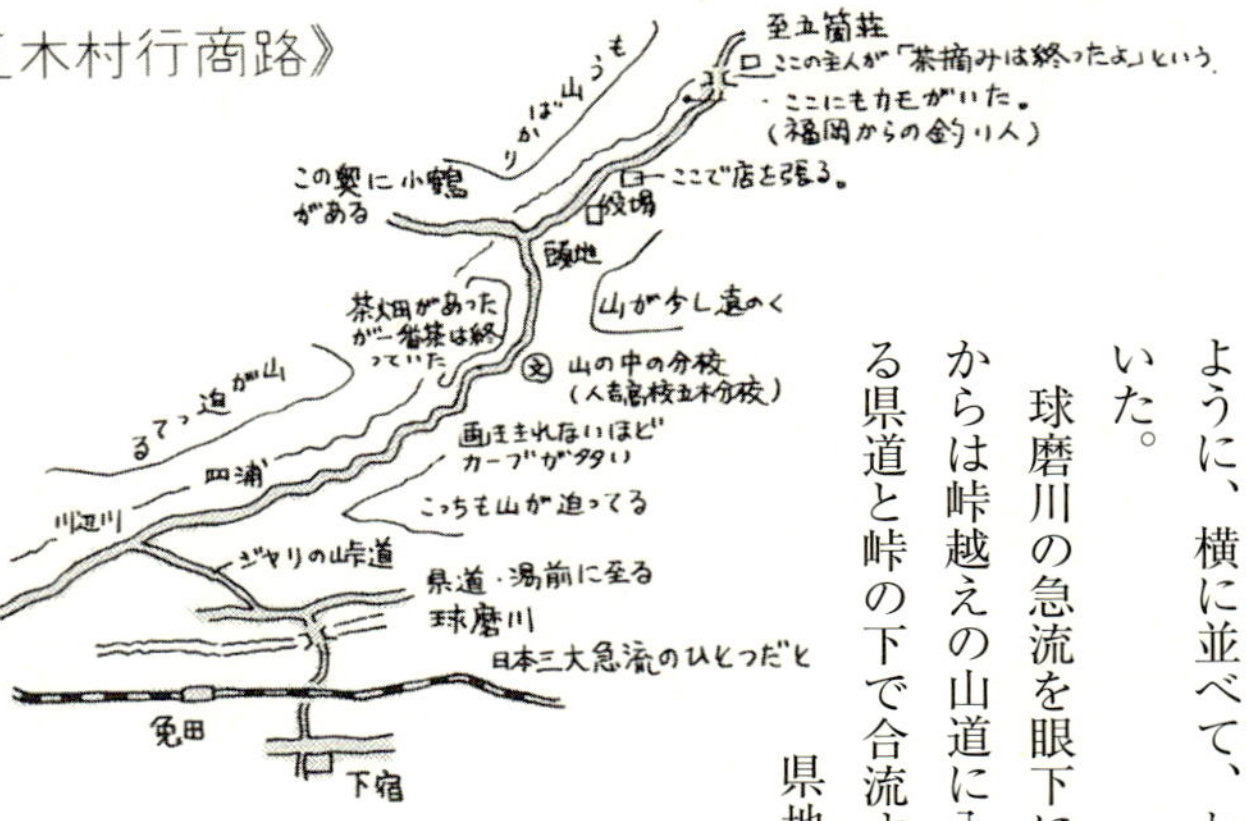
至五箇荘
ここの主人が「茶摘みは終ったよ」という。
ここにもカモがいた。
（福岡からの釣り人）
ばかり山うも
この奥に小鶴
がある
ここで店を張る。
役場
頭地
山が少し遠のく
茶畑があった
が一番茶は終
っていた
山の中の分校
（人吉高校五木分校）
るてっ迫が山
画ききれないほど
カーブが多い
四浦
こっちも山が迫ってる
川辺川
ジャリの峠道
県道・湯前に至る
球磨川
日本三大急流のひとつだと
こっちは
人吉
免田
下宿

表通りを横切り、湯前線の踏切を渡る。向うに見える集落の路上で二人の女が立ち話をしていた。ここら辺の農家の主婦であろう。田植え準備のために野良に出ていたのだろう。モンペは泥に染まっていた。ゆっくりとした速度で私は二人の間を割るようにして通り過ぎていった。後方から二人の声がした。

「あれぇ、きれいやねえ」

といっているではないか。青々とした編みたてのカゴを、しかも、大盛りにして積んでいるのだから目を引いたものと思う。私は内心で、

「演出効果はあったようだ」

と思った。ただ漫然と積み重ねるのでなく、人目を引くように、横に並べて、わざとかさばるようにして積んでいた。

　球磨川の急流を眼下に見ながら深田村に抜けた。そこからは峠越えの山道に入る。人吉から五木村に通じている県道と峠の下で合流するはずである。私はすでに「分県地図」を通してここら辺の道路は熟知していたといっていい。地図を見ることは私の楽しみである。本を読むよりも熱中できる。

　県道を一路北上する。即ち、五木村めがけて登っていくのである。四浦というバス停が目に入った。ヨツウラと読むのか、シウラと読むのかわからない。師匠と茶を飲むときはきまって台所の一室であった。先にも書いたようにガラス戸越しに全面に視界がひらけている。

「向うの山があっでしょうが、あすこがオーバルっていうてさ、予科練の飛行場があったとこですばいなあ。その山向うが相良《さがら》村のヨウラ……」

というコトバを思い出した。ここがヨウラ（四浦）かと思い、急に身近な村に思えてきた。

　五木への道は険しくはなかったが、カーブの多い道であった。ミラーが曲り角ごとに立っているが何十も立っていたようだ。また狭い道だった。乗用車同士がすれ違うときは互に徐行しながらであった。バスが通るとなると、バックして道をあけていた。バスのほうは、どんなところに停まっていようと、バックする気配はない。人間を乗せている上に、車掌がいないから誘導する人がいない。いつも、乗用車かトラックが道をあけていた。いつもといっても二台であったが。

　四浦を過ぎてから四〇分ほどたったろうか、周囲の様子が変わってきた。ここまでの道は両側が山であった。山にはさまれて川辺《かわべ》川という球磨川の支流が流れている。その脇に、崖をけずって作られたと思われるこの県道が走っていた。それが、川幅が広くなり、山肌も道から離れていた。平地とまではいかないが、ゆるい斜面になっていて、そこは茶畑になっていた。芽の先を見るとすでに一番茶を摘んだあとのようだ。

「ここもダメか」

と内心がっかりした。

　様子が変わったところが、もう五木村だったのである。村の中心地である頭地《とうち》はすぐであった。入ってすぐに三叉路があり、そこを基点にして三方に人家が並んでいた。

出来あがったカゴを単車に積んで五木村方面へ行商に出た

五木村。傾斜地に茶畑がひらかれている。五木の茶は球磨郡では群を抜いている　撮影・伊藤幸司

山の中の集落ではあるが、けっこうにぎわいがあった。店屋も何十軒か並んでいた。

　私は単車でその街並を下見して回る。どこかに露店を張ろうという下心があった。ちょうど土曜日であったから、昼には人出があろうと思い、なるべく三叉路に近いところに空間を捜した。

　土曜が半ドンで切り上げられる人間がいるということは、官公庁があるということと同義である。三叉路の近くには村役場があり、農協だか、森林組合だかがあった。私はさっそく役場の隣りに空間をみつけた。

　単車の荷をほどき、道脇に並べた。そして下宿で用意しておいた二枚の看板も立てかける。大きな画用紙に赤と黒のマジックで書いた簡単なものである。

「カゴはいかがですか。茶摘みテゴ一一〇〇円、ミソコシザル一二〇〇円」

と書いてある。

　茶摘みテゴをいくらにするかで、師匠とおばさんと私とでだいぶやりとりした。師匠は近隣では一〇〇〇円で売っている。昨年までは七〇〇円で分けていたという。が、あまり安いというので隣村の竹細工職人が足並を合わせてくれといってきたそうだ。それで一〇〇〇円となった。

　が、先の水上村にいる下宿屋のおばさんの息子は、

「昨年買った茶摘みテゴでも一四〇〇円だった」

という。私は強力に値上げを進言した。

「そやばってん、あんまり値上げすればいかんど」

とはおばさんの意見である。

「一一〇〇円で売ってみてはようなかろうか」

と師匠が断を下す。五木村ではそれで通すことにした。が、私は心の中では、まだ安すぎると思った。師匠ですら一日に四つしか作れない。一個につき八〇〇円が手間賃として入るとして、四つで三二〇〇円である。

「あんまり稼ぎがあればいかんから」

と師匠は笑っていた。

　露店を張ってはみたが、客はあまりつかなかった。

「もちょっと早ように来れば売れたとに。あんたはどこの人な？　そいでもようでけとるわなあ」

といって、来年用にといって一個買っていった人がいた。

「ようでけとる」

といったカゴは、まぎれもなく、師匠の作品であった。私のとでは同じカゴでも作りが違うから、少しの目効きであれば、文句なく師匠の編んだものを選び出していく。

　客が集まり出したころ、ポツポツと雨が降ってきた。そして、雨足は急に激しくなり、ポツポツがザーザーに変わっていった。大雨注意報を出したのにはそれなりの根拠があったのだな、と思った。

　店をたたまないとカゴがぬれてしまう。私は近くの雑貨屋に行って大きなビニール袋を買ってきた。その中にカゴを入れて避難体制に入る。単車ごと移動することにした。すぐ近くに大きなイチョウの木があり、その下で雨宿りをする。道脇に立っている私にひとりの若者が近づいてきた。その身なりからして土地の人間ではない。半袖の開襟シャツに黒いズボン、黒の革クツをはいている。

「これ、売ってくれるんですか？」

といって、竹カゴの山をさす。売ってくれるどころじゃない、どうか買ってちょうだい、というのがこちらの気持ちだった。

「一一〇〇円て、安いからいいよね」

という。作る側にすれば、球磨地方の相場だから仕方ない、というあきらめがあった。都会のような高い手間賃を手に入れたいと思うのなら、こうは安くはできない。当地の田植え人夫賃は男が二三〇〇円だとか聞いた。もっともこれには二食と二度の茶菓子がついてのことだが。

　若者は観光客であった。友人の分にもといって、二つ買っていった。部屋の中で使うのだそうだ。どれでもいいというから、私の編んだのを売った。師匠のは黙っても売れる。私のは黙っていたら売れない。売れるとしても師匠の在庫があるうちは無理だったろう。

　雨はいっこうにあがる気配はない。私はビニールで包んだカゴを戸別訪問して売ってみようと思いついた。が、どの辺が茶摘みを終えていて、どの辺がまだかを確かめてみる必要がある。五木村といっても川ぞいに点々と集落があり、範囲は広い。三叉路近くにあった農協の建物に入ってみる。

「宮園は二日前から始まったそうだ」

という。また、別の人は、

「小鶴じゃまだやないかなあ」ともいった。三叉路を基点にして各一方の奥にそれぞれの部落がある。私は宮園

米揚げザル（手前）とエビラ（茶もみザル）
撮影・工藤員功

五木の銘茶を売る店

に行ってみることにした。

が、ここはあいにく茶摘みは終わっていた。農協の人はどういうルートで得た情報だったのだろう。

「ことしは、人吉も五木も同じころに茶摘みは終わったばい」

と、雨の日の座敷でテレビを見ていた男が教えてくれた。

私はドシャ降りの中を一路、下宿屋向けて下ってきた。雨ガッパを持って来てよかった。すでに昼はとうに過ぎている。腹が空いてきた。が、弁当をあける余裕がない。帰ってからにしようということで、単車を飛ばした。三〇キロの山道を一時間で帰ってきた。曲りくねった三〇キロだから、直線コースは時速五〇キロ近くで飛ばしていた。単車の制限時速は三〇キロである。

この大雨の中にも「人出」はあった。福岡ナンバーのベンツが川ぞいの路上に駐車させてあった。そして、私が通り過ぎるとき、二人の男がドアをあけて出てきた。そのいでたちからして釣り人らしい。この川辺川上流はヤマメの好い釣り場なのだ、と師匠はいつかいっていた。通り過ぎたとたんに私はさっきの観光客のコトバを思い出した。

「安いし、いいみやげ物になるものね」

と、私は二人めがけてUターンした。そして首尾よく二つの品を売り上げた。茶摘みテゴとミソコシザルであった。さっと見てさっと買ってくれた。

そこにいくと地元の人は違う。身近に竹製品が多いこともあろう。また、ひと昔前までは、たいがいの農家では自家用のザルぐらいは編んでいたのである。農家はどこもカゴ屋の心得があった。だから私の持っているカゴのひとつひとつを取り上げては、

「ここの型はいかんな。ふち巻きはようでけとる」

など、さまざまな評を下す。また、けっして安いとはいわない。評論家ばかりで、買う人は少ない。そして、最後にはきまって、

「竹のショウ（性）は良かとじゃろうか？」

と聞いてくる。木六、竹八。木は六月、竹は旧八月以降に切ったものでないとショウが悪い。虫にくわれないとも限らない。せっかく買っても、虫のボーリングにあいカゴはぼろぼろになってしまう。

何もかも知りつくしているこれらの客たちは私にとっては師匠以上におそろしい存在であった。

結局、五個五六〇〇円を売り上げて帰ってくる。

島と女と子供と

6月3日

ミソコシザルと格闘する。またしても、ヨメの気持ちに同情し、竹の笑いものになった。これで同じザルを五

つ連続作っている。同じものばかりはあきがくる。が、うまくできるまでは続けなければならないのだろう。ゴザ編みにした底の部分はきれいにできた。ヒゴの幅もそろっている。が、厚みはまだ不ぞろいであった。

「使う人は、いっこう不自由はせんとじゃけんど、やっぱり、そろえたほうが丈夫なごとあるなあ」

と、師匠はやんわり批評してくれる。見てくれだけではだめだという。

「一にも二にも割り方の稽古をせんないかんが、竹ばっかり割っとってもおもしろうなかけん、編み方の稽古もさせんば」

というのが師匠の考えであったようだ。修業期間を私は三ヶ月と区切ってここにやってきたのである。そんな短期間で技術をマスターできるとは思わないが、それ以上は私の都合が許さなかった。親だからこそ私の女房、子供をあずかってくれているが、その甘えにも私自身が耐えかねていたのである。子供の出産前からであるから、すでに六ヶ月になる。今回は修業を三ヶ月で切り上げて、また出直すことを師匠にはじめから申し出たのである。

師匠の元に通い出して一ヶ月ほどしたころだったろうか、茶飲み話の最中にこんなやりとりがあった。

「ワシも、一度、そとで竹を編んでみとうて……。あんたがどこに行くとかしらんが、島であれ、東京であれ、あんたのとこに訪ねてみるかな」

「是非来て下さい。そうすれば私もありがたい。だけど、島じゃカゴは売れんでしょうな」

「そうやろうね。売り先考えれば、やっぱ、鹿児島かどこかに出て見んとね」

ということだった。私は島では「加工貿易」を目ざしていたのである。島の竹は使いものにならない。蕩竹《とうちく》ばかりで真竹《まだけ》（唐竹）が生えていないのである。それで、鹿児島から「輸入」して、編んだものを鹿児島の店屋に卸す考えでいた。島内での需要は米揚げザルの何個とサンバラの何枚かに限られている。それも一度作れば何十年ももつのだから市場は限られている。竹の運賃にしろ、カゴを「輸出」する手間や送料はかなりかさむものと思われる。それで、師匠は、

「島じゃ、竹細工で食うことはなかなかやろうなあ」

と感想を述べていた。私は島で暮すために竹細工を思いついたのだが、段々おかしくなってきた。そして私の胸の内で、

「いっそうのこと、この際、島を引揚げてみるか」

という考えも浮かんできた。

実はこの一年間、私はそのことばかりを考えていた。私にとって島はフルサトでもなければ、そこにいなければならない、という理由もない。自分の勝手で、島にいたい、いたほうが何かと自分のためになるという、私の大ゾロバンがはじき出した結果にすぎない。

一三年前、つまり私が自意識丸出しでひとり歩きしだしたときから、島、それも南の島にあこがれた。

あこがれといういい方ではもの足らないかもしれない。ベタ惚れしたといってもいい。とにかく、島と一体になることを夢みる日々であった。その延長上で私は島に居を構えた。カミさん、子供もそこの住人となってもらった。

が、そういう試みとは裏腹に、私の地金は日ごとにあらわになっていったのである。どんな地金かというと、東京育ちの「都会人」というやつであった。島の日常がしだいに息苦しくさえなってきた。一日二四時間、私は島のド真中で暮しているのだが、そこでプライベートな時間と空間を確保するのにはたいへんな苦痛がともなった。ペンを走らせ日記をつけていても、あるいは、暇をみて竹細工に興じていても、それは「遊び」であるといわれる。遊びが即ち仕事になればいいという私の考えは非難される。しだいに私は島の隅のほうに押しやられていった。前面に出ていかないでひっ込んでいったのは私の性癖でもあった。

要するに、私は島の歯ごたえに耐える丈夫な歯がなかったのだろう。丸かじりしてやろうという当初の意欲はもののみごとにくじけてしまった。まだ、他にもかじれる対象はあろう、また、かじる行為からおさらばしてもいいと考え出した。自分の歯をボロボロにする気もなかった。長生きしたいのである。

そんな考えが一年間続いた。そこにもってきて、カミさんからの便りがあった。二児を連れてのタビとなると、これからはたいへんだ、という内容のものである。そのことは私自身いたいほどわかる。

まだひとりしか子供のいないころ、われわれ三人は東京の実家を発ち島に向った。鹿児島から船が出るのだが、その船がドックに入り、一〇日の足止めを食らった。これなら、いったん東京に引揚げたほうが安くつく、と冗談と本気とのまじった会話をしたことがある。

その間の滞在費、それに加えて、子供用の衣類も新たに手に入れなければならない。ブラブラしていた一〇日間は気楽というよりも苦痛であった。

そんなことが、この四年間に何回かあった。そのたびに、島の不便さをいやというほど思い知らされたのである。親がいれば子は訪ねていく。親も訪ねていくであろう。それには、島と東京はあまりに遠すぎる。

いくつかの要因がはたらいて、私は不安定な日々を過していたのである。

「この際、思い切って島を出て深呼吸してみるか」と思い続けていた。そういう考えを持ちながら、一方では島に足をとられていた。

私の足をもっとも強くひっぱったのは、私の内なる欲である。どんな欲かというと、

「島こそわが命」

というと大げさだが、島は私にとって唯一無二の教場だったのである。人間ひとりひとりの一挙手一投足は私の「教材」であった。島民の動きが、そのまま、人間の動きであるといい換えることとすら私にはできた。島は私の唯一の認識のモデルだったのである。そのモデルをもっとも見やすい位置にわが身を置こうとしてこの一〇余年はつとめてきた。その位置を確保したら、今度は息苦しさを感じはじめてしまった。何と勝手なことであろう。が、無理じいをして居続けても、私自身が死んでしまう。モデルを見る目がなくなってしまったのでは意味がない。

竹細工に精を出している日中はいいが、夜になると、島と女と子供とが、幻となって私の網膜の上を去来するのである。

6月7日 少しやり過ぎた

朝方、左親指がズキンズキンして寝られない。竹のトゲでも入っているのだろうか。化膿しだしそうな痛さである。いまここで切開でもしたら、一週間はムダになる。そんなことにでもなったらたまらないと思った。

竹の皮は刃物といっしょである。手のひら一面がタコになっている師匠の手ですら、この竹は食い込む。ヒゴ引きといって、ヒゴを小刀二本の間を通して幅をそろえる一行程があるが、そのときに切ってしまう。手のひらで竹ヒゴをぎゅっと握り、小刀の間を引っぱる。刃先がヒゴに食い込んでいくと、引く手には力が入る。ぎゅっと握ってはいるが、どうしてもずれる。そのとき切ってしまう。刃物で切ることはないが、竹では何回も切った。

はじめは、リバテープだか、サトーバンだかいう名の布を張っていたが、それではいくらあってもすぐになくなり高くつく。それで五メートル巻きの布製ばんそう膏を買ってきた。すでに三本使ってしまった。

大切な両手であるが、この一ヶ月半はかなり酷使してきたようだ。ここに来てからというもの、初めの三週間は毎朝指の第一関節のしびれで目をさましていた。編んでいったヒゴの目をつめるために、両手の指先を使っていた。爪がはがれるような、そして、十本の指先がしびれるような感覚があった。そんなことも影響していよう。

朝、師匠の家に行ってはみたものの、親指が痛くて力が入らない。こうなれば、背に腹はかえられない。嫌いな医者の門を叩くことにした。嫌いというか、私は医者を信用していないのである。投薬は毒よりも犯罪的な行為だと思っている。実際、薬禍は後を絶たないではないか。高い金をふんだくり、あげくのはてに、病原菌まで移植してくれるのではないか。

が、私の強がりもここまで。何とかして痛みを止めたい一心で下宿屋近くの外科医に診てもらうことにした。注射一本、薬を三日分。患部に赤チンだか黄チンだかを塗っておわる。三六二〇円をとられた。手元には六〇〇〇円と少々残る。

「しばらく通いなさい。そうすれば切開手術しないで済むかもしれないから」

と、いとも簡単にいってくれる。

宿に帰り床に横になった。疲れがドッと出てきたようである。二時間、ぐっすり眠った。

午後、師匠がバスに乗って見舞に来てくれる。

「何ともなければよかがねぇ。きっと指の使い過ぎやろうと思うがねぇ」

といっていた。

6月19日 初めての玉音＝いいザルが編めた

日曜日のため、下宿人は誰も起きてこない。おばさんも寝入っている。私はそっと階下の食堂におりていった。そして、昨夜の残りメシとおぼしきものを食器棚の中に見つけて、タクワンをかじりながら朝食を済ます。いつも、朝、下宿人四人の弁当が並べられる机の上にひとつだけ弁当の包みが置いてあった。きのう、ひとりが食べ

なかったやつである。朝ドライブに出て外食をしたらしい。私はその包みを持って出る。

単車で出ようとすると、おばさんが追ってきた。

「日曜やって、ゆっくりさせてもらいました」

といいながら、荷台にくくりつけた箱の中に寿司の折詰めを投げ込んでくれた。カップヌードルのうどんも入れてくれる。自分の店で売っている品物を持ってきてくれたのだろう。

夕方、一斗ジョウケが完成した。円周五尺一寸の米揚げザルである。もとは六尺のものを編んでいたそうだ。それだと米が一斗入る。が、近ごろはどの家もそんなに大量には米を消費しなくなった。それで、小型化したものが売れるのだという。五尺一寸では、七升しか入らないのだが、名前だけは「一斗ジョウケ」となっている。

師匠がはじめて、

「いいザルが編めた」

といってくれた。師匠にできた作品を見せるときは緊張する。こちらの手ぬきや、気にしている部分を必ず指摘されるからである。

「今度作るときは、このタテ骨を、もう一厘か二厘太く

師匠とおばさんと私と。カゴ屋もときには変ったものを作ってみたくなる。人吉のコーヒー店にあった椅子をかりて、まねて作ってみる　撮影・大島 洋

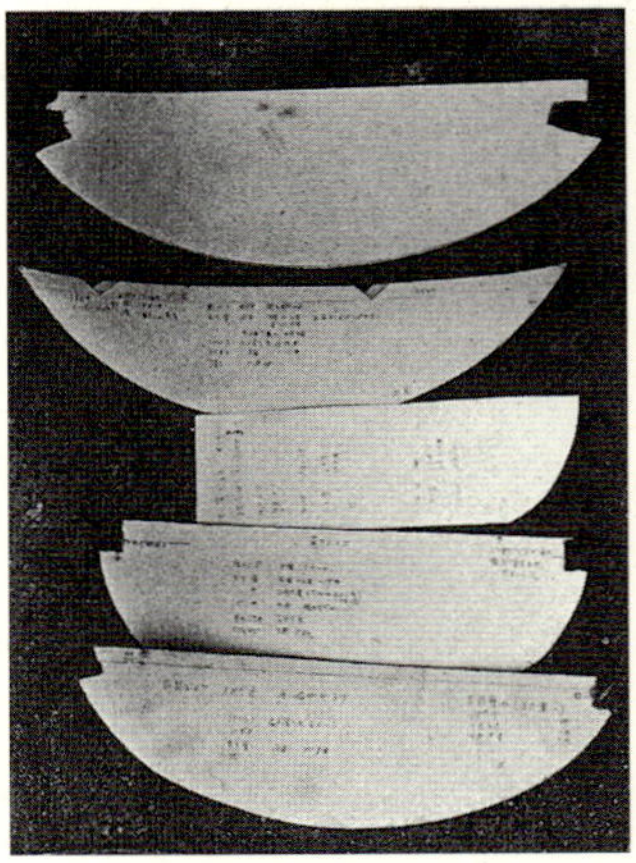

カゴ屋は勘だけで同じ型、同じ大きさを編めるが、私は作るたびに深さや型が変ってしまう。業をにやして型紙を作ってみた
撮影・大島 洋

してみなさい」
といわれるとき、私は背すじが伸びる。気付いていたことだからである。が、編み出してしまうと、ほどくのがおしくなる。
「一厘ぐらいいいや、今度のときはそうしよう」
と自分で勝手に決めてしまったのである。いわれたままを忠実に真似る。これが職人仕事の初歩なのだ、と肝に命じた。

初めて編んだ一斗ジョウケではあるが、どのカゴ、ザルも基本は同じである。だから、この数週間の修業のつみ重ねがこの日の成果となったといっていい。

茶摘みテゴに始まり、ミソコシザル、茶碗メゴ、カライカゴと編んできた。これで五つの型を教わったことになる。このひとつひとつに変化をつければ何十種類かの品物ができていく。

竹細工の編みの型は、わずかに七種類しかない。それがいろいろに変化して何百もの種類になるのである。私は、四つ目編みとゴザ編みの二つしか知らない。ほかに、アジロ編み、六角目、菊底《きくぞこ》、あと二つあるのだが、忘れてしまった。今回の修業では全部は無理である。七つのうち、四つ教わればいいほうではあるまいか。まだ先は長い。そう間口を一度に広げることはあるまい。

一斗ジョウケの完成をおばさんと師匠とが祝ってくれた。娘さん夫婦が経営する食堂から「ホルモン」を取り寄せてくれる。球磨チューが喉を鳴らす。初夏のここちよさもそって私は佳境に入っていった。こういうとき、前後の時間は消えてしまう。
「好きなことやって、いい身分だなあ」
とひとり酔いしれることができるのである。

6月21日 職人は一生が修業ばい

昨夜、友人が東京から訪ねてきた。宮崎県の小林市まで仕事で来てたので、その途次寄ったのだという。その本人は私のところに車を置いて沖縄に渡った。一週間ほど仕事で出かけてくるから、その間車を使っていい、というのである。

その車を使って、きょうは師匠と二人でドライブをする。たまには、こんな遊びもよかろう。が、物見遊山をする心の余裕が私にはどうしても生まれてこない。二人して日奈久《ひなぐ》温泉に行くことにした。といって、温泉につかりに出かけたのではない。当地は竹細工の名産地だったからである。温泉客目当てに古くからみやげもの屋が栄えた。竹細工もそうした環境なので盛んになっていったのである。だから、日常の生活道具のほかに、おもちゃの竹細工や、花カゴも作っている。

二人で、ひと通りみやげもの屋の店先をのぞいてみるが、どれもこれも我々が編んでいるのと大差ない。むしろ、丈夫さ、美しさからいって師匠のが数段上であったような気がする。私の師匠は採算を考えずにカゴを編むから、どれもこれもきれいであった。
「メクラさんが使ってもケガせんごと」

天井にもカゴを吊るした日奈久温泉の土産物店。鹿児島産のカゴも売られていた
撮影・工藤員功

というのが師匠の信条であった。数をこなそうとすれば、ヒゴ一本にかける手間を少しでも省こうとする。メン(面)取りをしないザルやカゴもでてくる。これに手のひらを当ててこすると、トゲが何本も立ってくる。長いこと使っているうちにそのトゲもとれるのだが、やはり危ない。師匠はヒゴの一本一本をメン取りしていた。だから、できあがったザルを手のひらでこすってもツルツルしている。トゲのささる心配はまず無い。

ひと通り見て回ってから、今度は街はずれのひとりの職人を訪ねた。師匠の顔見知りである。日奈久町の馬越《まごし》というところだった。国道三号線沿いにその人の家はあった。職人の手を休めるのは礼に失している。古くさいいい方であるが、それが仁義なのであろう。

焼酎焼けした赤ら顔のその職人は手を休めることなく、我々二人を迎えてくれた。私がかけ出しの竹細工修業者だと知ると、いろいろと自分の若いころの話をしてくれた。

「ワシも百姓の息子やったが、どうも百姓が好かんでなあ。そいで、いけな（どんな）仕事をすっかって考えてみて、そいなら、カゴ屋になってみっかと思うて、弟子入りしたわけばいねえ。

初めは日置《ひおき》郡の、鹿児島の日置郡の師匠について、そこに三年ばっかり奉公したとやが、若いうちは、なぐれて歩くのが好きでなあ。今度は別の師匠に付いたとばい。二年間そこで世話になる契約でなあ。その代り半年は奉公すっでていうて、そこにおった」

この辺は肥後弁と薩摩弁とが交差しているところのようである。私の住んでいるトカラの島とも通じたコトバ使いであった。

「いま思えば、最初の師匠は腕が良かったなあ。小細工が専門やったが、腕は良かった。ワシは修業してて、何度夜を明かしたかわからんじゃったろう。作ってしまわんことには翌日の仕事にさしつかえるもんじゃから、ついつい夜が明けてなあ。カゴ屋さんはそんなにせんないかんとか、って近所の人もいいよった。そいじゃけんど、いま考えっと、何ていうこともなかわけよ。師匠が無理な注文をしとるわけやなかった。

そしとれば、いっときしたら、ワイは商売に行ってけ！って師匠がいうでしょうが、ワシは商いまでせんならんのか、って思うたが」

と、五二年前の弟子入り時代を回想していた。エコーを一本手にしてマッチをする間のしばらくは私らのほうに目をやり、また、下を向いてカゴを編みはじめる。その手先は魔術師のそれのようで、きれいなカゴを編んでいく。熊本の天草地方でもともと使われているカゴで、浜カゴという名のものであった。茶摘みテゴを浅くしたも

道具一式。右上にみえるヒゴ引き道具は、後日、工夫して新しいのを作った。工夫したといっても発案は久多良木《ひだらぎ》の竹職人であった。　撮影・大島　洋

のである。これを一日に一〇個作るという。もっとも、朝早くから暗くなるまでかかってである。卸値が七〇〇円。一日七〇〇〇円となる。

「年寄り仕事にしちゃ良かなあ」

と笑っていた。

「商売に出たはよかが、買う人はえらいもんやねえ。ちゃんと師匠の作ったカゴをえらんで持ち帰るとばい。ワシのとばかりが売れ残ってなぁ。そいじゃけん、次からは、師匠のカゴをべらぼうに高うしたわけですたいねぇ。そうすればワシのとがはけるて思うて……

いろんなことやってみたですよ。が、職人は一生が修業ばい。いまでも、やっぱ、一年生と一緒やもんなぁ」

といって、また、タバコに火をつけていた。私は彼の話を聞いていて五木村にカゴ売りにいったときのことを思い出した。その職人は「商売も修業のうちやった」とももらしていた。

　奥さんに出してもらった茶をすすって帰路についた。帰りは坂元村の山の中を回って帰ることにした。そこには師匠の生家があるはずである。そこに立寄ってみようということになった。今は八代《やつしろ》郡坂元村に入っているが、元は久多良木《くだらぎ》村といったそうである。その久多良木も古くは百済来と書いたという。そういえば、村の中で出会う人の顔はどこか百済からの渡来人のようでもあった。日本が半島経営を手がけていたころのことと思われる。もう一二〇〇年以上も前の話である。

　ここに師匠は生まれた。そして、地元の学校を卒業して日奈久に移り住んだのだという。それ以来訪ねたことがない。だから四五年ぶりのフルサトであった。

「なつかしいですか?」

と、私は聞いてみる。

「変わったねえ」

というコトバが返えってきた。もともと百姓が好きになれなかったんだから、この久多良木にはさほどの未練もないのかもしれない。

　そこにも職人がひとりいた。相手は六〇を過ぎていた。が、師匠のことは知るよしもない。彼が産まれて間もなくしたら師匠は日奈久に出てしまったからである。

　私はこの職人におもしろいものを見せてもらった。ヒゴ引きの小刀をたてた道具であるが、その小刀の内側に更に小さな刃物がささっている。それがメン取りの役目をするのだと教えてくれた。この職人が何回も作り直しては完成させた秘密兵器であった。誰にも見せたことはないようだ。ガラス戸の向う側にあったから、人目につくことはない。先の馬越の職人とも往き来はあるようだが、まだ教えてないとみえる。これがあれば、少なくとも一行程は手間がはぶける。ヒゴの幅をそろえるのと同時にメン取りもできてしまうのだから、その効率のよさは革命的ともいえる。

　メン取り機を心よく我々に教えてくれたのはやはり、同郷者ということで心を許したことと思う。私は、その

師匠の家の近くの農家の庭先。竹カゴは健在だった　撮影・工藤員功

職人に許しを得て、その機具の設計図をとった。二本立てである刃物の角度は少しでも狂えば、ヒゴを引き切ってしまうそうだ。

7月1日 プラスチックよか安かばい

深田村の野菜売りのおばさんが階下の廊下で茶をすすっていた。朝早くにである。このおばさんは何日かに一度ここに来る。先にも書いたように階下は店屋になっている。そこに野菜類を卸しに来るのである。この人と初めて会ったのは近くの路上であった。茶椀カゴをつるしたようなマチ（街）メゴを二つ天秤にかけてかついでいたからである。

「おばさん、これはどこで編んでもろうたと?」

と聞くと、

「死んだジイさんが作ってくれたが、もうかれこれ一〇年になりゃせんかなあ」

アメ色をしたそのカゴの中には花が入っていた。やはり店屋に卸すものであろう。

「いや、あんまり良かカゴをかついどるから聞いてみたが…」

と私が、しげしげとながめていると、

「あんたはカゴ屋さんなぁ?」

と、私の単車の荷台に入れてあった一斗ジョウケをのぞいていた。

「まあ、きれいに作りなはっとなあ。こいでどしこすっとね」

「三〇〇〇円やけど」

と答える。この年老いた女が、テクテクと花を売り歩いて、一日にどのくらいの収入になるのだろう。おそらく、一〇〇〇円台か二〇〇〇円台ではなかろうか。私が、一斗ジョウケなら一日に一個は作れるといっていたら、その収入に驚いていた。

　それでも、一斗ジョウケを、「高い」とはいわなかった。

「昔はどこの農家でも作りよったが、いまじゃプラスチックがでけて、作る人もおらんもんね。そいでも、やっぱ、竹でなきゃだめやなあ」

と。竹は水切りはいいし、風通しはいい。そこにいくとプラスチックはだめである。せっかく摘んだ茶でも変色してしまうほどである。それに、竹は使い込めば使い込むほどツヤが出てきて美しくなる。プラスチックは温度差によって大きく伸び縮みする。喫茶店でプラスチックドアをつけているところがよくあるが、冬は外側に大きく曲がり、夏は内側にまがる。そして、そのうちパリンと音を立てて割れるのである。

「長いこと使っとれば、竹のほうが安かばい」

と先のおばあさんは計算していた。それでも数百円で手に入るプラスチックザルを思うと三〇〇〇円の竹ザルは手が出ないようだった。

「ワシも欲しかばってん、なかなかやもんねぇ」

といわれながら別れたことがあった。

7月5日
生まれて初めての専業志願

　久多良木の職人から教わった通りのメン取り機を私も作ってみた。そして、それを利用してヒゴも引いてみる。たしかに能率はいい。が、つまるところは、メン取りにはならず、メン切りでしかなかった。卸商相手に量産するならこれでもよかろうが、近隣の人に小売りするのなら、もっときれいにメンを取る必要がある。近隣の人に顔を立てるだけでなく、「きれいで丈夫なカゴ」を目ざすとなると、やはり、一本一本を手でメン取りしたほうがいい。これだと、トゲの立つ心配はない。メン取り機はその心配があった。

　私の師匠はこの機械を見て、

「こりゃ、便利だ」

とはいったが、一度も使おうとしない。

「やっぱり、手でやるのが一番良かごとあるな」

というばかりで試みようともしない。私は内心で激しく抵抗した。

「少しは作業能率を考えなきゃ、竹で食うては行けけん」

とまで自ら反問したのである。そして、師匠のするひとつひとつが腹が立った。

「私はまだ若い。これから子育てをしていかなければならないのに、師匠の真似はできない」

と、口には出さなかったが、顔には出ていたようだ。それからは私は口数が少なくなった。が、それから何個かのザルを編んでいるなかで、

「やはり、師匠のいう通りだった」

と思ったのである。何も機械力で、ちょうどタタミを編むようにして、カゴが編まれるのなら、それにこしたことはない。が、そのときは私はカゴ屋を廃業しているであろう。手仕事のみごとさにほれているからこそ選べた仕事である、と思ったのである。メン取り機で引いたヒゴは、やはり、トゲが立った。一本一本を手で引くヒゴ

は、腕で上から強く押し当てながらヒゴを引くから、トゲは出ない。その上、力が入るので、竹の表面がつややかに光っている。

「丈夫できれいなカゴ」を編むことを心がけながらも、いつも「能率」を考えている。それが思わぬ落し穴になることもあろう。それはメン取りの工程ばかりではない。割るときも、編むときもついてまわる。私はこの先、同じような誘惑に何回となく出会うであろう。そのたびに
激しい内部の葛藤がくり広げられることだろう。

三ヶ月に渡る修業にひと区切りをつけ、私はカミさんと子供のいる東京に向うことにした。このとき、すでに私はカゴ屋で生活の糧を得ようと心に決めていた。生まれて初めての「専業志願」であった。これまで何十もの仕事についてきたが、それは、あくまでも、金もうけのためであった。仕事内容に関しては何の未練もなかった。職に就きやすく、また辞められやすい仕事を選んだので、いつもアルバイト気分であった。責任を与えられるような仕事は避けて通った。

今回は、後も先もある。つまり、計画のたつ仕事である。私は思い切って島を引揚げることにした。

帰り際、私は師匠に約束してきた。関東のどこかで仕事場を捜すから、そのときは呼ぶからと。一銭の授業料も払ってこなかった私の、せめてもの気持ちであった。そして、一緒に竹を割ろう。九州とは違う注文品があるかもしれないが、そのときは師匠も一緒に考えて作ってほしいと。

「手はおそくてもいい。とにかく丈夫できれいなカゴを編まんば。修業を積めば、いやが上にも早くなるんやから」

というコトバを再び耳にして私は球磨の地を去った。

人吉での私の作品。ただし三角ジョウケ（左手前）は師匠からもらったもの
撮影・杉本喜世恵

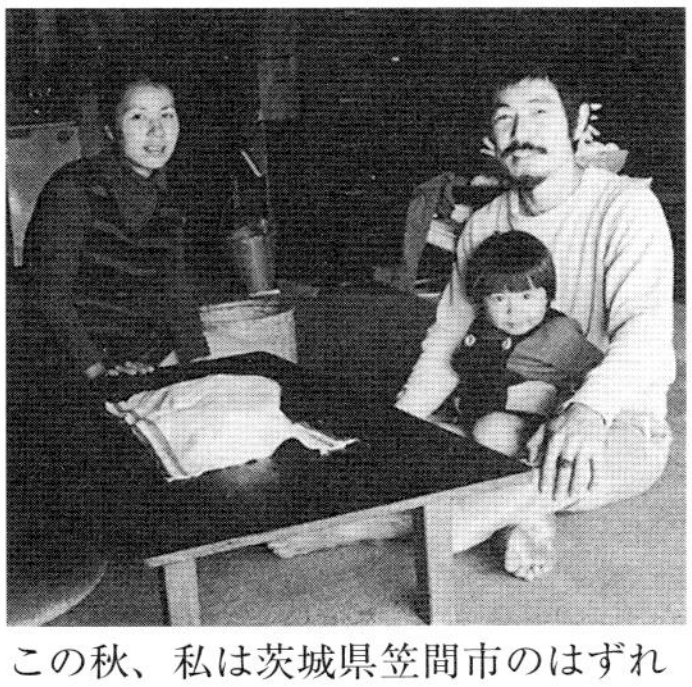

この秋、私は茨城県笠間市のはずれに移った。せっせとカゴを編んでいる　撮影・杉本喜世恵

著者あとがき

観文研の焼き物と竹細工の収集

工藤員功

日本観光文化研究所（通称観文研）の活動の一つに博物館設立を目指す民具の収集活動があった。宮本常一先生の指導によるその活動は、昭和四四年、日常雑器を主とする焼き物の収集から始まった。

高度経済成長のさ中にあった当時の日本は、あらゆる面で大きな変貌を見せていた。農業、漁業の機械化は個々の農家、漁家にも及び、暮らしの中に電気炊飯器や洗濯機などの家電製品が普及し、住まいの変化も急速に進んでいた。そして古くから使われてきた生活用具の中には、使われなくなり、納屋や物置に押し込まれたり、捨てられるものが次第に増えていた。

焼き物も、水道の普及により汲み水を溜めておく水甕が、冷蔵庫や洋風食器棚の普及で保存食を蓄えておく壺などが使われなくなり、洋風食事の浸透で洋食器が増え、食卓から姿を消す和風食器もあった。それら不要になった焼き物の中には、軒下や縁の下、庭先といった目につきやすいところに放置された物も少なくなかった。

宮本先生が先ず焼き物の収集から始めることとしたのは、そうした状況を把握されていたからであろう。また、一部の骨董趣味や愛好家の間では注目されていたものの、民俗資料としての視点で暮らしの中の焼き物をとらえることがほとんどなされていない状況に、強い危機感を抱いておられたからでもあった。

当時はまだ大阪千里の民族学博物館や千葉県佐倉の歴史民俗博物館といった国立の施設はなく、各地で県立や市町村立の民俗博物館や資料館が設立されつつあったが、それらはいずれも調査・収集対象範囲を行政単位に限ったもので、先生が目指す日本全体を見渡せるものではなかった。その博物館構想は先生の師でもある渋沢敬三が主宰したアチックミューゼアムの活動を受け継ぐものであり、当時の近畿日本ツーリストの副社長で先生を所長に迎えて観文研を発足させた馬場勇氏が望むものでもあった。

先生は最初の収集テーマとした焼き物の担当に神崎宣武君を当てた。神崎君は焼き物に特別興味を持っていたわけではなかったが、各地の窯場巡りをしつつ、目にとまる焼き物を中心に貰い集めていった。宅急便などなかった時代であり、ある程度資料が集まると段ボール箱で荷作りをしたり、時には昔ながらの手法に倣って荒縄で梱包して最寄り駅から鉄道便で送る作業を繰り返した。大きな甕や大量の寄贈資料がある時には、観文研仲間の稲垣尚友君や森本孝君らがレンタカーを運転し、途中で収集を重ねながら収蔵庫まで運ぶこともあった。

収蔵庫は当初、松戸にある近畿日本ツーリストの社員寮光風苑の地下倉庫であったが、じきに手狭になったため、昭和四六年に敷地内に二階建てプレハブ倉庫が建てられ、先生が命名した「民族文化博物館準備室」の自前の看板が掲げられた。

宮本先生は、一方で昭和四一年から武蔵野美術大学（通称武蔵美）で主宰する生活文化研究会のメンバーを中心にして民具収集を進め民俗資料室に収蔵していた。それらの資料は、民俗調査などで出かけた先で貰い受けたものであり、多種多様な民具が集まっていたのだが、吉田節子（現姓香月）さんが刃物を主とする鉄製品を、町井夕美子（現姓赤井）さんが染織資料を、田村善次郎先生と佐藤健一郎先生が中心となって小絵馬などの信仰用具に重点をおいた収集も行なわれていた。そうした中、昭和四五年には宮本先生指導による各地の竹細工収集が始められた。自動車や安価なプラスチック製品の急速な普及により、竹籠や笊が急激に姿を消し、製作者も減少し始めており、各地の竹細工収集も急を要する事態となっていたのである。先生はその担当に工藤を当てた。

竹細工は焼き物と違って、不要になり屋外に放置されるとじきに傷み朽ち果ててしまうし、片づけのついでに燃やされることもあって、形が残りにくい資料である。また焼き物は窯場が生産地となるが、竹細工は各地方ごと専業や副業の職人によって作られてきた物が多い。そのため、竹細工に初めてかかわる工藤は、先ず各地に出かけ、現地で情報を集めながら職人を訪ね、直接購入するという方法を主として収集を重ねた。現地で仲買人や荒物屋に世話になることもしばしばあった。収集に際し、先生は観文研に入れる分も並行して集めるように指示されていた。

当時は七〇年安保闘争で激化する学生運動の波が武蔵美にも及び、学内が騒然とし始めていた。そうした事情もあり、翌四六年に観文研の収蔵庫ができると、竹細工の収集は観文研で本格的に取り組むこととなった。

焼き物と竹細工の収集を軸とする観文研の民具収集は、木製品や染織品など他の民具も少しずつ増え、時には神野善治君、賀曽利隆君、西山昭宣君らの観文研仲間を加えた収集も行ない、収蔵数をさらに増やしていった。

当時、村はずれに多く見られたゴミ捨て場から資料になる民具を拾い集めることも度々あり、その様子を見た村人が声をかけてきて自分の家の物をくれたり、資料になるのならと物置の不要な物を総て寄贈してくれる人も少なくなかった。諸般の事情により、昭和五三年頃からこの民具収集活動は縮小されることになるが、数多くの人々の善意の集積ともいえる収蔵資料は、観文研が活動停止になる昭和六三年、約一万八千点となっていた。焼き物約七千点、竹細工約二千五百点、木製品・染織資料・鉄製品・藁製品等約四千五百点で、古くから宮本先生と交流のあった写真家薗部澄氏が収集し、観文研に入れていた郷土玩具約四千点もあった。

平成元年、観文研閉鎖にともない、それらの民具資料は武蔵美の民俗資料室に一括移管されることとなる。そしてその後も民具収集は継続され、現在収蔵数約九万点にまでなっている。

カツオ漁用の餌イワシを入れる生簀　高知県須崎市

著者・写真撮影者略歴（掲載順）

宮本常一（みやもと　つねいち）
一九〇七年山口県周防大島の農家に生まれる。大阪府立天王寺師範学校卒。柳田國男の『旅と伝説』を手にしたことから民俗学への道を歩み始め、一九三九年に上京し、渋沢敬三の主宰するアチック・ミューゼアムに入る。戦前、戦後の日本の農山漁村を訪ね歩き、民衆の歴史や文化を膨大な記録、著書にまとめるだけでなく、地域の未来を拓くため住民たちと語りあい、その振興策を説いた。一九六五年武蔵野美術大学教授に就任。一九六六年、後進の育成のため近畿日本ツーリスト（株）・日本観光文化研究所を設立し、翌年より月刊雑誌「あるくみるきく」を発刊。一九八一年没。著書『忘れられた日本人』（岩波書店）、『日本の離島』、『宮本常一著作集』（共に未來社）など。

須藤　功（すとう　いさを）
一九三八年秋田県横手市生まれ。川口市立県陽高校卒。民俗学写真家。一九六七年より日本観光文化研究所所員となり、全国各地歩き庶民の暮らしや祭り、民俗芸能等の研究、写真撮影に当たる。日本地名研究所より第八回「風土研究賞」を受賞。著書に『西浦のまつり』（未來社）『山の標的—猪と山人の生活誌』（未來社）『花祭りのむら』（福音館書店）『写真ものがたり　昭和の暮らし』全一〇巻（農文協）『大絵馬ものがたり』全五巻（農文協）など多数。

神崎宣武（かんざき　のりたけ）
一九四四年岡山県生まれ。旅の文化研究所所長。宇佐八幡神社（岡山県）宮司。日本観光文化研究所では民具や食文化の調査を行なう。著書に『盛り場のフォークロア』（河出書房新社）、『江戸の旅文化』（岩波書店）、『しきたりの日本文化』（角川学芸出版）など。

村上正名（むらかみ　まさな）
一九一八年広島県福山市生れ。広島大学教育学部付属高校教官、福山市立女子短期大学教授、草戸千軒町遺跡調査団副団長等を歴任。著書に『草戸千軒町』『広島のやきもの—広島県窯業史序説』『備後の三〇〇〇年』（以上国書刊行会）、『山陽の古代遺跡』（三一書房）『福山市史』（福山市教育委員会）『日本考古学講座』（雄山閣）他がある。二〇〇二年没。

伊藤碩男（いとう　みつお）
一九三三年東京生まれ。一九五七年映像技術集団「葦プロダクション」を創設し、岩波映画などで照明技師として活躍。姫田忠義と共に「民族文化映像研究所」を創立し、記録映画の撮影・演出・編集を担当。日本観光文化研究所同人で、『あるくみるきく』の名付け親。現在はフリーランス。

西山昭宣（にしやま　あきのり）
一九四三年台湾生まれ。新潟県で育つ。元都立高校教諭。早稲田大学第一文学部卒業後、日本観光文化研究所に参画し、宮本千晴と共に『あるくみるきく』の企画・編集に携わる。後に都立高校教諭として転出するが、研究所閉鎖時まで同誌の企画・編集を行なった。

工藤員功（くどう　かずよし）
一九四五年北海道生まれ。武蔵野美術短期大学芸能デザイン学科専攻科修了。日本観光文化研究所員、武蔵野美術大学の民俗資料室専門職を経て、現在は武蔵野美術大学非常勤講師（造形民俗学）。著書に『日本の生活と文化6　暮らしの中の竹とわら』（ぎょうせい出版）、共著に『民族文化双書2　琉球諸島の民具』（未來社）、『絵引　民具の事典』（河出書房新社）など。

村上めぐみ（むらかみ　めぐみ）
一九八一年愛媛県伯方町生まれ。龍谷大学大学院国際文化学研究科博士課程単位満期取得退学。二〇一〇年四月より（財）沖縄県文化振興会公文書嘱託員。二〇一一年五月より二〇一二年三月まで周防大島文化交流センター学芸員。論文に「中国雲南省ハニ族によるハニ文字の普及活動—中国政府による民族文字政策と民間における民族文字運動の相違を中心に—」（龍谷大学大学院国際文化研究論集）他がある。

稲垣尚友（いながき　なおとも）
一九四二年東京生まれ。二二歳から日本各地を歩き回る。歩くなかで学んだものを手書きの孔版本（『十島村の地名と民俗』他多数）にして記録し続ける。その後、活字本の『山羊と芋酎』（未來社）、『密林の中の書斎』（梟社）他の活字本も多数上梓する。最新作は『灘渡る古層の響き—平島放送速記録を読む』（みずのわ出版）。

大島　洋（おおしま　ひろし）
一九四四年岩手県生まれ。写真家。九州産業大学教授。六〇年代後半から七〇年代は岩手トカラ諸島の写真撮影を行なう。八〇年代からは写真誌『写真装置』を編集発行する他、今日まで東欧と西欧、アフリカ諸国の撮影を行なう。写真集・著作として、『幸運の町』（写真公園林）、『写真幻論』（晶文社）、『モーツァルトとの旅』（朝日新聞社）、『アジェのパリ』（みすず書房）他。写真展は「三閉伊」など多数。

杉本喜世恵（すぎもと　きよえ　現姓　増見）
一九五四年静岡県浜松市生まれ。東京写真大学（現東京工芸大学）短期大学部写真技術科卒業。日本観光文化研究所が収集した民具などの写真撮影に携わる。

伊藤幸司（いとう　こうじ）
一九四五年、東京生まれ。糸の会・登山コーチングシステム主催。早稲田大学文学部哲学科卒。探検部で第一次ナイル河全域踏査隊に参加の後日本観光文化研究所の探検・冒険部門「あむかす」に参加。『あるくみるきく』の執筆・編集を経てフリーのライター＆エディターとなる。一九七五年、「東アフリカ探検学校」のリーダーとして、宮本常一をオートバイの後ろに乗せ、ケニア、タンザニアを案内した。近著に『山の風・山の花』『軽登山を楽しむ』（いずれも晩聲社）がある。

森本　孝（もりもと　たかし）
一九四五年大分県生まれ。立命館大学法学部卒。日本観光文化研究所では漁村調査等に従事。平成元年から途上国の水産・漁村振興計画調査に参画。この間、水産大学校教官、周防大島文化交流センター参与を務めた。著書・編著に『舟と港のある風景』（農文協）、『鶴見良行著作集フィールドノートⅠ・Ⅱ』（みすず書房）、『宮本常一写真図録Ⅰ、Ⅱ』（みずのわ出版）など。

監修者略歴

田村善次郎（たむら　ぜんじろう）
一九三四年、福岡県生まれ。一九五九年東京農業大学大学院農学研究科農業経済学専攻修士課程修了。一九八〇年武蔵野美術大学造形学部教授。武蔵野美術大学名誉教授。文化人類学・民俗学。
大学院時代より宮本常一氏の薫陶を受け、国内、海外のさまざまな民俗調査に従事。『宮本常一著作集』（未來社）の編集に当たる。著書に『ネパール周遊紀行』（武蔵野美術大学出版局）、『棚田の謎』（農文協）ほか。

宮本千晴（みやもと　ちはる）
一九三七年、宮本常一の長男として大阪府堺市鳳に生まれる。小・中・高校は常一の郷里周防大島で育つ。東京都立大学人文学部人文科学科卒。山岳部に在籍し、卒業後ネパールヒマラヤで探検の世界に目を開かれる。一九六六年より近畿日本ツーリスト・日本観光文化研究所（観文研）の事務局長兼『あるくみるきく』編集長として、所員の育成・指導に専念。
一九七九年江本嘉伸らと地平線会議設立。一九八二年観文研を辞して、向後元彦が取り組んでいた「（株）砂漠に緑を」に参加し、サウジアラビア・UAE・パキスタンなどをベースにマングローブについて学び、砂漠海岸での植林技術を開発する。一九九二年向後らとNGO「マングローブ植林行動計画」（ACTMANG）を設立し、サウジアラビアのマングローブ保護と修復、ベトナムの植林事業等に従事。現在も高齢登山を楽しむ。

あるくみるきく双書
宮本常一とあるいた昭和の日本 19 焼き物と竹細工

2012年6月30日第1刷発行

監修者　田村善次郎・宮本千晴
編　者　森本　孝

発行所　社団法人　農山漁村文化協会
郵便番号　107－8668　東京都港区赤坂7丁目6番1号
電話　03（3585）1141（営業）　03（3585）1147（編集）
FAX　03（3585）3668
振替　00120（3）144478
URL　http://www.ruralnet.or.jp/

ISBN978－4－540－10219－6
〈検印廃止〉

印刷・製本　（株）東京印書館

郷土の歴史・文化・資源を生かし内発的地域振興策を考える農文協の本

＜焼き物と竹細工＞

つくってあそぼう17 竹細工の絵本

内村悦三・近藤幸男編／土橋とし子絵　１８００円＋税

かごに楽器、家具に家、竹は日本やアジアの暮らしを支えてきた。割って剥いで竹ひごをつくり、四つ目編みのかご、網代編みのかご、六つ目編みの花入れをつくってみよう。

つくってあそぼう29 やきものの絵本

吉田明編／山﨑克己絵　１８００円＋税

びっくり！七輪で焼く「七輪陶芸」で焼締と楽焼に挑戦。土選びから成形、焼成までをすべて自分の手で。室内で焼く縄文土器、ろくろや電気窯と手づくり法もいろいろ。陶器と磁器のちがい、歴史や文化もわかりやすい。

日本の食生活全集　全50巻

各巻２７６２円＋税　揃価１３８０９５円＋税

各都道府県の昭和初期の庶民の食生活を、地域ごとに聞き書き調査し、毎日の献立、晴れの日のご馳走、食材の多彩な調理法等、四季ごとにお年寄りに聞き書きし再現。地域資源を生かし文化を培った食生活の原型がここにある。

江戸時代 人づくり風土記　全50巻（全48冊）

揃価 ２１４２８６円＋税

地方が中央から独立し、侵略や自然破壊をせずに、地域の風土や資源を生かして充実した地域社会を形成した江戸時代、その実態を都道府県別に、政治、教育、産業、学芸、福祉、民俗などの分野ごとに活躍した先人を、約50編の物語で描く。

写真ものがたり　昭和の暮らし　全10巻

須藤功著　各巻５０００円＋税　揃価５００００円＋税

高度経済成長がどかどかと地方に押し寄せる前に、全国の地方写真家が撮った人々の暮らし写真を集大成。見失ってきたものはなにか、これからの暮らし方や地域再生を考える珠玉の映像記録。

①農村　②山村　③漁村と島　④都市と町　⑤川と湖沼　⑥子どもたち　⑦人生儀礼　⑧年中行事　⑨技と知恵　⑩くつろぎ

シリーズ 地域の再生　全21巻（刊行中）

各巻２６００円＋税　揃価５４６００円＋税

地域の資源や文化を生かした内発的地域再生策を、21のテーマに分け、各地の先駆的実践に学んだ、全巻書き下ろしの提言・実践集。

[1]地元学からの出発　[2]共同体の基礎理論　3自治と自給と地域主権　[4]食料主権のグランドデザイン　[5]地域農業の担い手群像　6自治の再生と地域間連携　[7]進化する集落営農　8地域をひらく多様な経営体　[9]地域農業の再生と農地制度　10農協は地域になにができるか　11家族・集落・女性の力　[12]場の教育　13遊び・祭り・祈りの力　14農村の福祉力　15雇用と地域を創る直売所　[16]水田活用 新時代　[17]里山・遊休農地を生かす　18林業―林業を超える生業の創出　19海業―漁業を超える生業の創出　20有機農業の技術論　[21]百姓学宣言

（□巻は平成二四年六月現在既刊）